# 梁啓超與林獻堂往來書札

許俊雅◎編注

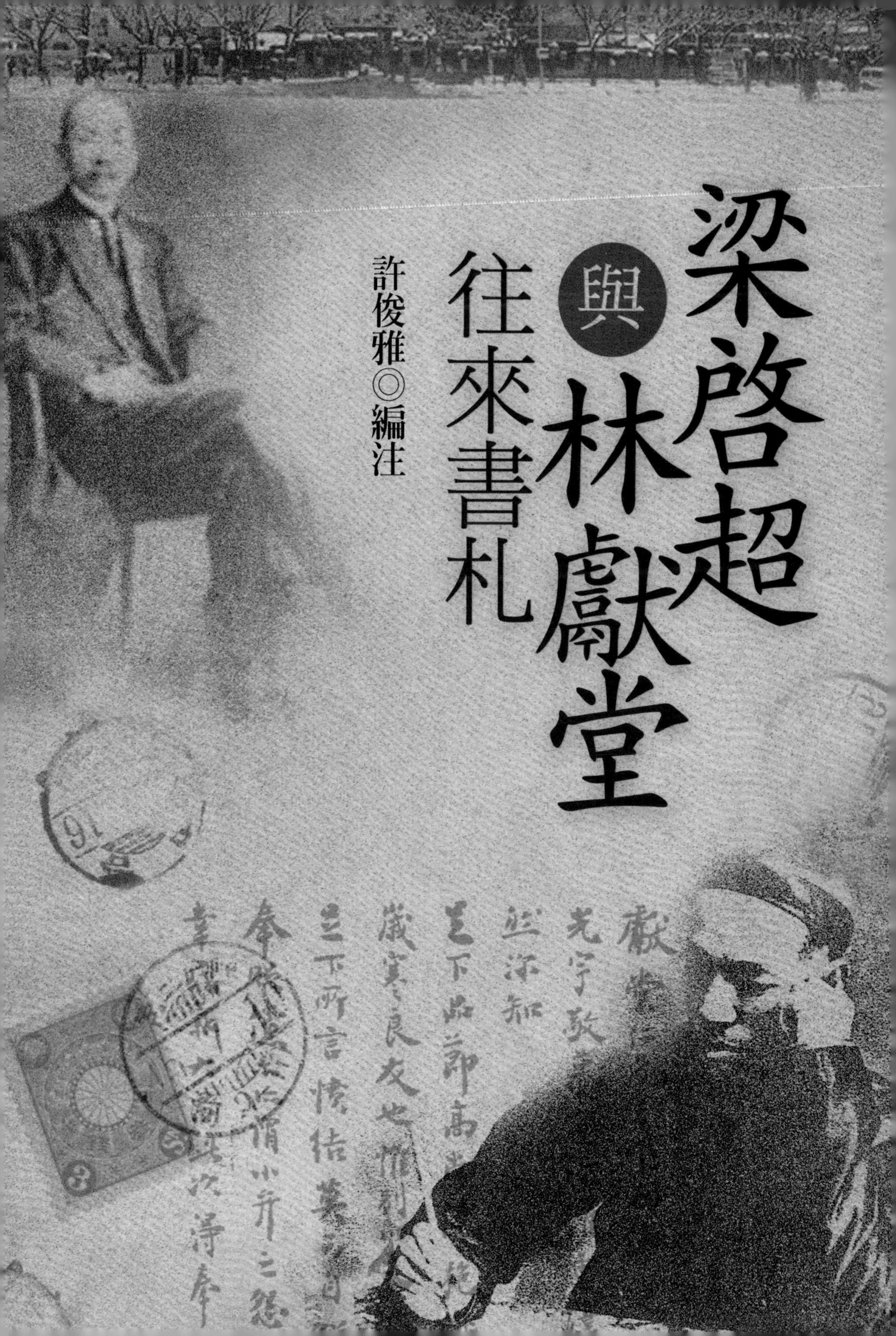

# 書信原件

# 目 錄

# 一　林幼春致梁啟超函（一九〇七年六月十五日）

海島纍民　幼春謹啟

任公先生執事：幼春生年十六，罹滄桑之變，淪胥于此十有三年，年廿八矣。每念檻猿困鶴，輒欲破壁飛去，而牽族百餘，懸於翁蔡，握拳齧齒，憤無可伊，咄咄終日，如有心疾者。南海先生受知之年，雲蒸霞蔚，天下企踵。幼春竊竊私喜，以為祖國中興，我海島之民其有后乎，其蘇之一日也。佞臣貪禍，釀成北朝，南海先生與

先生同時去國，斯時心灰望絕，每閱報紙，淚不覺其承睫也。台灣寰鄙之鄉，声化素薄，異域文字已成鳳毛，雖為血氣之倫，實同毛角之族。淪胥已來，稍為繭絲之政，其黠者狐媚百端，為之倀以求免於禍；其愚者魚肉唯命，鼎俎是甘。加以學校程度甚低，開化無期，生計之途日窘，謀食不易。此島利數，向以米糖茶樟為四大宗，今其三已奪於政府外商之手，惟米一道，而足資生命。國賦之外，別有常供，什一之征，不啻四倍，雖至愚者亦知溝壑不免，其稍有知覺者，能不汲汲顧影乎？大抵天演之世，受制外族，大率如此，印度、越南已成前轍，無俟含淚陳，空向

先生嗟嗟也。

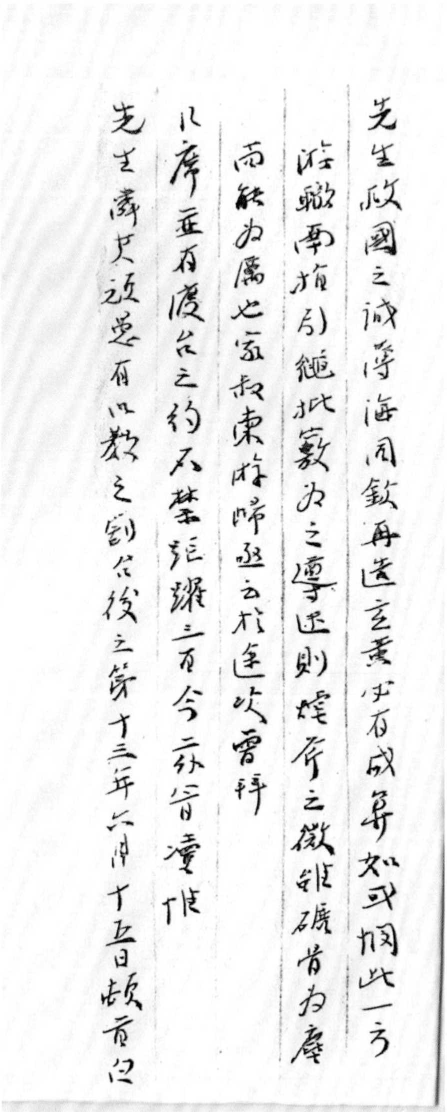
先生愛國之誠，薄海同欽，再造之業，必有成算。如或憫此一方
遊蹤所指，引繼此數為之導述，則爝火之微，雖礦皆為慶
而能為厲也。家叔東游歸，邇云於途次曾拜
顏，並有渡台之約，不禁距躍三百。今二孫皆讀悵
先生壽丈，頌恩有加，數之割台後之第十三年六月十五日頓首上

二 梁啟超致林獻堂函一（約一九〇八年）

人境廬詩集奉贈
初殺青尚未布於世
也 敬上
獻堂先生 啟超

飲冰集張遷碑字
陶廬自制箋

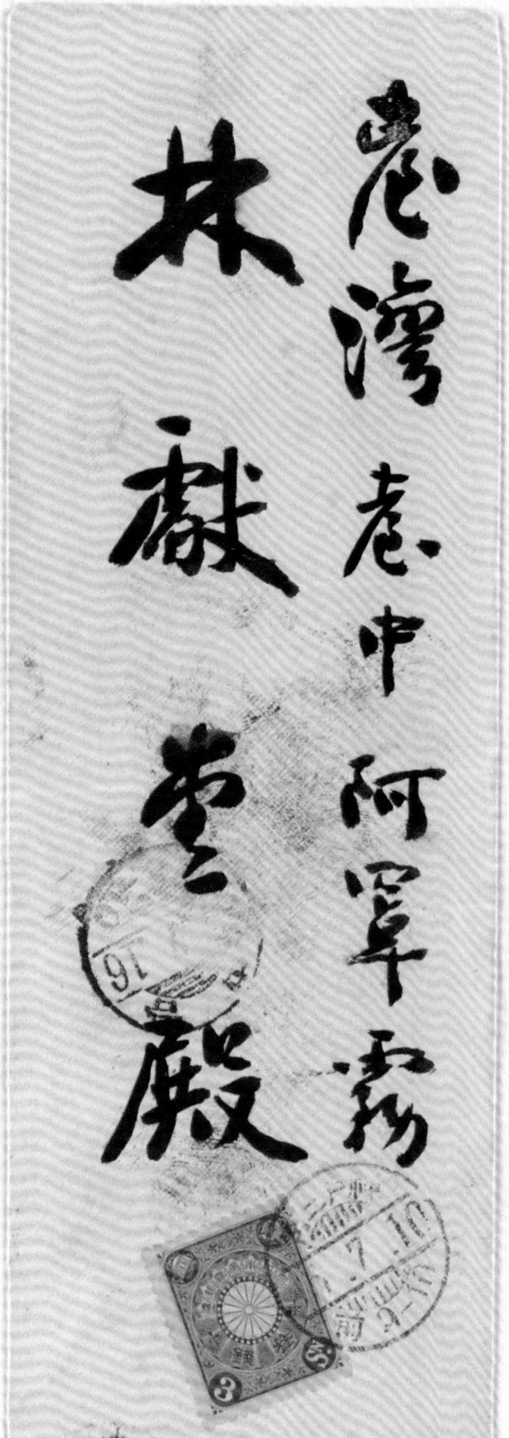
臺灣臺中阿罩霧
林獻堂殿

## 三　梁啟超致林獻堂函二（一九一〇年十月八日，新曆十一月九日）

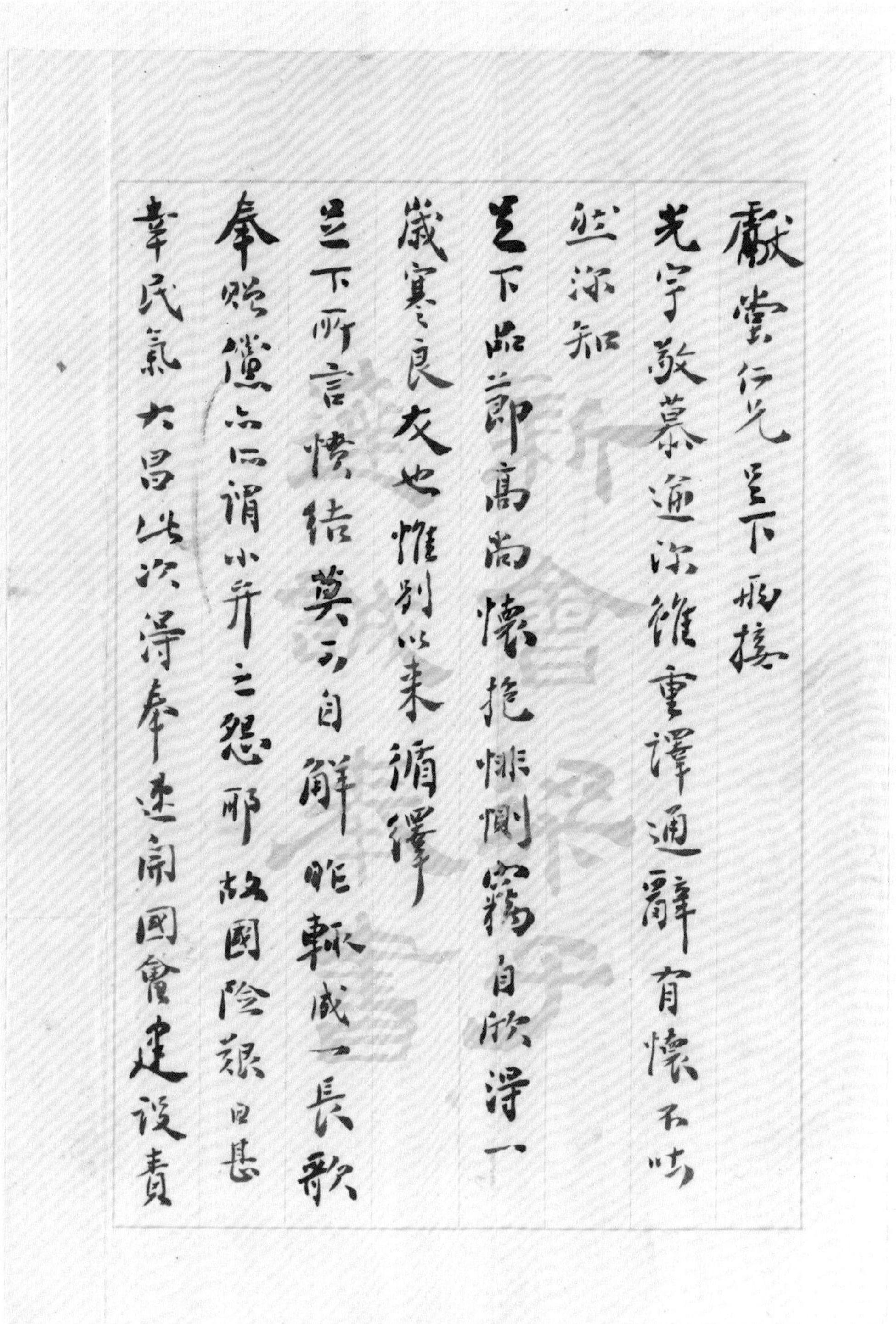

獻堂仁兄足下承接
光宇敬慕逾深雖重譯通辭有懷不吐
然深知
足下品節高尚懷抱悱惻竊自欣得一
歲寒良友也惟別以來循繹
足下所言懷結莫可自解昨輒成一長歌
奉贈竊亦以謂小弁之怨耶故國陰艱日甚
幸民氣大昌此次得奉速開國會建設責

待內閣之明詔一綫生機或將在此湯君即
以此事入都請命今幸有成知公當復東
渡從游素之志蓄之已久湯君既返必將
聯袂奉迓何時首塗更當相聞期與
足下作十日譚共抒胸臆耳敬請
大安
幼春兄並此致候
十月初八日 期梁啟超頓首

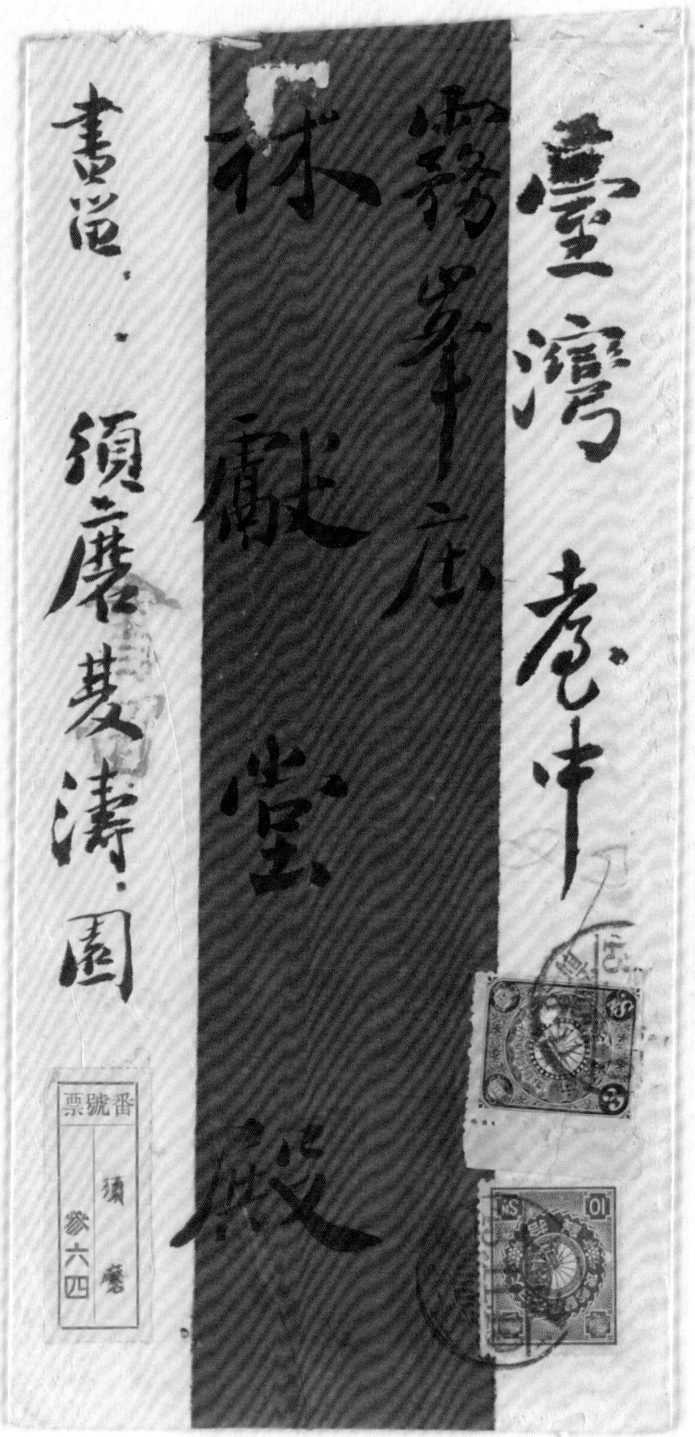
臺灣臺中
霧峯庄
林獻堂殿
書留
須磨雙濤園
番號票
須磨
參六四

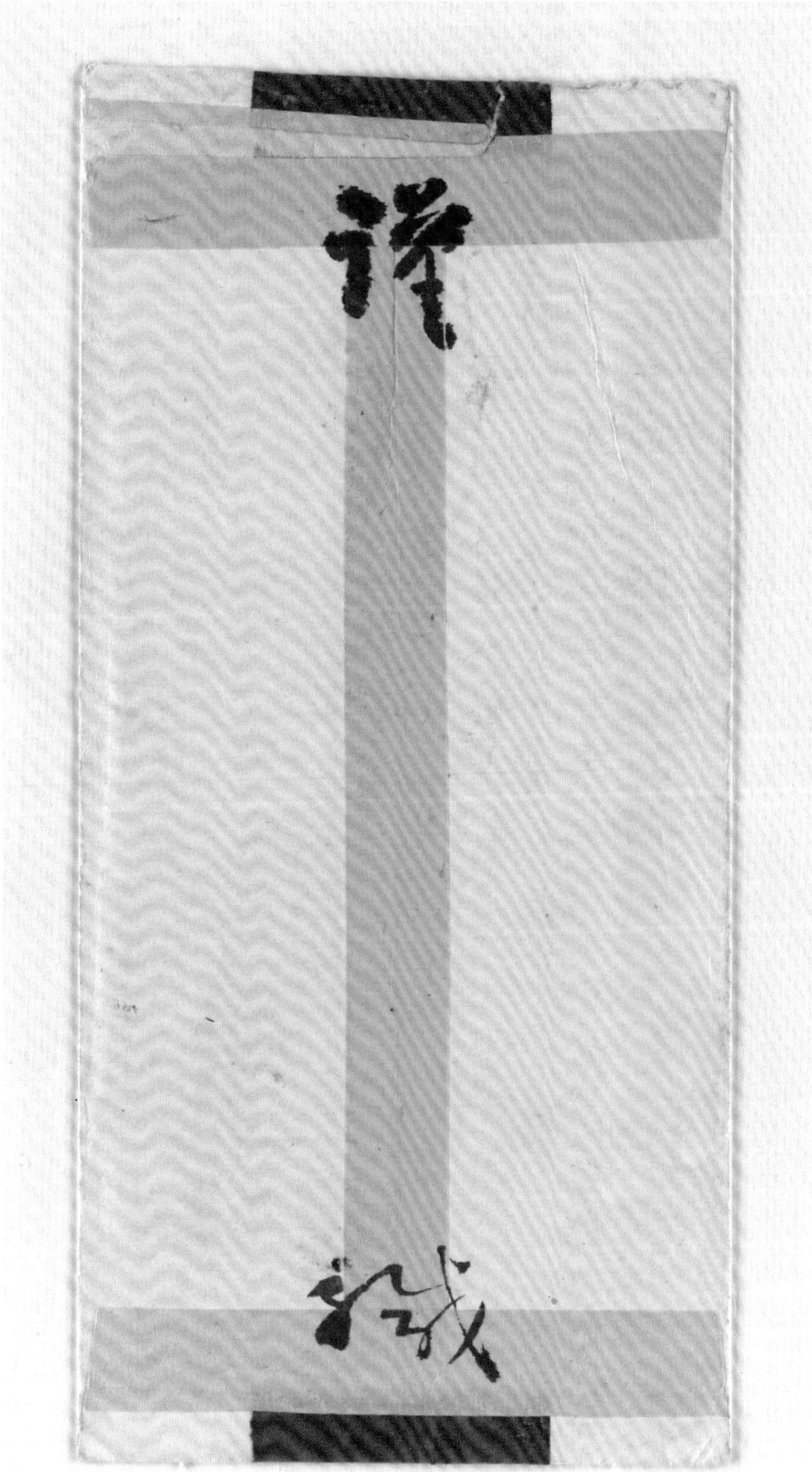
謹
緘

# ㈠奉贈獻堂逸民先生兼簡賢從幼春

奉贈
獻堂逸民先生兼簡
賢從幼春
林侯欽奇將門子今作老農友
麻家窮秋訪我萊濤園自陳所
歷淚如洮自從漢家棄珠厓煢煢
視息既逾紀天地無情失覆載
父母義絕疇怙恃逝將去汝廉所
逃謂他人昆莫我以前年府令築
鐵路料地考工集輸傒連畦千
里沒入官區區券直不余畀去年大

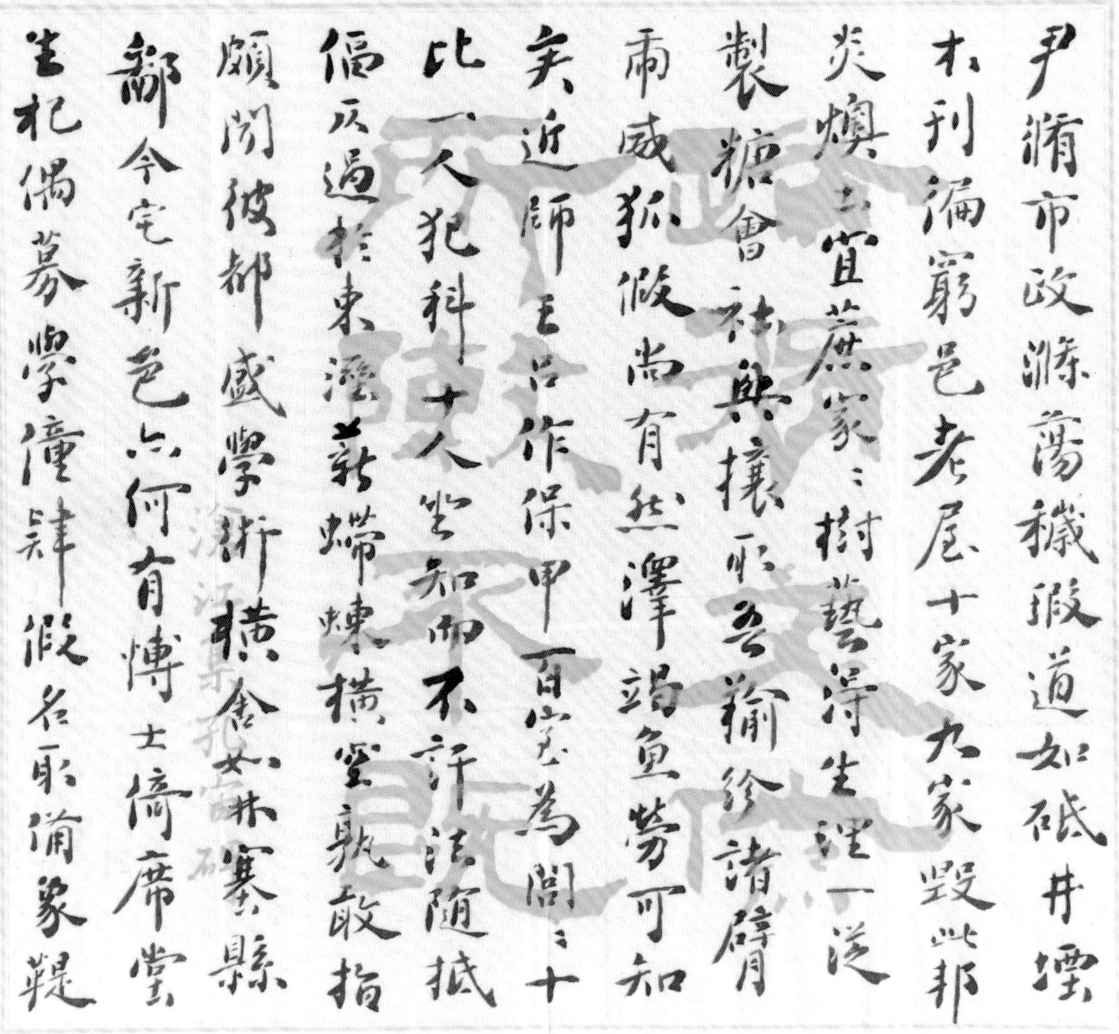

尹循市政滌蕩穢瑕道如砥井堙
木刊徧窮邑老屋十家九家毀此邦
炎燠土宜蔗家家樹藝得生理一從
製糖會社興攘取無餘殄諸辟
而威狐假尚有然澤竭魚勞可知
矣近師王呂作保甲百室為閭閭十
比一人犯科十人坐知而不許訴隨抵
偏反過於東瀛蔾蠵煉橫蠶孰敢指
頗聞彼都盛學術橫舍如林塞縣
鄙令宅新邑亦何有博士倚席嘗
生杞偶募學僮肄假名取猶象疑

朋驅使閒政論武皆有禁所畏羣雛
生亦皆有居恒凜烈作鸇逐或亦嗔吠市
狙喜呼嗟修氏不可說昔日端行荊
棘裏為兒為蟻遊吾一聽呼牛喚馬應
俱唯義節軒翁彼何人海枯石爛今
如此我閒愔愔不張終相對瀉淚如鉛水
林侯林侯且莫悲君看天柱行崩圮子
遺久視誰可期吾方同患君首毀
頑箕子已為奴夏亂淳維復不祀祇
今中原一塊肉手足剝落成人彘豺
狼在邑人命微虵龍走陸地機起波

昏日醉更何知我生靡樂今方始漢中
亦有能手策弱活邦國出九死余音
嘵嘵哀且歸睦我藐藐如亮再育時孤
憤結中腸遊將一瞑不復視閭風蹀
馬忽及頸臆臆吾去呼信美誰于太上
竟忘情況行必年九十里丈夫未死未
可料第一還于振物恥假如天遣老茁厥
鬱立言言然萬百世保安于世視千聖心
遂及余生隨去涯澤澤莊歸君還自
繩君當收滿饑絜盡河梁十月於清
淺云翻峯遠樓逢菜紫行將買棹

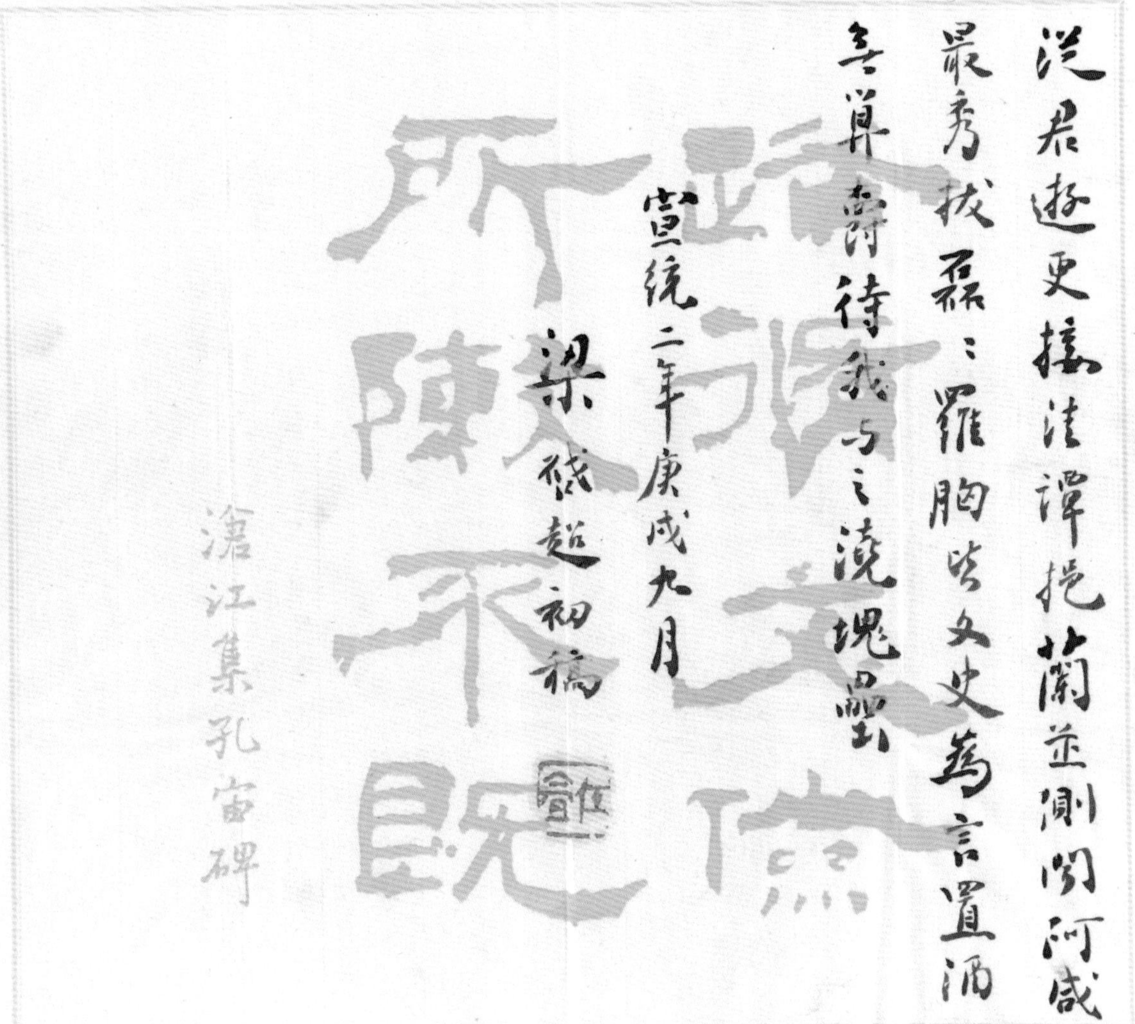
從君遊更接清譚挹蘭並瀾閱河成
最秀拔森〻羅胸皆文史為言置酒
吾曹齊待我与之〻澆塊壘
宣統二年庚戌九月
梁啟超初稿
滄江集孔宙碑

## 四　洪棄生致梁啟超函（一九一〇年）

梁先生任公道兄閣下久聞大名不勝欽挹恨昧平生未遑尺素近日有
霧峰林家遠遊萬詩紀敘交來徵和作自維荒陋未敢率爾效顰
然筆墨有緣不免見獵心喜爰以燈下含毫依韻不自揣其
瓦缶雷鳴也惟閣下曩因黨禍南渡激昂為國自是鄭介公陳少陽一
流人物尋常詩文之士惟以詩文論亦健筆扛鼎鄙夫亦敢讀書論臺
痛楚之如數目前雖明夜止千萬之一兩貝餘何以數推甚乃翻纖悉而被殃者
法亦難逃尾以思想蔑一端為前人之筆閣下即詠以為奇處〈製糖〉生計
此其害猶大矣不知此其小者也所損在製糖家其害不過數百千人尚有損
在種蔗家其害不過數千萬人也又如限制吸烟自是善政而此間專賣所
益日益罰款日日益提且有以細故犯於稅下者其他尚待論乎故鄙意
以為難於輕一語了之也鄙思愈快治為恩未知援此為何

若以史書所載桑孔呂惠卿之徒其害民害國影響固多
備以語之此方吾所謂王道年年王道萬萬也今吾華亦弱極
矣而二三志士欲取以西法變之亂者全倫實行古法參用新法
而朝野上下億衆一心協強自孤難以國家必會已從人能得計
惜天心尚未悔禍人多為之多人礙於前何歎耳我早歲亦頗從
童氣今既溺於蒼荒年已四十有五俯仰塵寰身念為灰故拙作三集
初集曰詭譎二集曰拍膊三集曰枯爛蓋自然於櫟材久矣興前
作數篇哀詞麗調為國騷此作而論真實已不知似不復此作也
窮鳥覓遼讓長紙短筆不盡縷他日來遊尚望訪我於荒
陬僻涯乎 此請
著安
此書恐為關吏所得故不具吾的住址後當相聞以便來訪
至於姓名則散集中所具之張鏢韓翰已盡真面目矣

㈠洪棄生〈次韻梁任甫與林家詩〉

洪棄生先生遺書

出關難得函關帛（洋例凡向官領無路照者即不得出海）山頭日望鷓鴣洲樊中終作鷓鴣囚黃鵠磯頭枉高舉鳳凰山下莫遨遊潮聲夜夜如雷吼陰沉中有長鯨守夏統為彈小海歌仲宣漫折大堤柳

次韻梁任甫與林家詩

海民舊狎庚桑子滄桑今作祝宗家中有風塵骯髒人埋頭揷脚顏常泚鼇沉已斷地六維鶉滛竟周星一紀仰卬蒼蒼闃不聞獨行踽踽歌靡恃勃蘇復楚有未能

狐庯事奐不屑以將與軒皇備應龍豈為蚩尤作工倕況作上聲他雨澤不霈施使人炎火長秉畀虞候何止守薪蒸崦嵫且遍徵礪砥哀嗷鴻雁無澤逃取子鴟鴞有室毀箝余蠏足汝戲嬉攘我牛田彼疆理警吏穿房長肆威催科闖户且攘臂籍沒田園不可堪供賦民本不敢後自總府有沒田之令民尚未知偶有稍後期到者吏即不收將該田發官賣擾傷市獄吏已矣余前有入市所見詩可考市如此獄可知保甲橫施何足言毆撻亂加尤莫比法律神明中外同獨至臺灣法妄抵此間言論不自由口尚須緘況敢指阜

財無處挹南薰嶕殺時來鶩北鄙曩年屠戮焚山林至今遍地生荆杞偶陳一二足心酸欲說萬千難口使有時種樹實搖根恰似從禽軏破背我與蟯蘇判薰猶彼於燕雀蝨殊悲喜方今海宇正紛爭衣裳溷在干戈裏蘆中有士徒激昂朝右無人空唯諾唯方望十年或轉移不圖兩紀猶如此孰填冤石扳愚山孰灑神灰止禍水東南裨海既已枯西北漏天豈無圮不能軒舞愧龐然每有跳梁輸蕞爾原耳字複古亦有之此用東坡次正輔韻改碰作椪字之例朝鮮已入

丕羨封越裳殆絕庭堅祀矧茲海島土一拳流沙黑水
同司隸漢家既任珠崖淪扶餘豈易虬髯起中土著鞭
讓人先伊川被髮哀吾始我生十載早埋塵再墜刼中
心早死既覩時艱足蒿目每聞時事輒塞耳有懷中夜
即撫膺如跛尋履眇尋視能將東學心求真豈覺西方
法獨美漢唐再世威萬方湯武一朝興百里莫嗤鄒衍
幻天談不見種蠡湔國恥聞君有志欲興華君倘能行
世能俟要知外學有金沙須待吾人抉渣滓翹首東望

洪棄生先生遺書

海泱泱富士山頭峯齒齒一二畸人時往來扶桑氣到南溟紫（塵）我在柴桑採菊英時哦楚騷搴澤並門內無聲地無壁上有圖床有史安得復遇素心人閒把南華談畏壘

## 五　林獻堂致梁啟超函一（一九一〇年十月，新曆十一月）（缺）

六　梁啟超致林獻堂函三（一九一〇年十一月廿二日，新曆十二月廿三日）

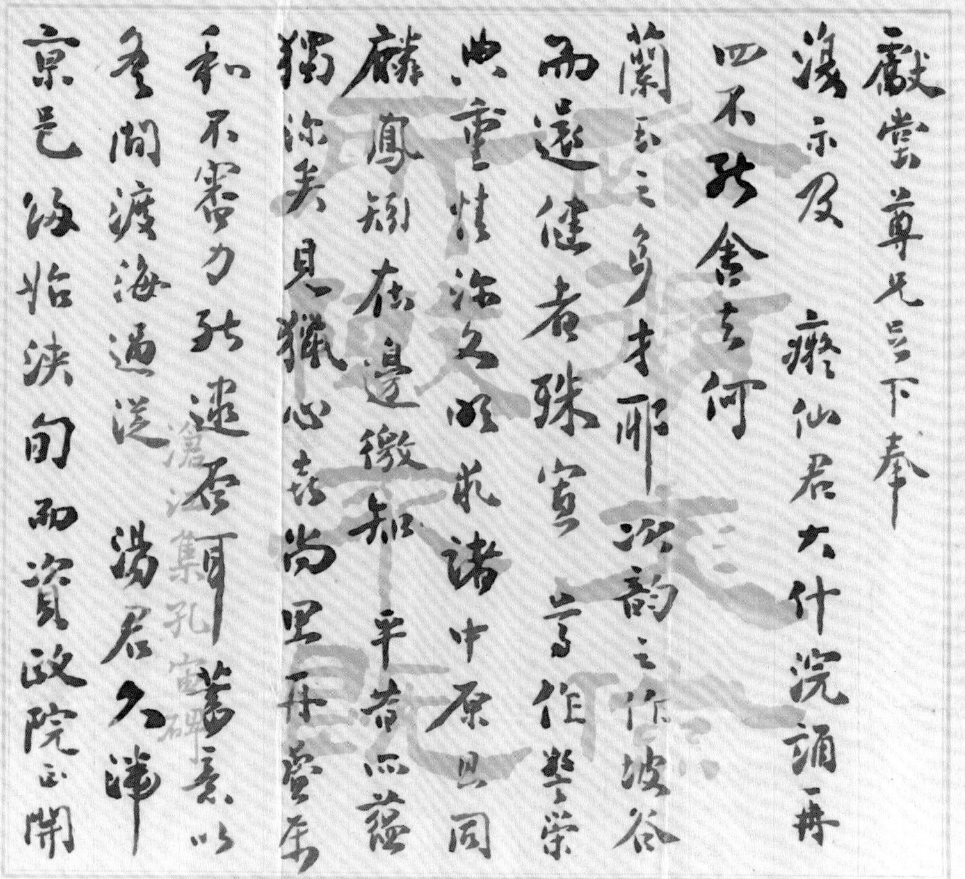
獻堂尊兄足下奉
復示及　療仙君大什浣誦再
四不能舍去何
蘭亭之多才耶次韻之作坡谷
而還健者殊寡嘗作與榮
典重情詞文明求諸中原且同
麟鳳翔於邊徼知　平昔所蘊
獨深矣見獵心喜尚思再賡奉
和不審力能逮否耳蓄素以
春間渡海過從　湯君久滯
京邑路殆決旬而資政院正開

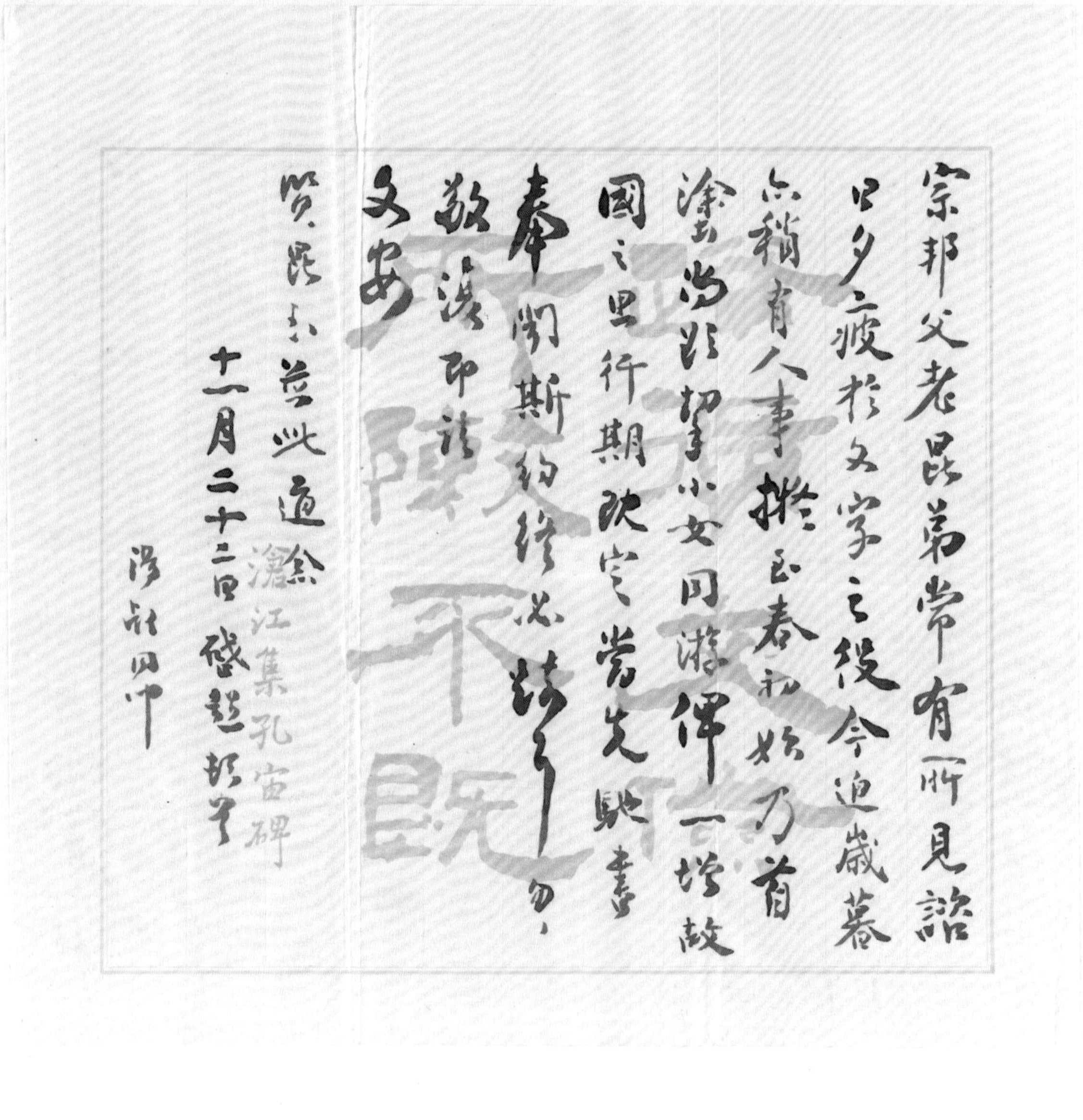
宗邦父老昆弟常有所見詒
日夕疲於文字之役，今迫歲暮
亦稍有人事，擬於春和始乃首
塗，尚能攜小女同遊，俾一增故
國之思，行期決定當先馳書
奉聞，斯約後必踐之也。
敬復，即請
文安
賢昆季並此道念
十一月二十二日　啟超頓首
浮軒四兄

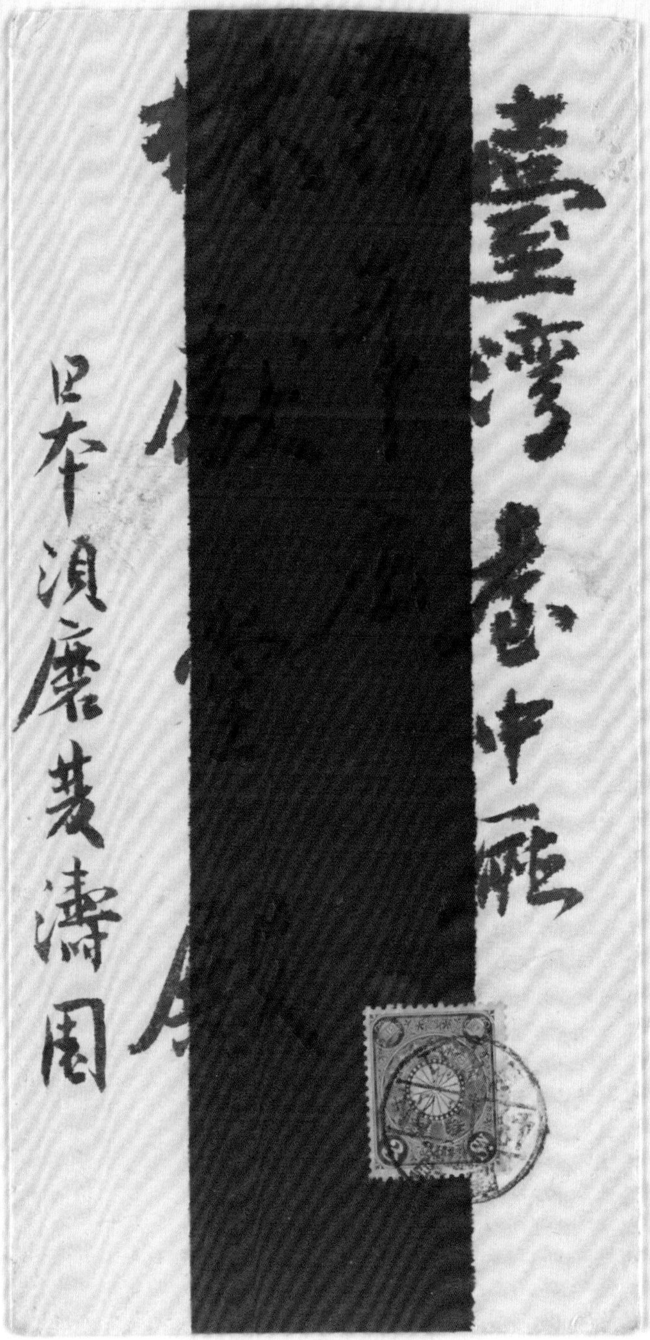
臺灣臺中
日本須磨雙濤園

## 七 梁啟超致林獻堂函四（一九一一年一月十五日，新曆二月十三日）

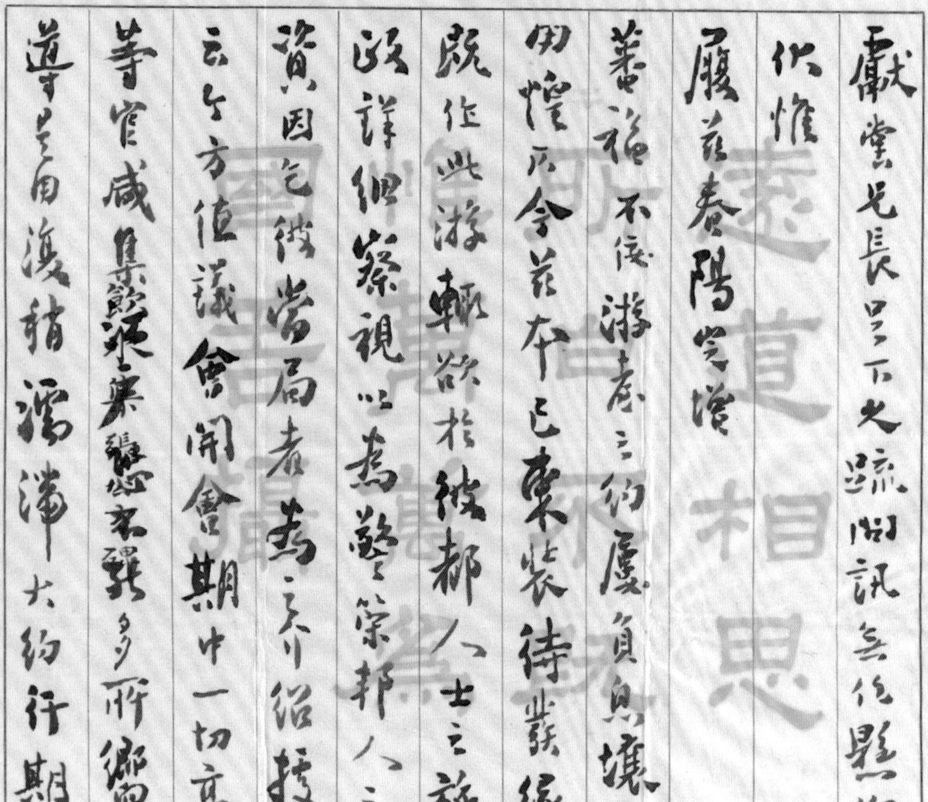
獻堂兄長足下：久疏問訊，無任懸仰。
伏惟
履茲春陽，定膺
蕃祉。不佞游屐之所，屢負負懷至
回憶，今茲本已東裝待發，緣
既作此游，輒欲於彼都人士之施
政，詳細察視，以為警策邦人之
資。因念彼當局者為之介紹援
云云。方值議會開會期中，一切高
等官咸集議院，案牘繁多，所窒礙
遵其所請，稍遲滯。大約行期

嘗在春半可藉見之識惟以爲
歲底時當更一舉十觴以償會
面之難也近作數章錄副呈
教二集幾
君子同茲懷抱肅此布達祇承
大安即賀
春祺並訊
賢閤暨樂居
上元夕 啟超頓首

飲冰集張公方碑

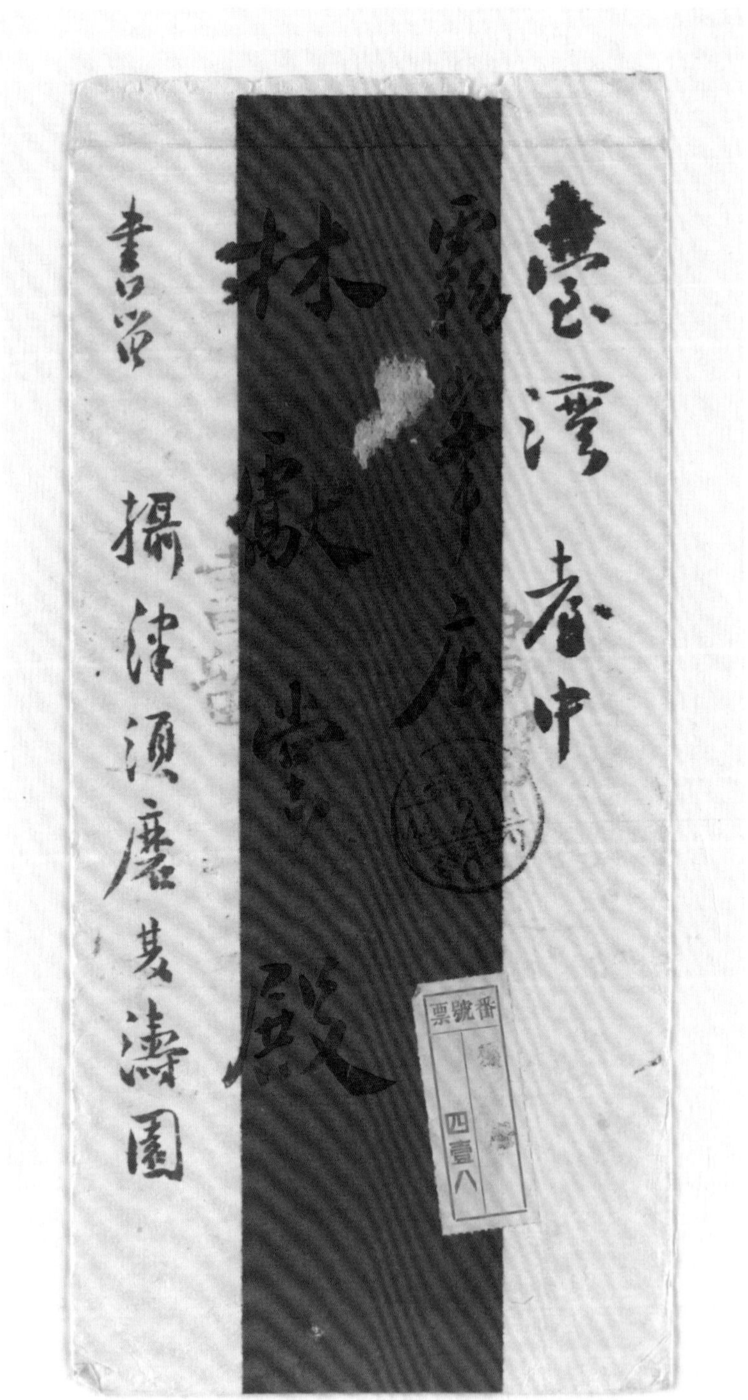
臺灣臺中
林獻堂殿
書留
攝津須磨雙濤園
番號票
四壹八

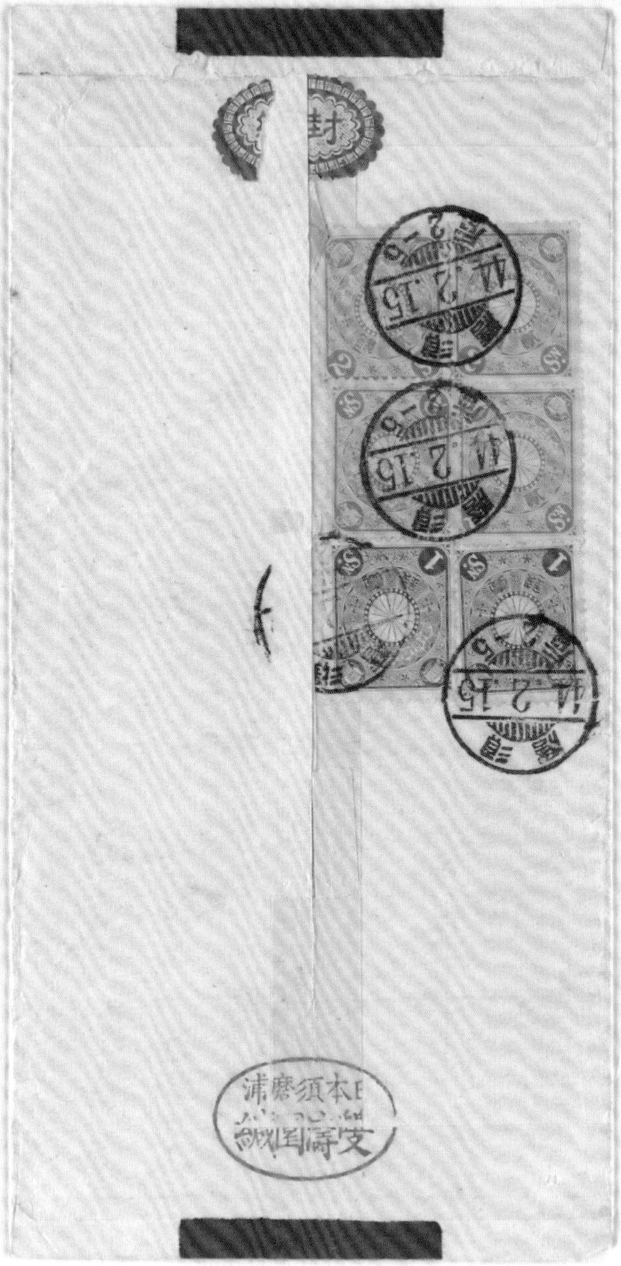

㈠梁啟超〈歲暮感懷〉等詩

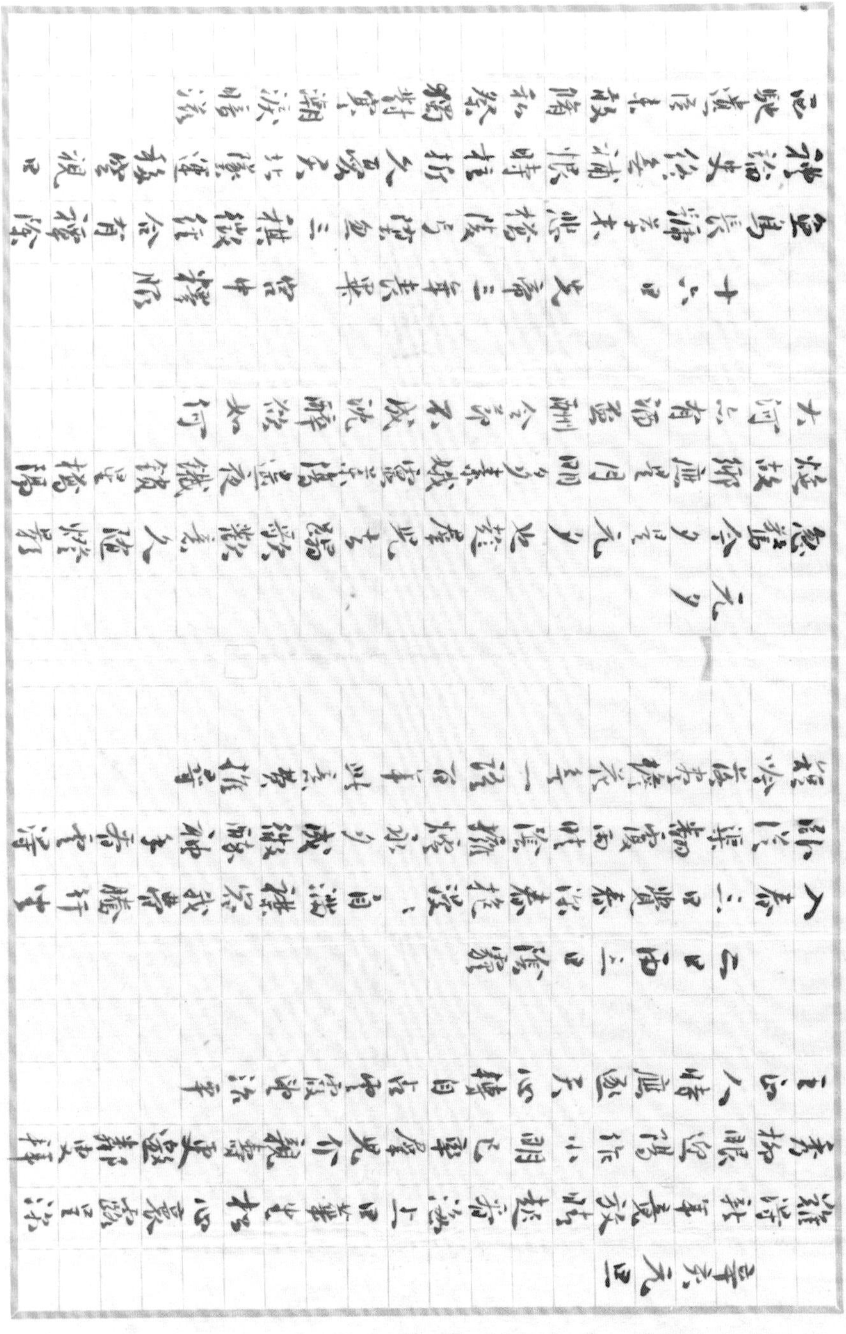

## 八　林癡仙致林獻堂函一（一九一一年二月廿九日，新曆三月廿九日）

櫟園詩會三週年紀念

次韻和任公先生歲暮感懷六首

多君身世託沉冥松柏經冬不改形絕境已窮
東海水歸心終仰北辰星春回方丈三山綠煙
起齊州九點青天意曾隨新歲轉未應鸞鳳久
飄零

穆王阿母總登仙西望瑤池節序遷新月依依
升古塞殘陽黯黯入悲泉上清羽衛歸何日下
界風雲急往年誰念歲星淪謫久夢中夜夜聽
鈞天

清廟朱絃改舊聲彈冠幾輩慶休明十年棄妾

明治四十　年　月　日

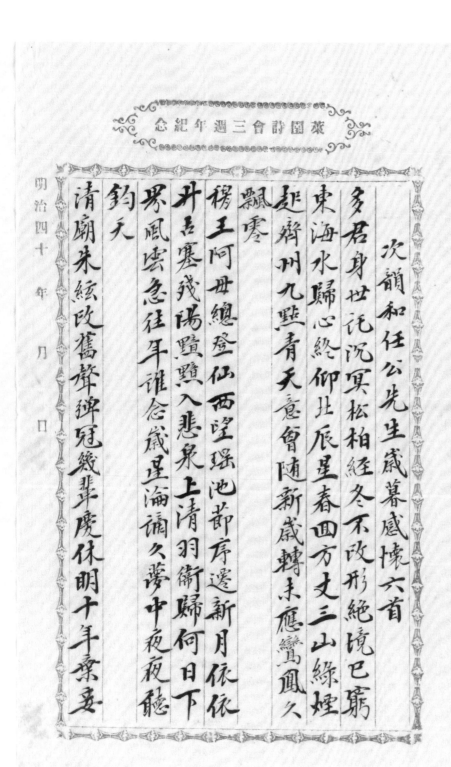

櫟園詩會三週年紀念

悲分鏡三日新娘學作羹儘道臧孫知柳下未
聞魏倩薦陳子輸他七葉金貂貴騎馬揚鞭紫
禁城
民心猶似草從風齊望丹霄日再中仁政噢咻
須有術太平粉飾究何庸天寒凍殺山頭雀歲
歉飢啼澤畔鴻安得才人宣室召頻將水旱奏
深宮
絕代雄心寄短歌懷人望遠恨如何龍華會上
因緣在廣柳車中涕淚多入地豈能埋紫氣登
天須共挽銀河故山猿鶴休哀怨早晚春風到

明治四十　年　月　日

櫟園詩會三週年紀念

綠蘿

不聽瑤臺仙管吹帝鄉我亦半生離江山剗換

同情淚風月神交幾首詩墜溷花無超脫日驚

弓鳥有奮飛時清塵濁水分頭處此恨千秋訴

與誰

明治四十 年 月 日

萊園詩會三週年紀念

近日頗有興會如約和任公詩讀之自覺衰感頹靡然不及原唱之自然蓋爲韻所拘也　弟其爲擬有和作否六首中難押之韻不過數字閑中何不擬賡一詠詩之工拙都可不論同心異國隔海唱酬此日之因緣即他時之佳話也暇爲擬伊若坐以此意轉達乎此順問

獻弟近好

二月九日癡仙書

明治四十　年　月　日

## 九　湯明水致林獻堂函一（一九一一年三月十九日，新曆四月十七日）

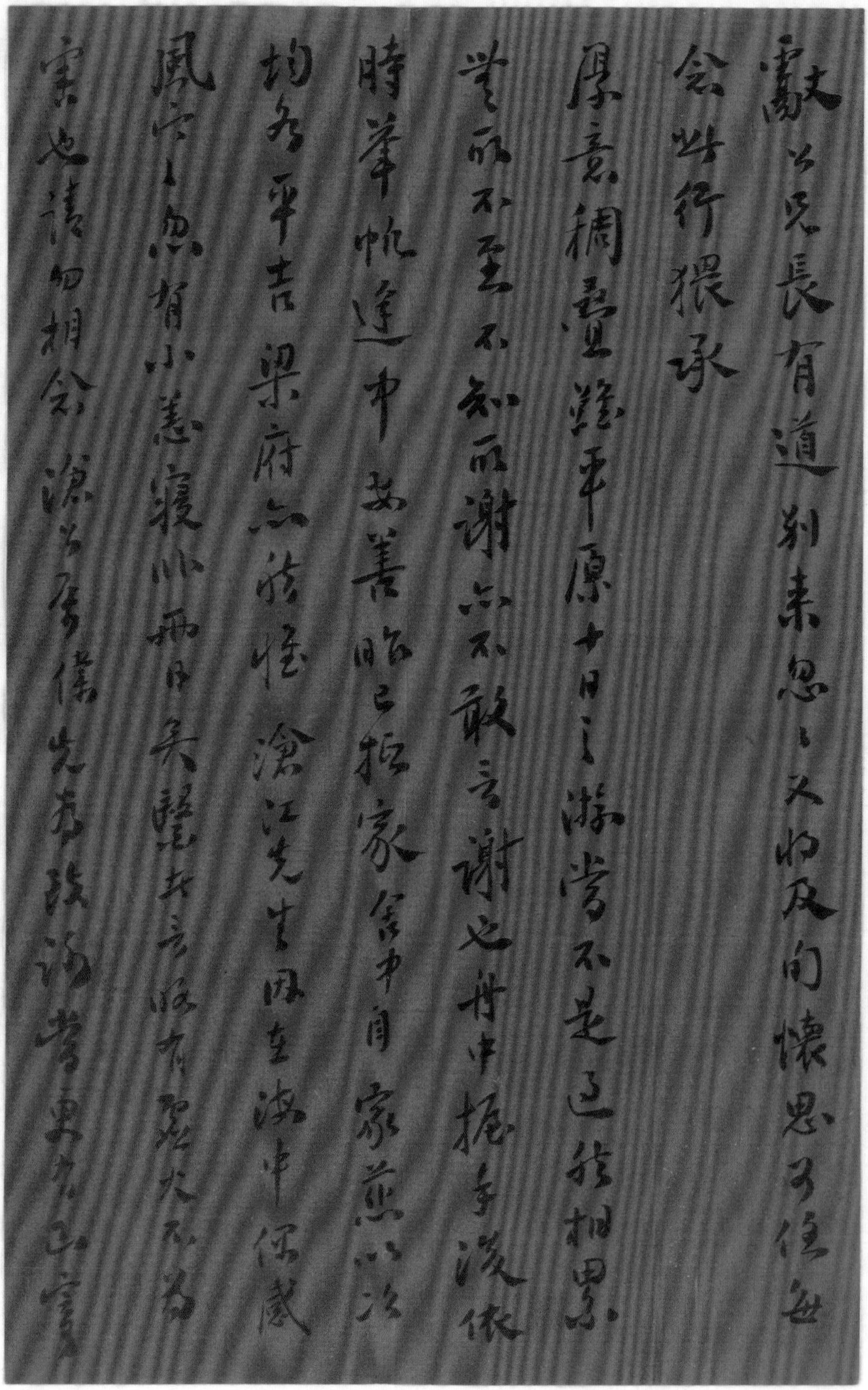

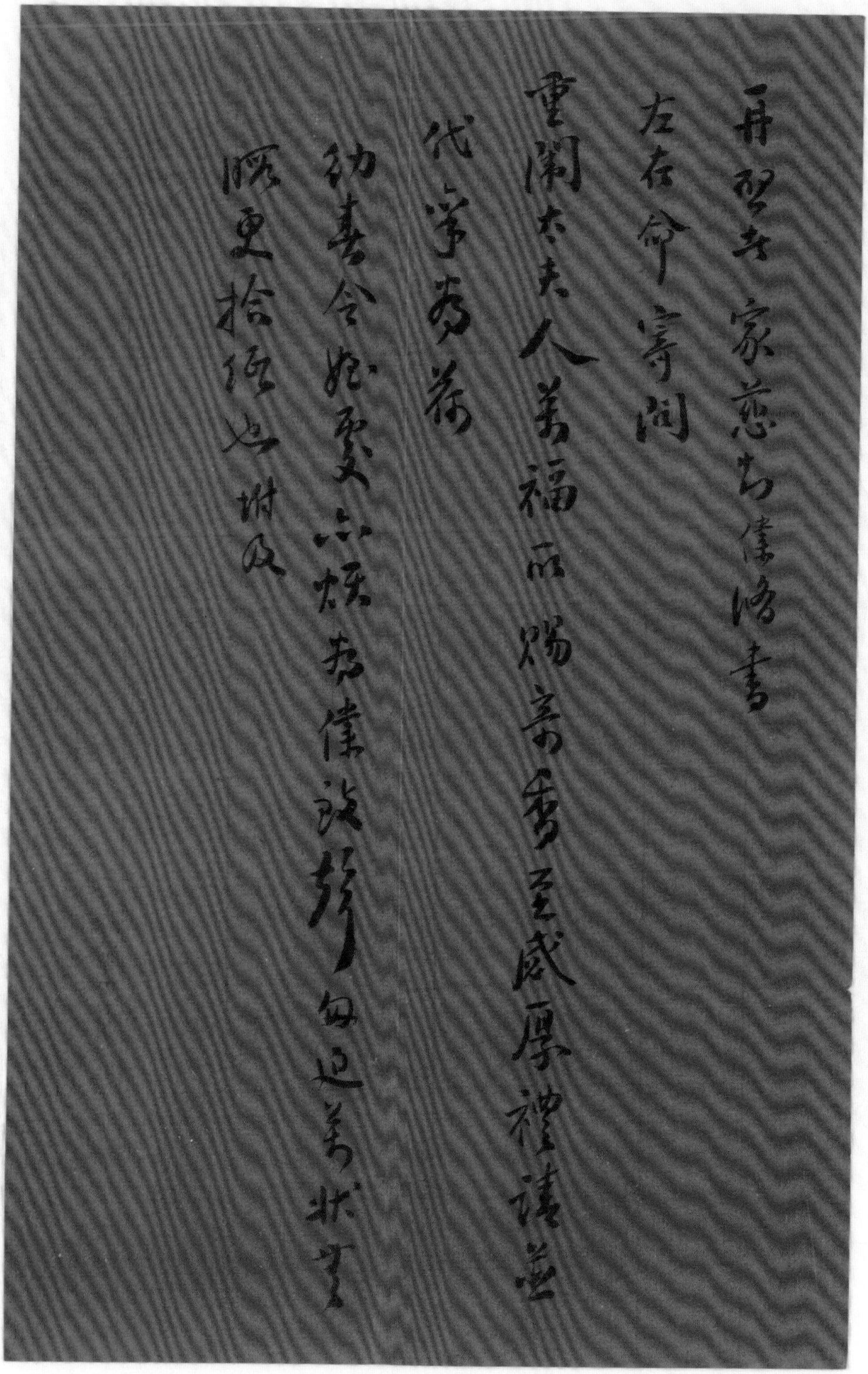

再啓者：家慈丐僕修書
左右，命寄問
重闈太夫人萬福，所賜萬壽香至感厚禮，請並
代筆為荷。
幼春令姪娶亦擬赴，僕致賀，無迅萬狀，望
照更捨經過也。謝及

企范宇羊中所作竹枝詞凡十首兄

譽納適己此詩亦多曾招吾律詩十許首今未寄

咸爲後奉寄僕即搜索枯腸不汋一字和僕重

心酷正芳覺寒采吉人方鬪鳴而犁之詩必唱

卻装毋三不及多陳卯卯謝贠恆

濱之 南湖非久了重此中大重計於二女嫁者延擱

之意姑如之梁及云云

大方進下

廣州人福

弟啟超頓

二月十九日

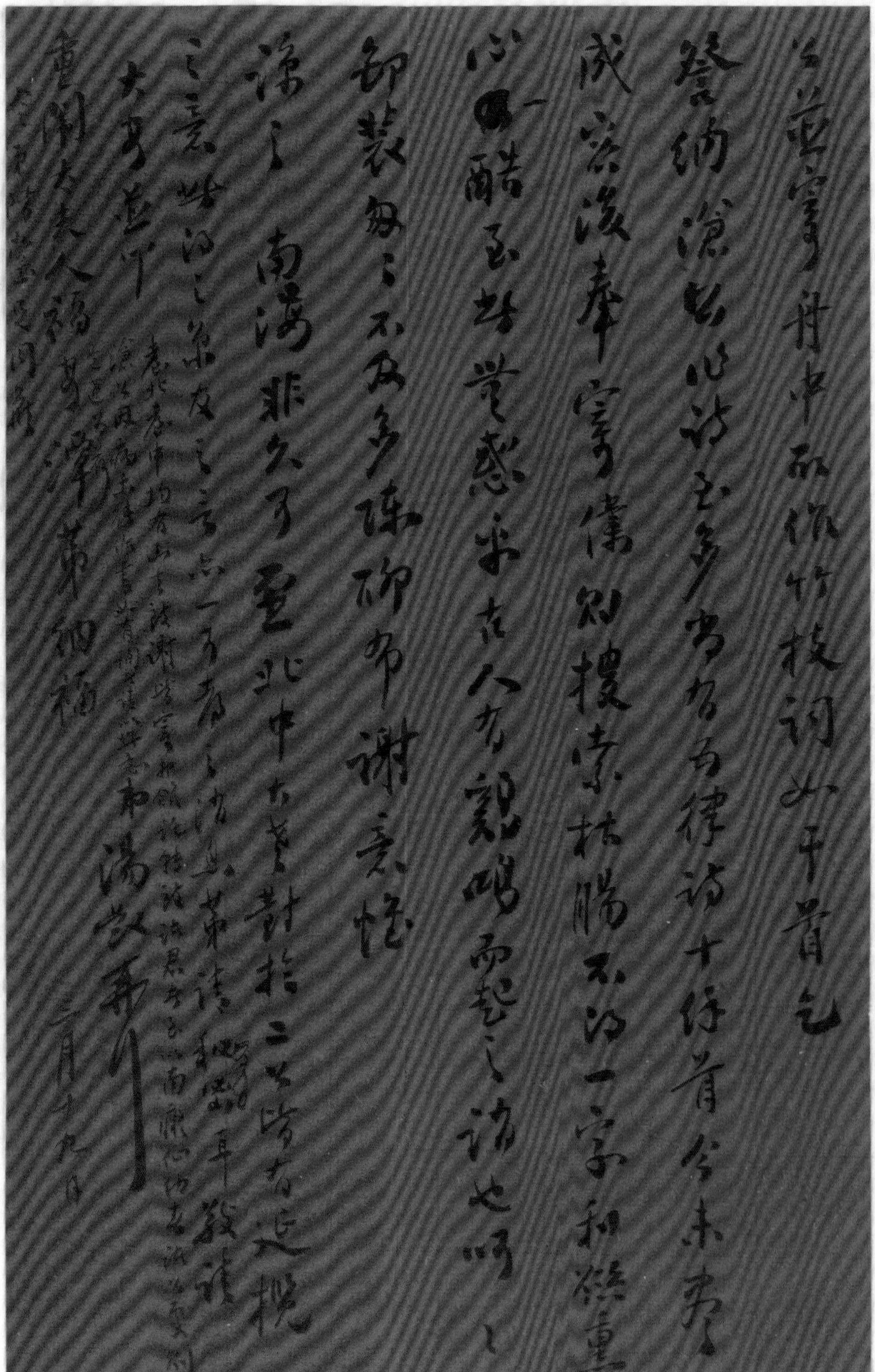

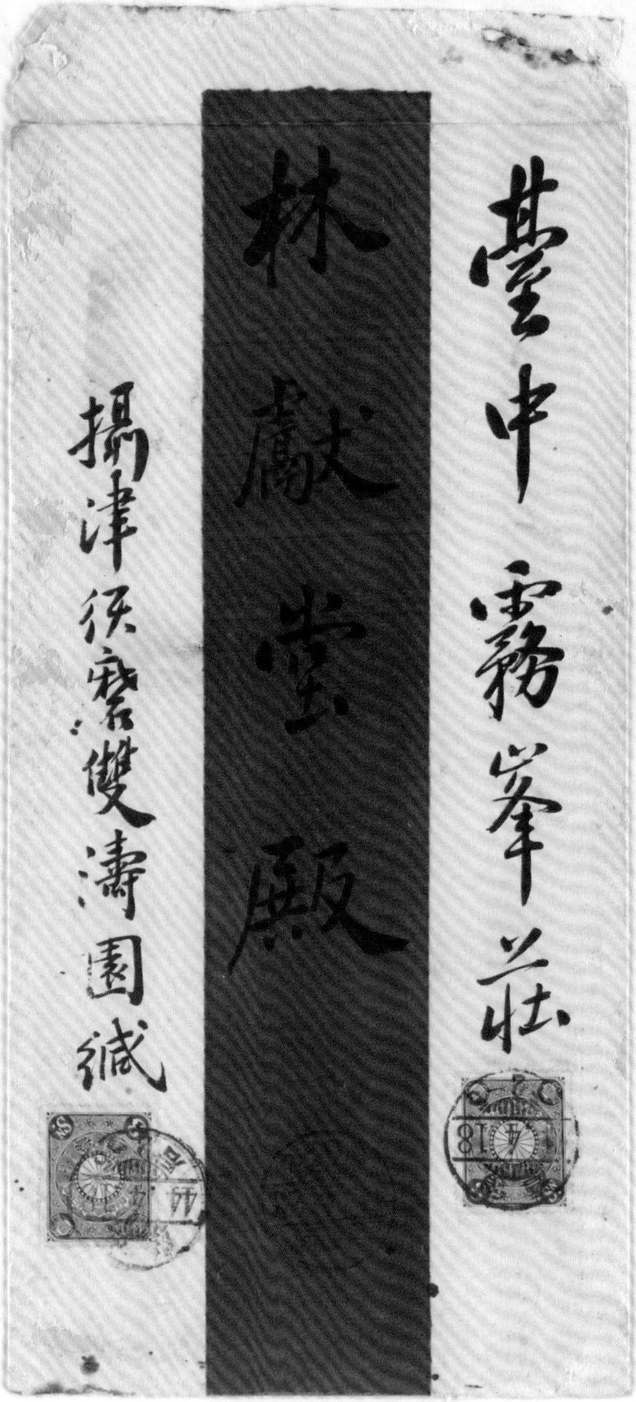
臺中霧峯莊
林獻堂殿
攝津須磨雙濤園緘

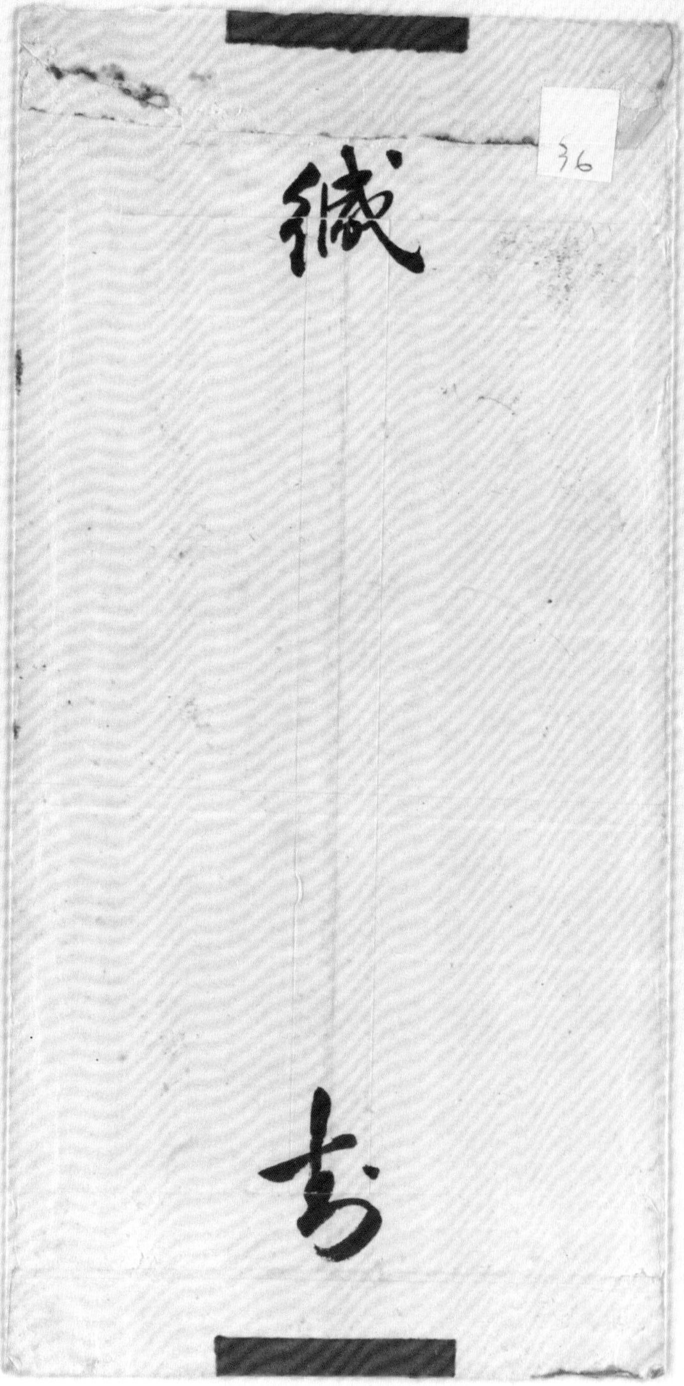
36
緘

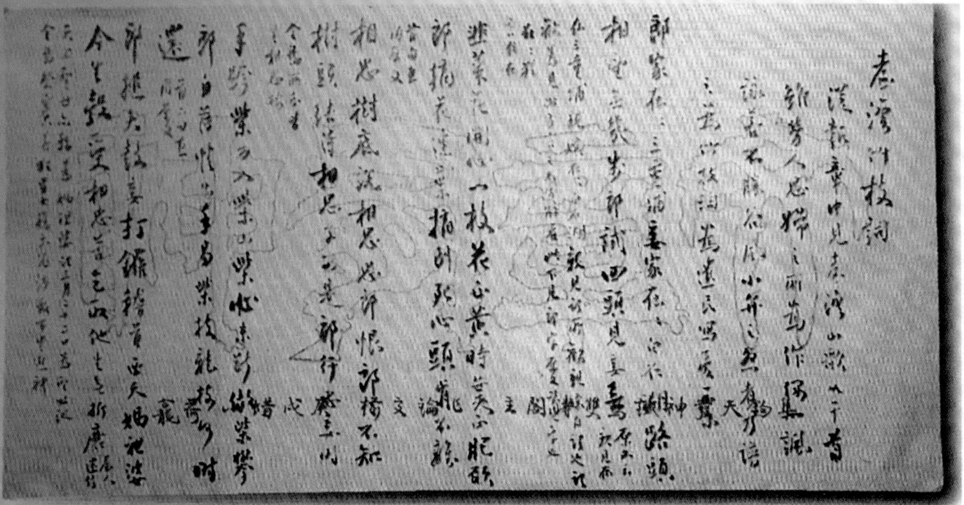

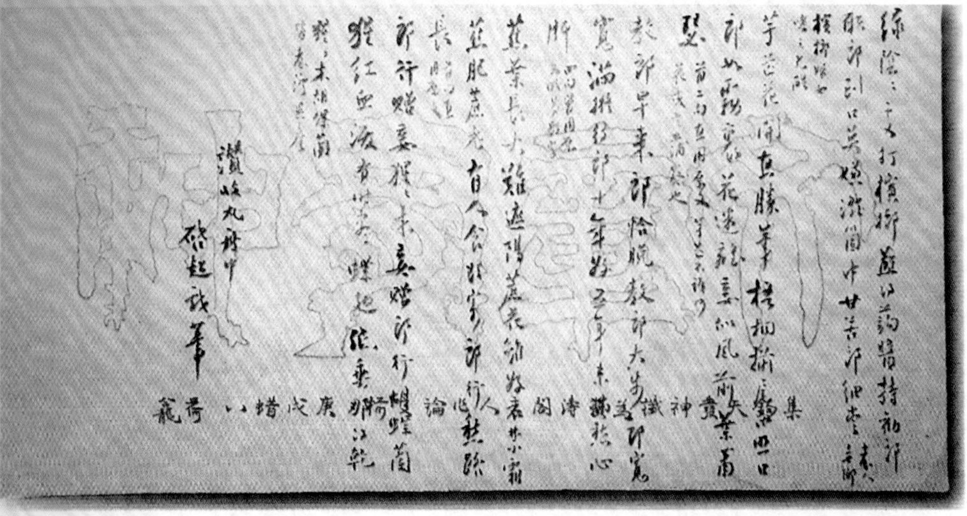

十　梁啟超致林獻堂函五（一九一一年三月廿三日，新曆四月廿一日）

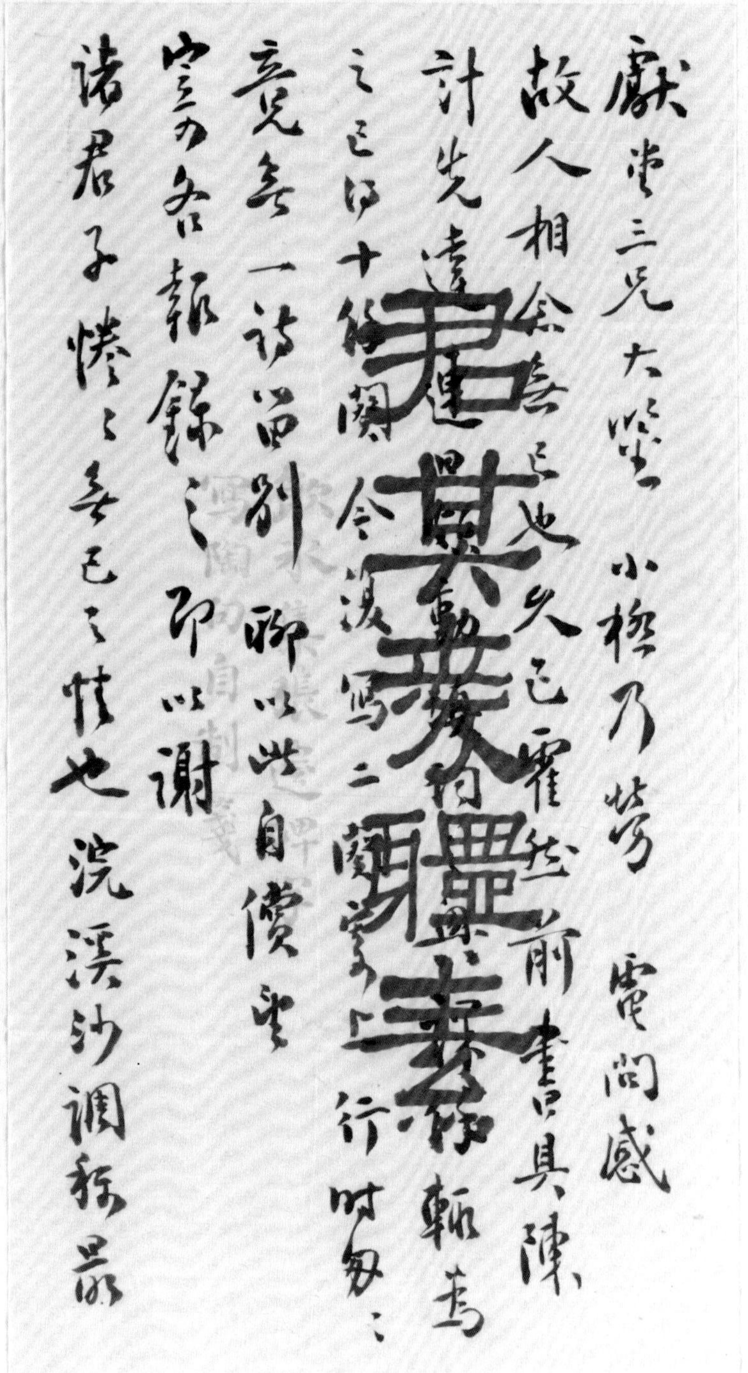
獻堂三兄大鑒：小極乃勞　電問，感
故人相念無已也。[illegible]前書具陳
計先達。[illegible]
之[illegible]十餘閱，今[illegible]寫二閱[illegible]上，行時匆匆
竟無一詩留別，聊以此自償，望
定為吾報錄之，即以謝
諸君子惓惓無已之情也。浣溪沙調[illegible]

難填，向來大家猶不敢輕易著筆，知否？
謂知生之難，不畏屈也。然此闋似頗極沈
雄，張所[illegible]
公試讀之如[illegible]
癡仙能賡和，更所望也。別紙乞代致。
敬頌
大安

啟超頓首

君其愛體素

歙水汪集張遷碑字
寫陶句自制箋

浣溪沙

春潭歸舟晚[illegible]崔嵬

老地荒[illegible]

憑舷切莫首重回

背淚山河和夢

遠彫年風雨挾愁來不成拋卻文

衰裏

啟超和稿

君其無斁

飲冰集張遷碑字

寫陶句自製箋

念奴嬌 基隆留別和玉田寄中別友人韻

司勳瀉別，況天涯春盡盡風雨，行也安歸留
不得，對滄州間誰語，萬當地坼萬萬
恨憑誰補，扁舟去後，殘蟬訴怨江樹。為
問枝上啼紅，千山鵑老，顏色猶如故。草草
東流都歷了，平地幾回今古。碧若瀰量無一玉環
纖溪影了，君看取，落潮今夜，酒醒夢隨何一丈

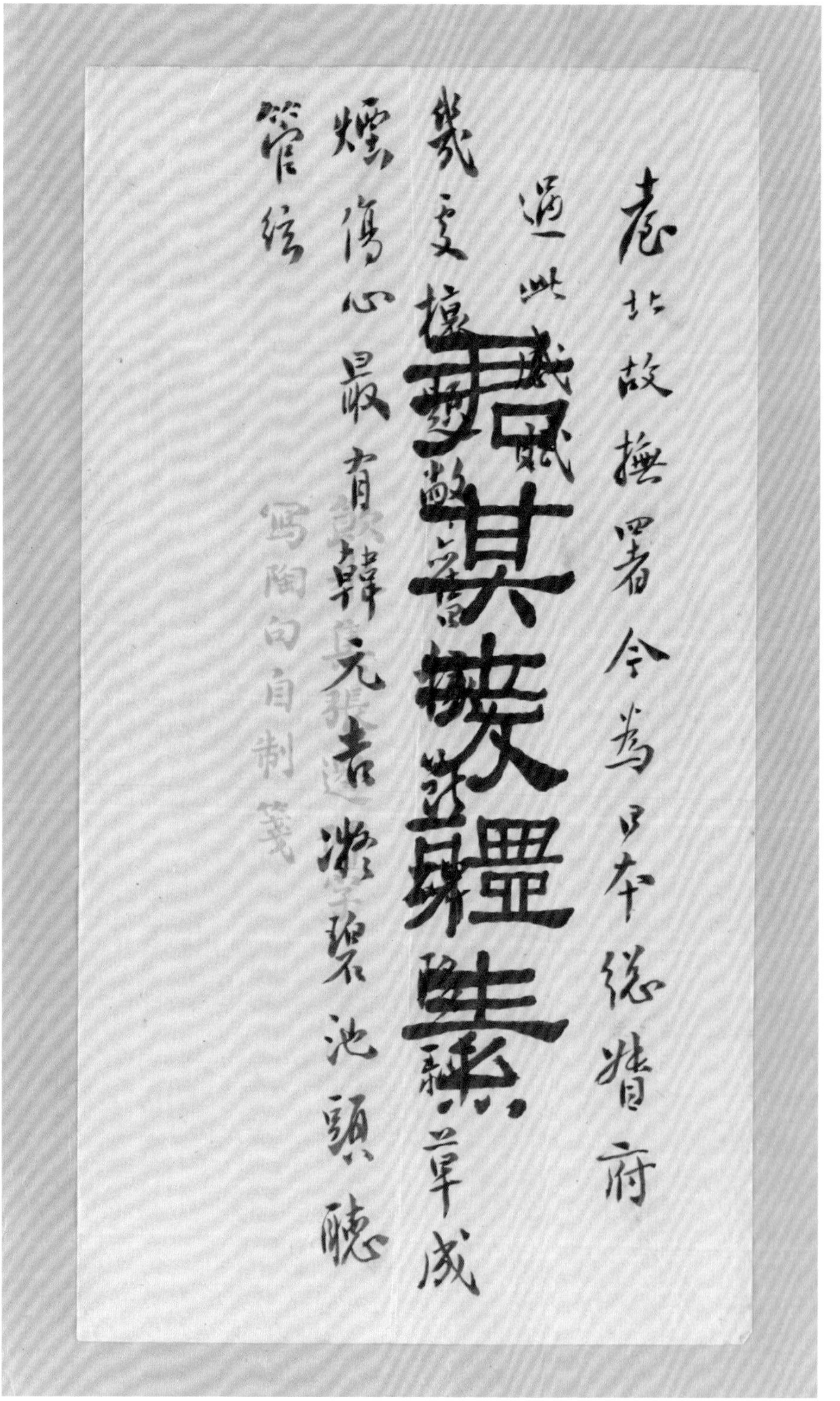
臺北故撫署今為日本總督府
適此
幾更
草成
傷心最有韓元吉
池頭聽
管絃
寫陶句自製箋

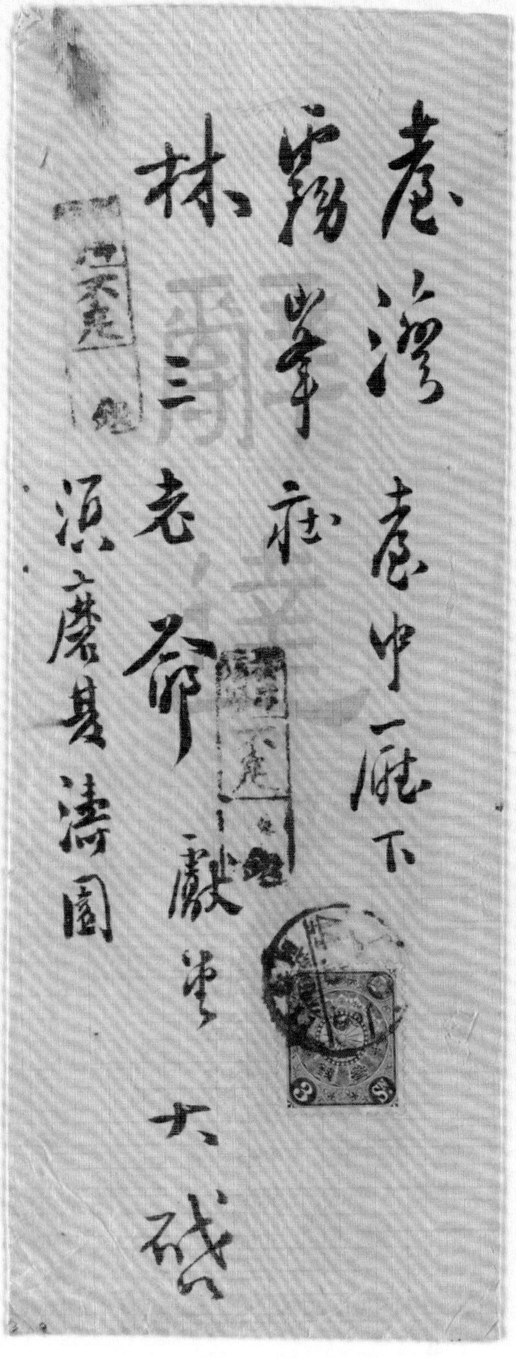
臺灣臺中廳下
霧峯莊
林三老爺獻堂大啟
須磨長濤園

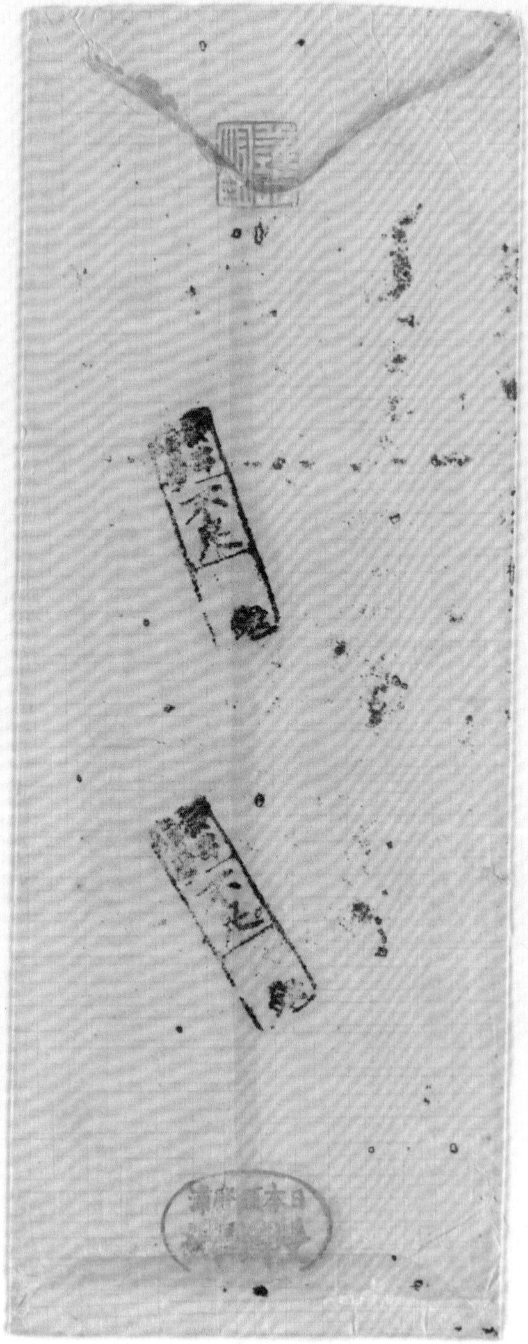

(一)林癡仙致林獻堂函二

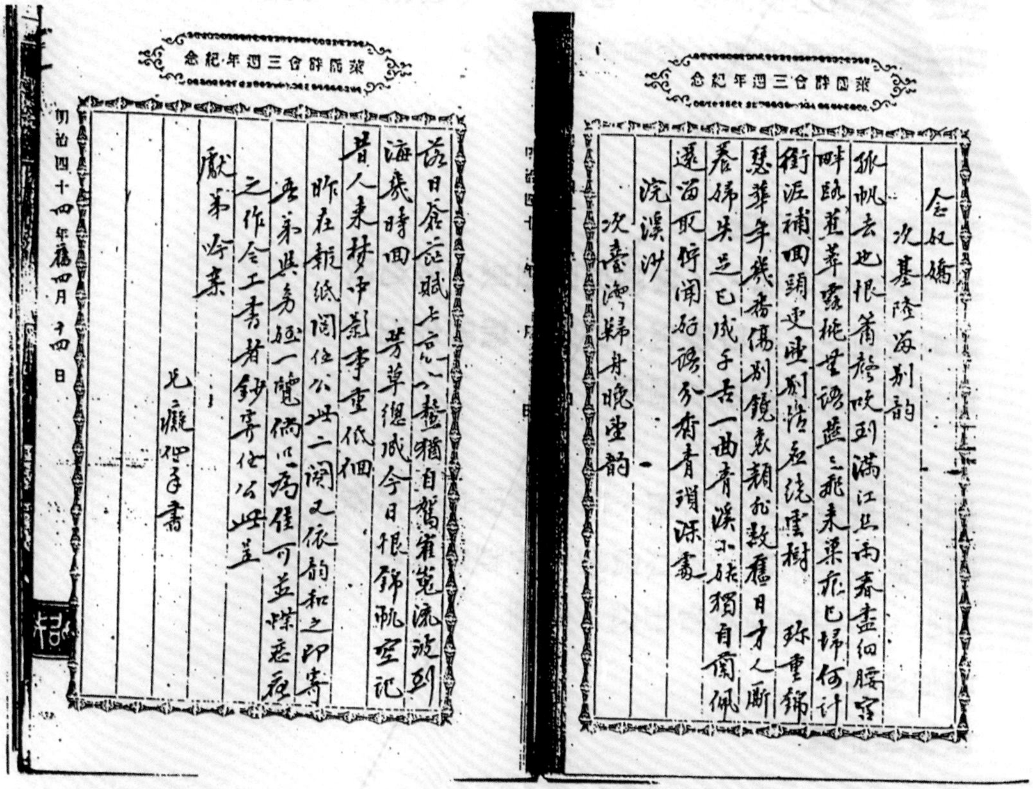

櫟社詩會三週年紀念

念奴嬌

次基隆海別韻

孤帆去也，恨篙聲吹到，滿江風雨。春盡細腰宮

畔路，荳蔻露桃無語。燕燕飛來，梁空已歸，何計

銜泥補。回頭更悵，別情怎繞雲樹。 珍重錦

瑟華年，幾番傷別，鏡衰顏知數。舊日才人斷

眷歸來迭，已成千古，一曲青溪小姑，獨自蘭佩

還留取，待閑紡縷，分付青瑣深處。

浣溪沙

次臺灣歸舟晚望韻

櫟社詩會三週年紀念

落日蒼茫賦七言，一盃猶自駕雀蒐流波，到

海來時回。 芳草總成今日恨，錦帆空記

昔人來，夢中影事重低徊。

昨在報紙閱任公此二闋，又依韻和之，即寄

吾弟，與易庭一覽，倘以為佳，可並傑廷

之作，令工書者鈔寄任公，此呈

獻弟吟案

兄癡仙手書

明治四十四年舊四月十四日

## 十一 梁啟超致林獻堂函六（一九一一年三月廿四日，新曆四月廿二日）

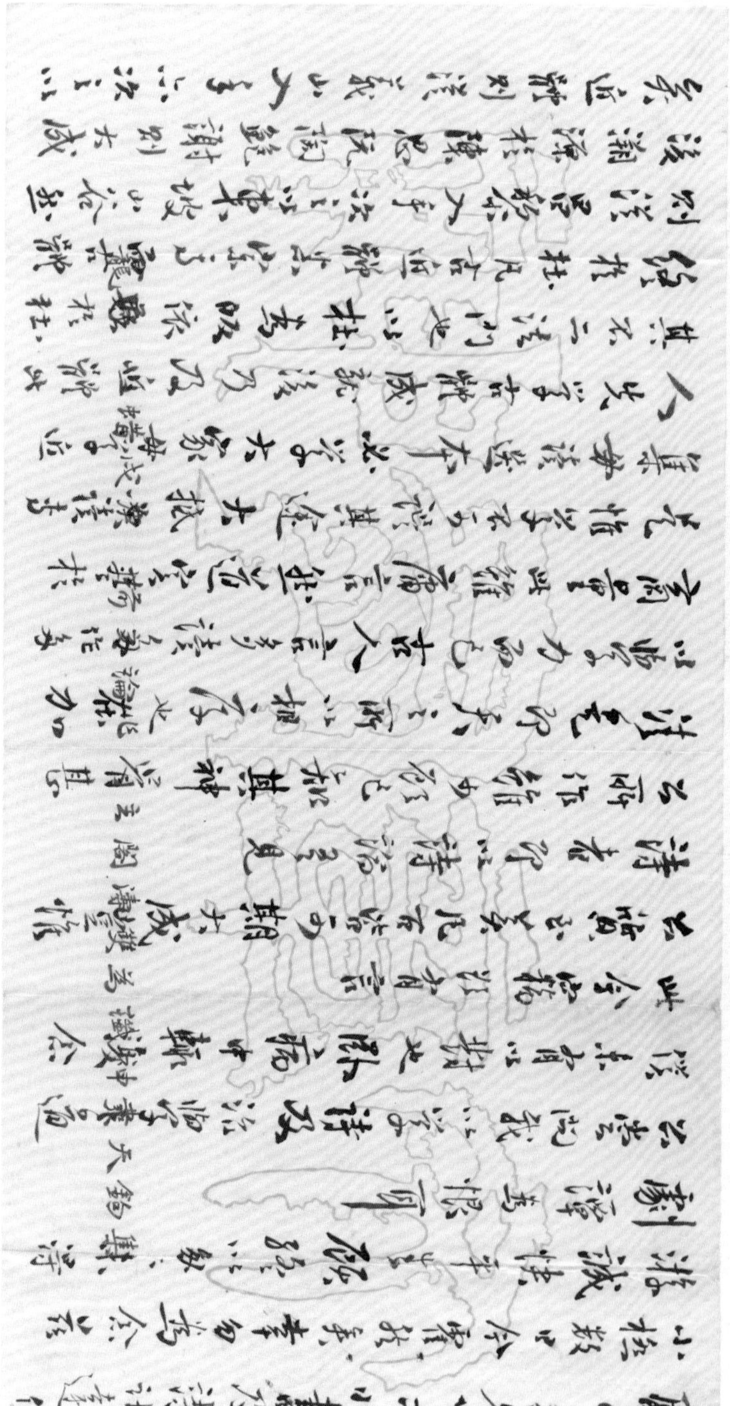

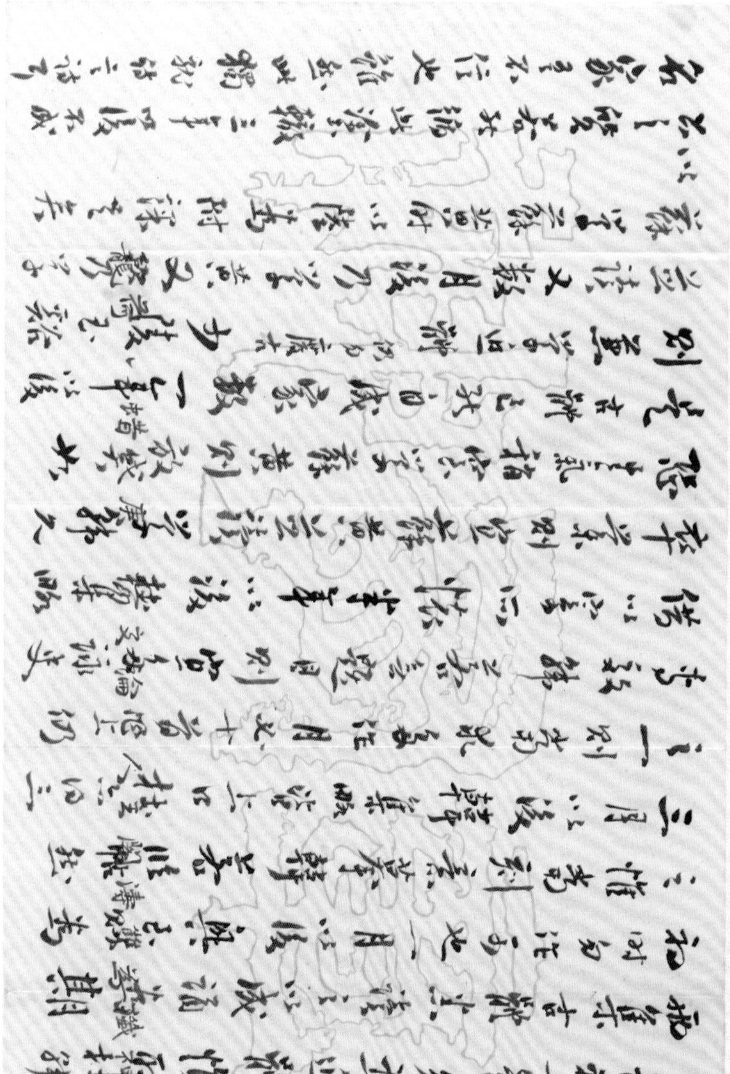

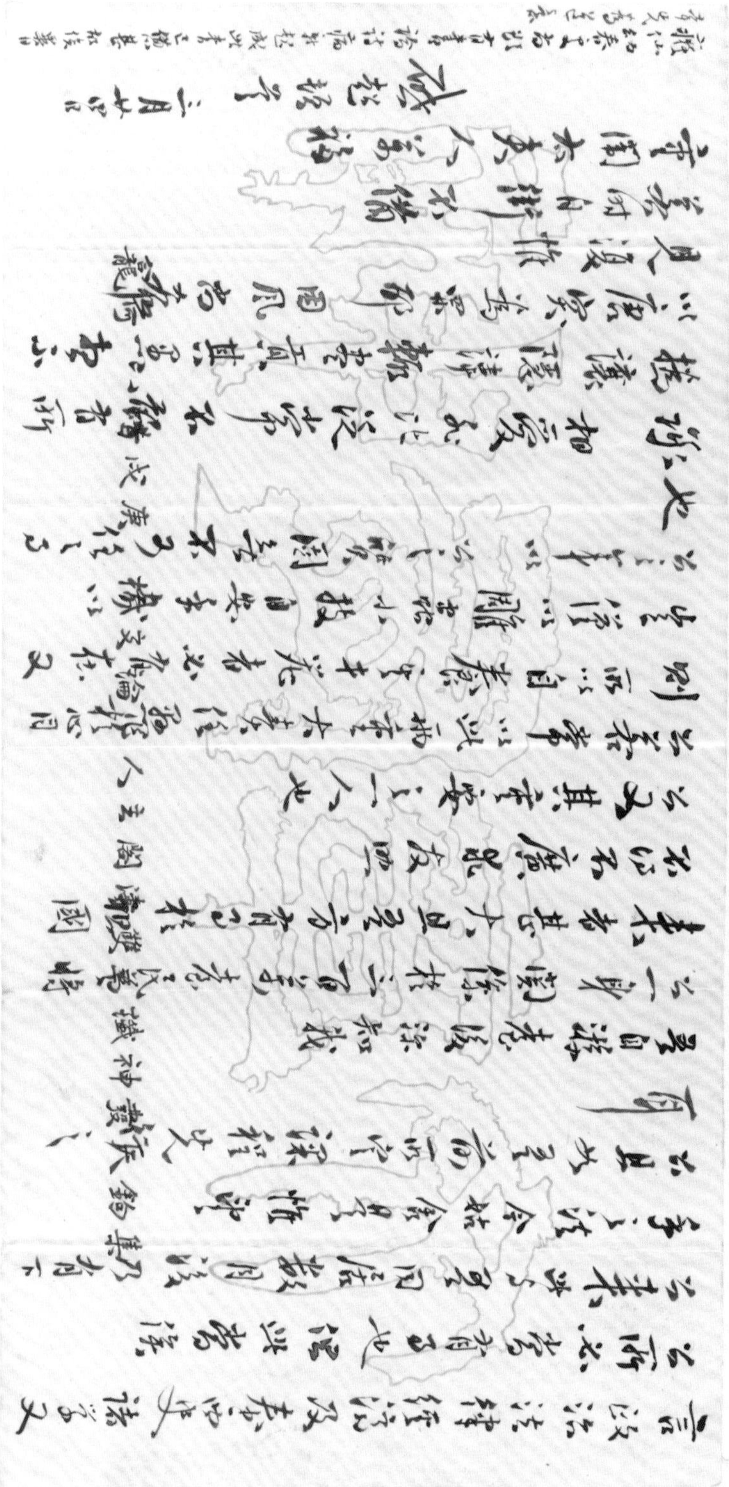

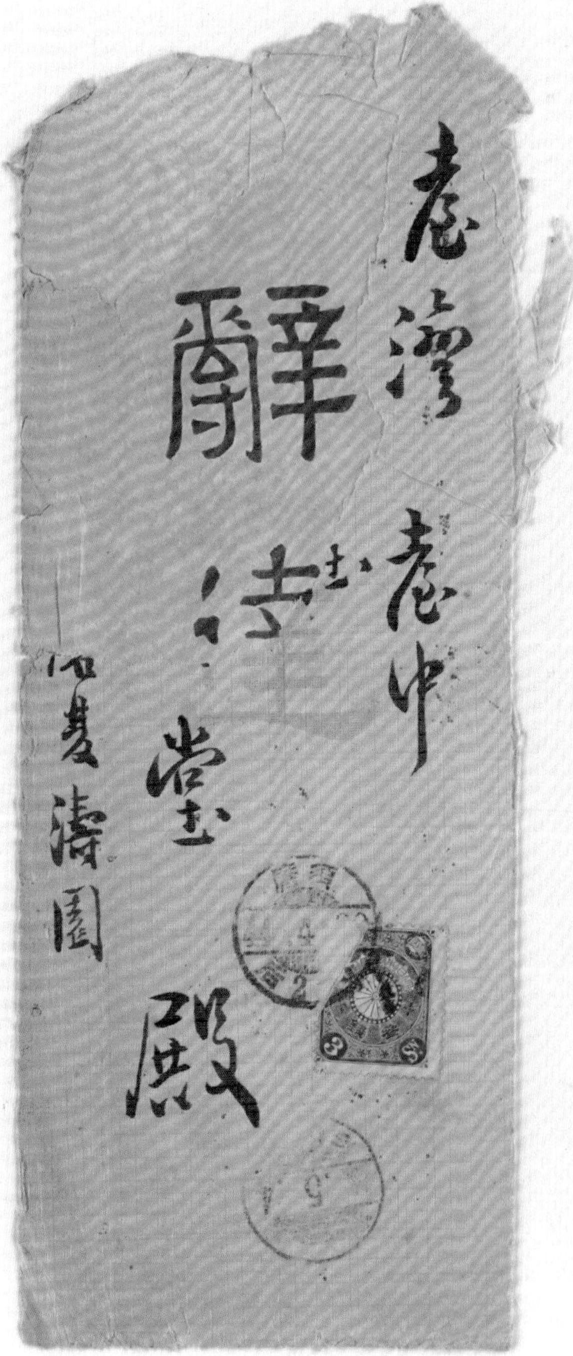
臺灣
臺中
霧峰
林獻堂
殿
加賀濤園

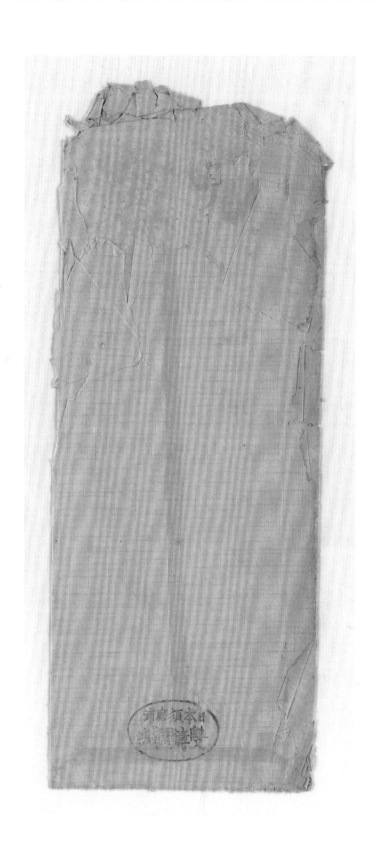

## 十二 梁啟超致林獻堂函七（一九一一年三月晦，新曆四月廿三日）

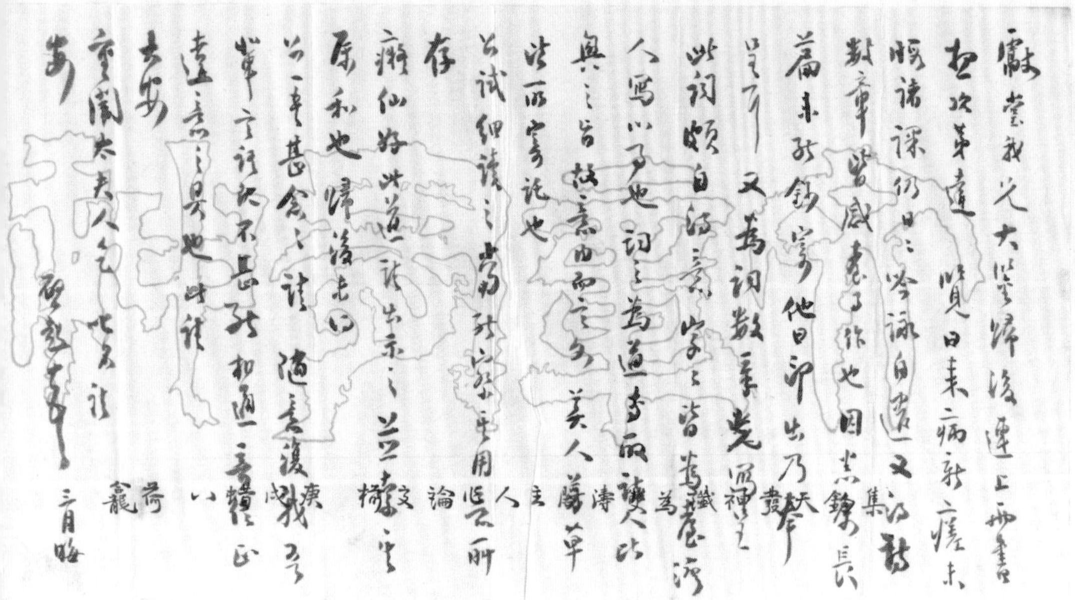

蝶戀花

春遊感春

倚徧黃昏人寂削愁貪集歡錄
舊日閑池閣記得蓮來風動
暮是誰偷顧秋千索一襦做費
成新夢惡夢裏羅衾懺似郎為
情薄早識護鈴成漫綺變作英濤
悔不春前落閣
剗路屏山天樣遠若無人主離
不放人留憶波底題紅比流論
憑君量取愁深淺蟫
煙朝暮撩便卧春田蕉萃橋庵
重見分說夢中時隻庚東風
已共游絲倦戌蜡
江上琵琶聲最苦不分娉婷
錯嫁浮梁賈唯夜夢橋龍迷
浦推篷又是愁風雨休問忍
紅誰是縫懷天涯半晌成
今古一角池萍風約住前身誰

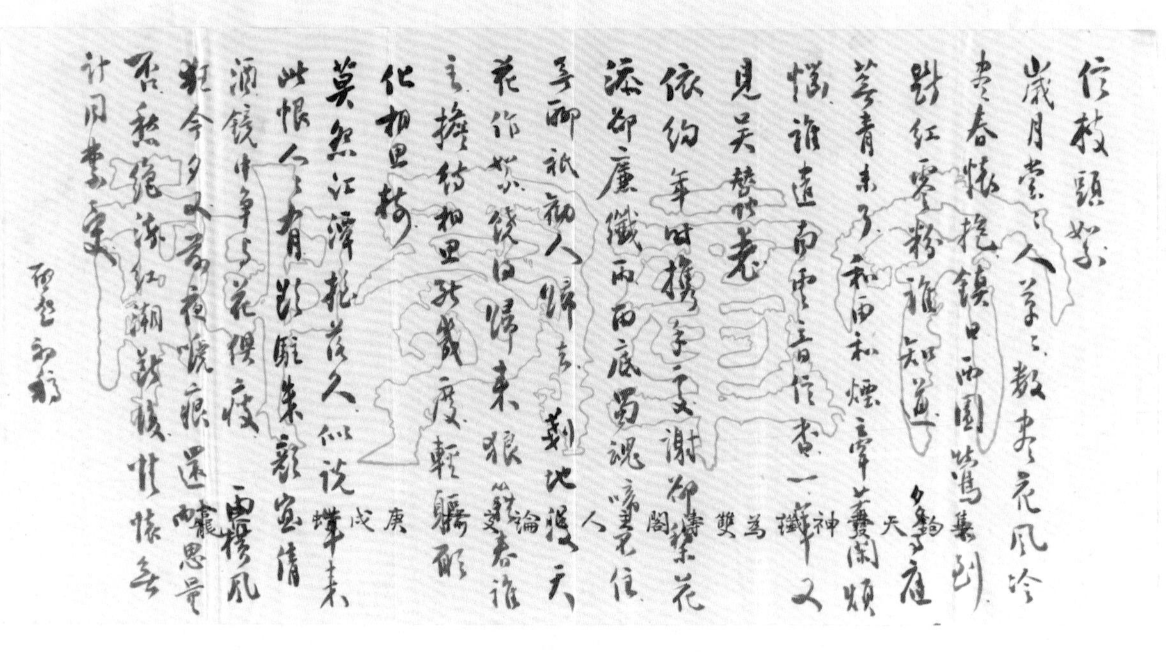
任枝頭絮
歲月堂堂人等等數來花風冷
盡春懷抱鎮日西園鶯集到
對紅雲粉誰知道[illegible]庭
芳青未了和雨和煙常常[illegible]閑煩
惱誰遣南雲音信杳一[illegible]千又
見吳營花老
依約年時攜手之交謝卿[illegible]花
添卿簾纖雨西底蜀魂[illegible]信
年卿祗願人歸去剪地設天
花詐點點誰白歸來狼[illegible]春誰
之換結相思歡度輕驕那
化相思樹
莫怨江潭桃花人似說蝶來
此恨人人有路難集[illegible]宜情
酒鏡中年年花煙疲西樓風
粧今夕又夢夜憶痕還[illegible]思量
芳愁絕淚紅潮鼓殘悽愫會
計月書[illegible]
[illegible]

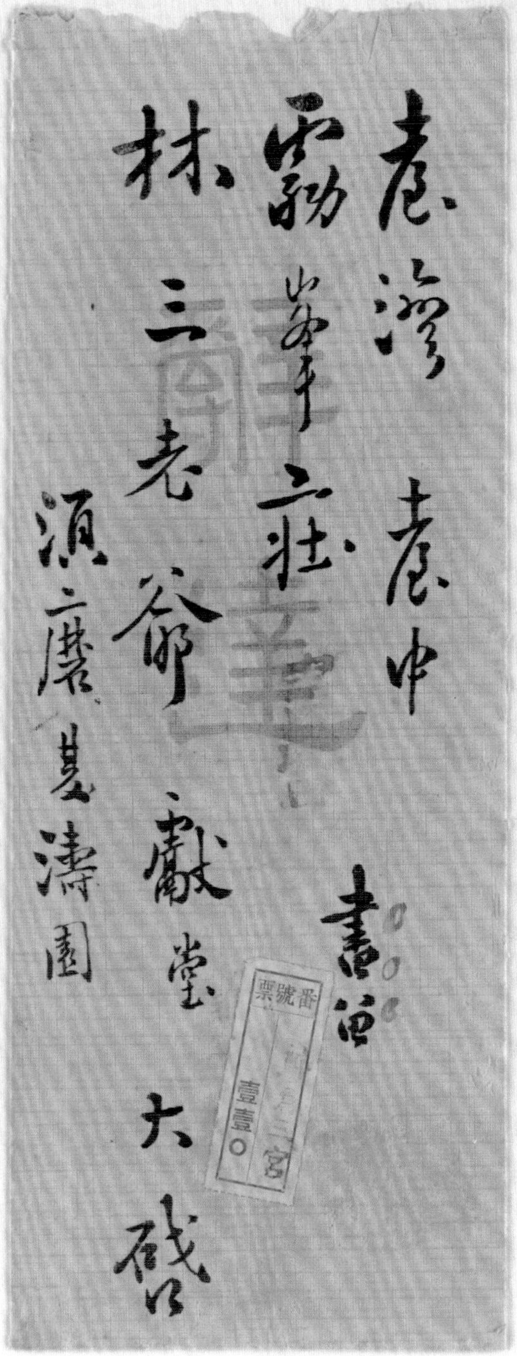
臺灣臺中
霧峰莊
林三老爺獻堂大啟
書留
須磨雙濤園
番號票
壹壹〇

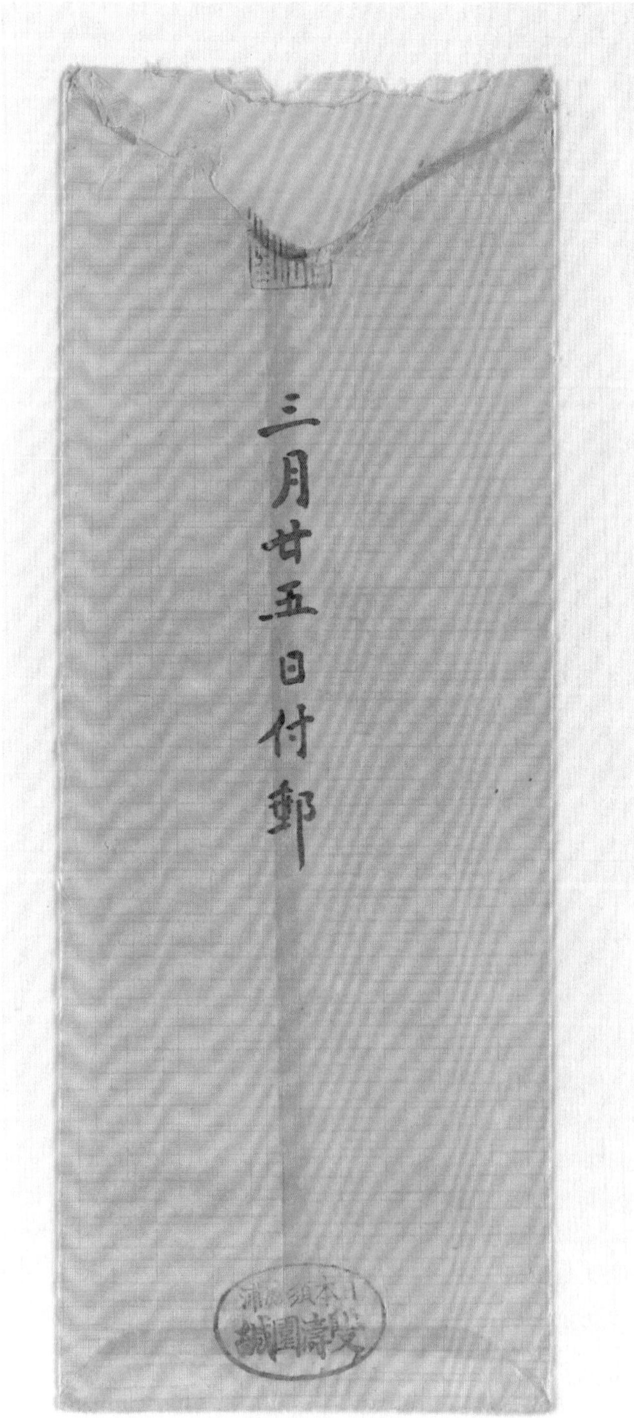
三月廿五日付郵

## 十三　林榮初致梁啟超函（一九一一年三月廿五日，新曆四月廿三日）

任公偉人先生閣下　閱
大賢之名久矣懷願見之私亦久矣何幸
文旌東指竟於此驛遭逢仰止
光儀非償奢望伏思
先生才通今古學貫中西作海外之寓公五洲一士倡維
新之盛舉爲古今所榮初滄海遺民以域末學耳
目未染文明身以自儆迂腐言理
先生必以道岸自高將目獨儒怨之見拒豈知一瞻
雅範頓蒙
巨眼許爲方知
先生所以負重望於天下者皆本於經國之畧而
懷救世之心如蒙賜　墨寶張之書齋光迭四射隨
國與月相圖論之法言不必專門名家而後爲工大
凡有功德者有福澤者有文學者其生平無不學
成而後筆必絕異凡庸
先生於斯三者兼而有之其可寶可貴何待言哉
李君少福與榮初有八拜之交昨方航海歸來一

十四　梁啟超致林獻堂函八（一九一一年三月廿六日，新曆四月廿四日）（缺）

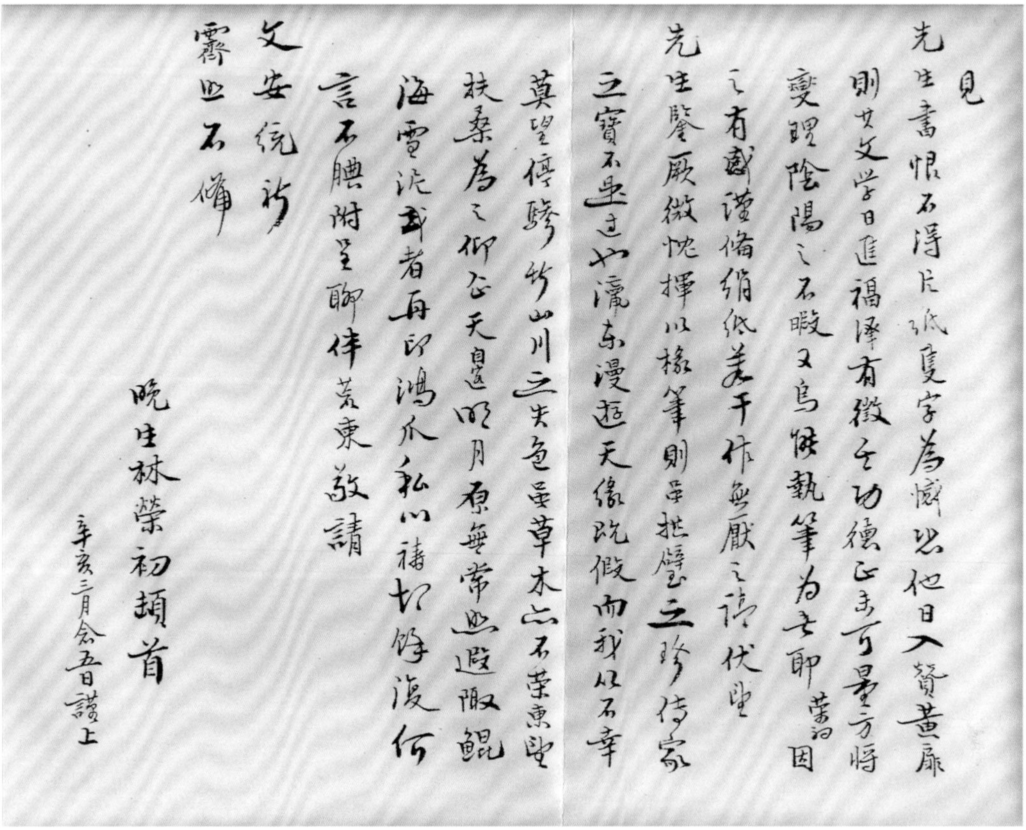

見
先生書恨不得片紙隻字為憾然他日入贊黃扉
則女文學日進福澤有徵其功德正未可量方將
變理陰陽之不暇又焉能執筆為是耶瑩詢因
之有感謹備絹紙差干作無厭之請伏望
先生鑒厥微忱揮以椽筆則受拱璧之珍傳家
之寶不是過也瀛東漫遊天緣既假而我以不幸
莫望停驂於山川之失色草木亦不榮東望
扶桑為之仰企天邊明月徒無常照遐陬鯤
海雪泥哉者再印鴻爪私以禱切餘復何
言不腆附呈聊伴蕪東敬請
文安統祈
霽照不備
晚生林榮初頓首
辛亥三月念五日謹上

# 十五　梁啟超致林癡仙幼春函（一九一一年四月四日，新曆五月二日）

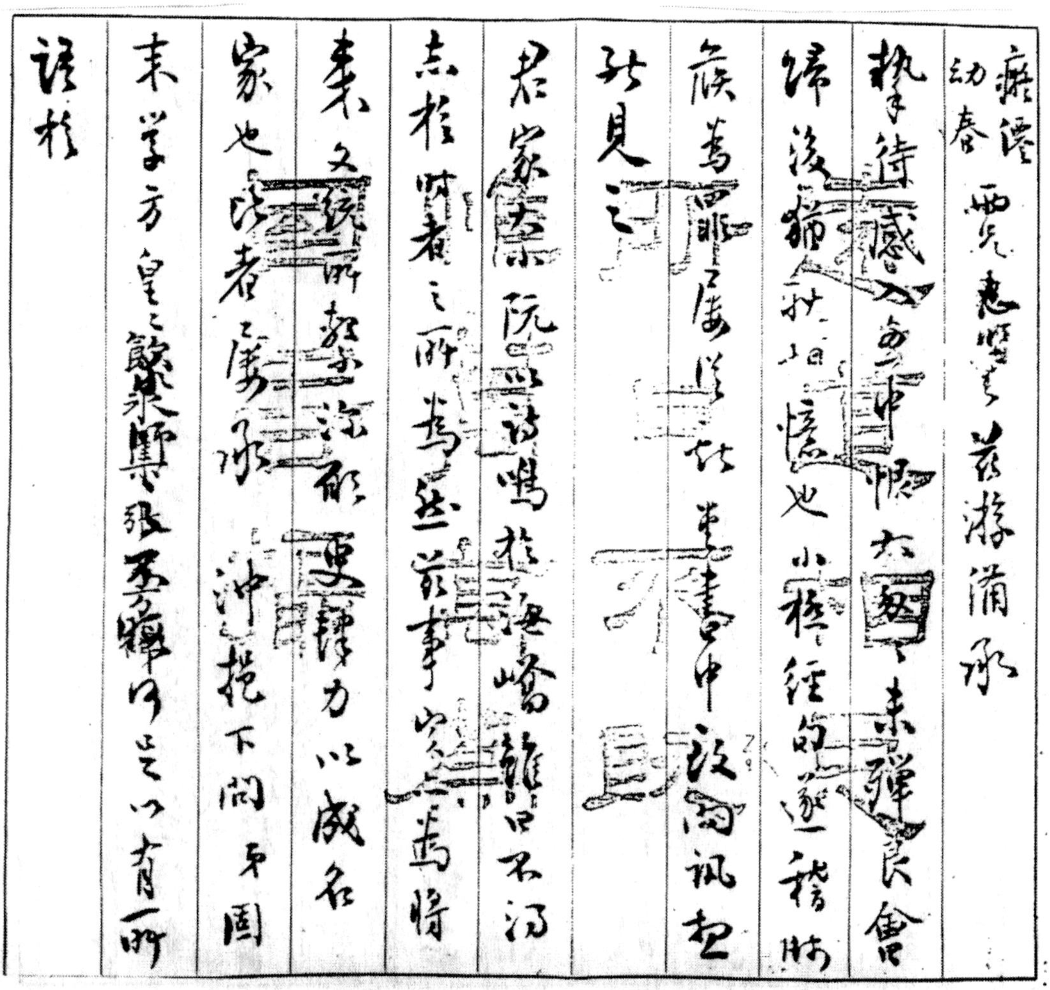

癡僊
幼春　兩兄惠鑒：前游蒲承
執事待感無中恨太匆未殫良會
歸後[illegible]秋[illegible]懷也小極經旬遂稽時
候為罪不淺頃于報中敬讀訊起
孫見之
君家宗阮以詩鳴於海嶠豈不洵
志於時者之所為然前事實為將
來文統所繫深願更精力以成名
家也洨者之儔承沖抱下問不圖
末學方皇之餘[illegible]與張[illegible]韓何足以有所
語於

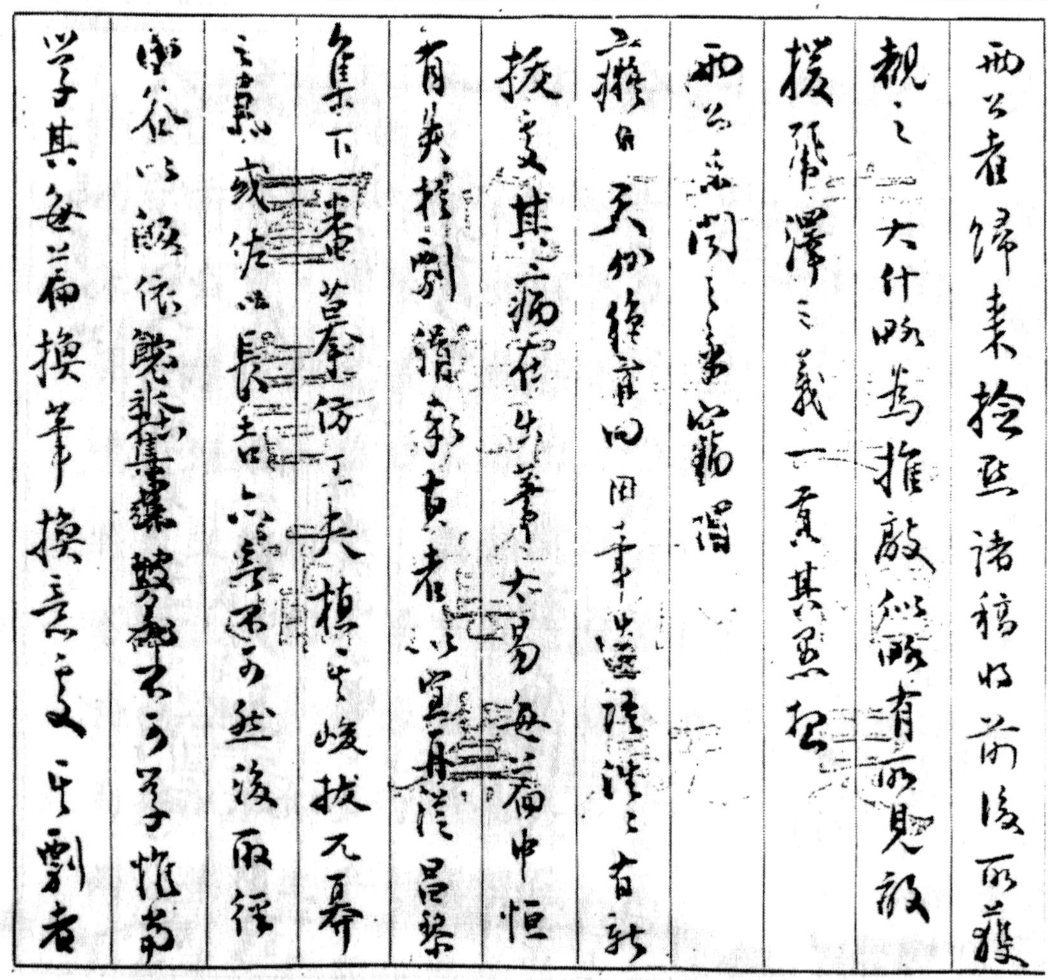
兩公者歸來捡出諸稿將前後所獲
觀之一大什所為推敲似有所見故
援麗澤之義一質其然否
兩公亦閱之幸審留
癖自天份雖有因筆出之語語之有新
拔處其病在出筆太易每一篇中恒
有失推敲謂彰真者似宜再從昌黎
集下著墓傍工夫植其峻拔不羣
之氣或佐以長吉之奇思然後取徑
鄉谷以毆依懿芳集樊榭不可學惟當
學其每一篇換筆換意之處乎劉者

切勿效之。此言夫古體也。

癡之近體所見甚少，不敢妄評。然總覺稍擺脫蘇陸門戶，或者取徑於小李小杜乎？

幼云學之，歐心格律，深於此，肯驚心動魄，語是此一派長也。然微覺疏宕之之氣少。前所讀和郎韻諸律體貌，殆過盛唐，而神韻未足。若導此道，恐將入明七子蹊徑，竊謂宜專宕之以坡谷中孫樸實張盛之學。宋詩能之取巧，然亦以宋派易為迴腸盪氣之

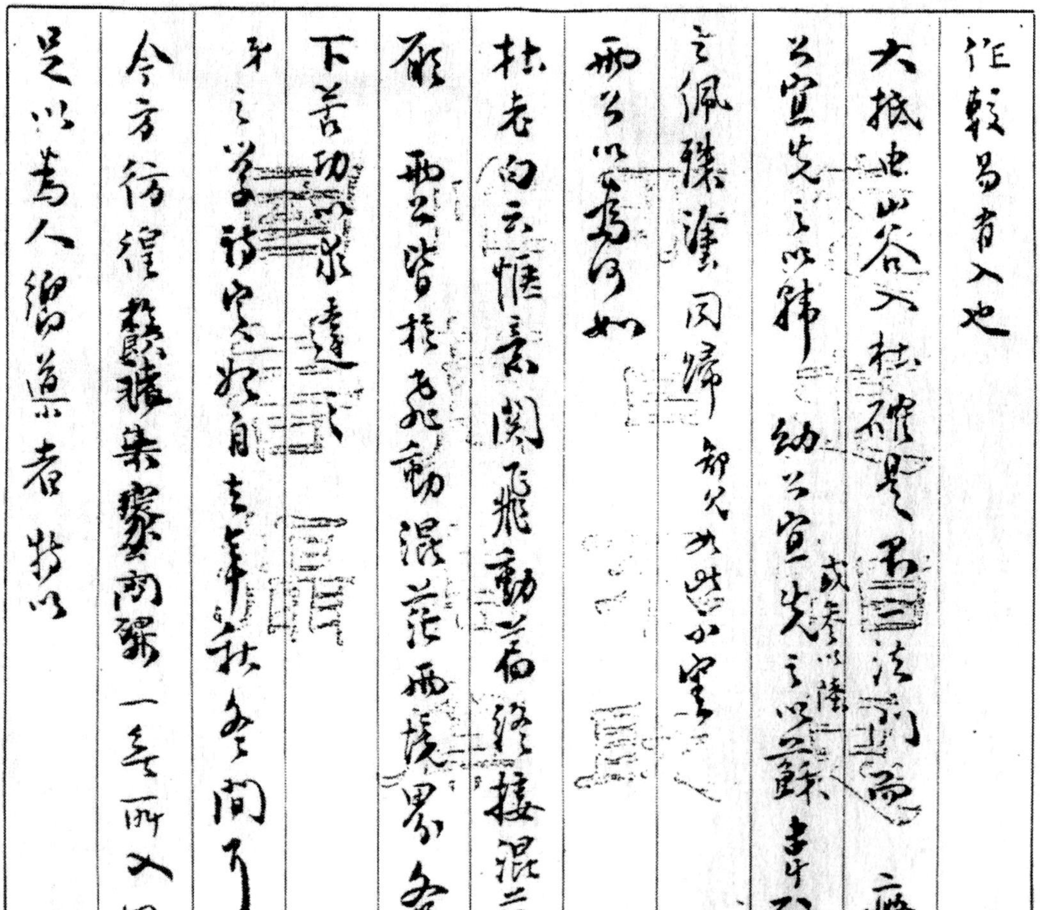

作較易者入也
大抵由山谷入杜確是不二法門而癡
仙宜先之以韓幼春宜先之以蘇（或參以陸）季鋒
之佩蘭塗因歸（郎父如此以寔）
而公以為何如
杜老自云意愜關飛動篇終接混茫
雖要皆於飛動混茫兩境界合
下苦功以求達之
弟之學詩實始自去年秋冬間耳
今方彷徨歧雅集豪兩端一無所又以
是以為人贈篇者特以

諸君子之過愛，蓋有以見不敢隱乃
趙堯生侍御者，嘗代寫匾也，而今方從
之，鄉學每成一篇，輒鈔之，遍呈諸老輩
請益，倦無塗塞之狼藉，不猶假借也。已
為兩公介紹於其門，頗亦復幸
料當不拒耳。
兩公所鈔所作各十數首，弟嘗為寫
去之，誨我者相加，或致有益也。
詠，愛亦為大喜。諸惟
鑒原。敬承飲冰集，張公方碑，小詞數章寫獻於丈之原和
大安
啟超頓首　四月四日
□庭仁兄同年

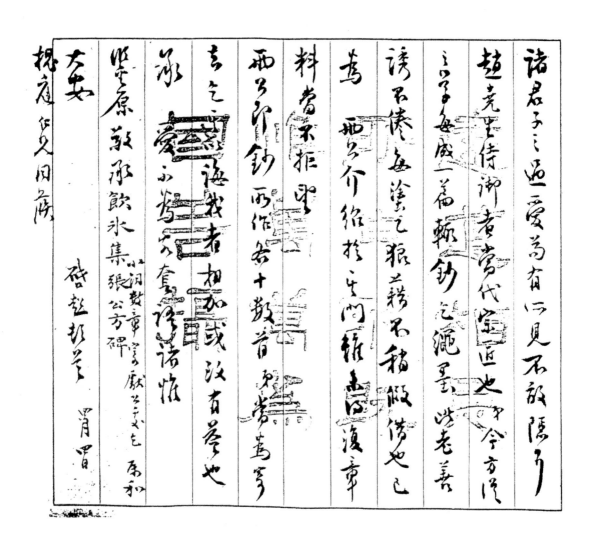

## 十六 梁啟超致林獻堂函九（一九一一年四月十三日，新曆五月十一日）

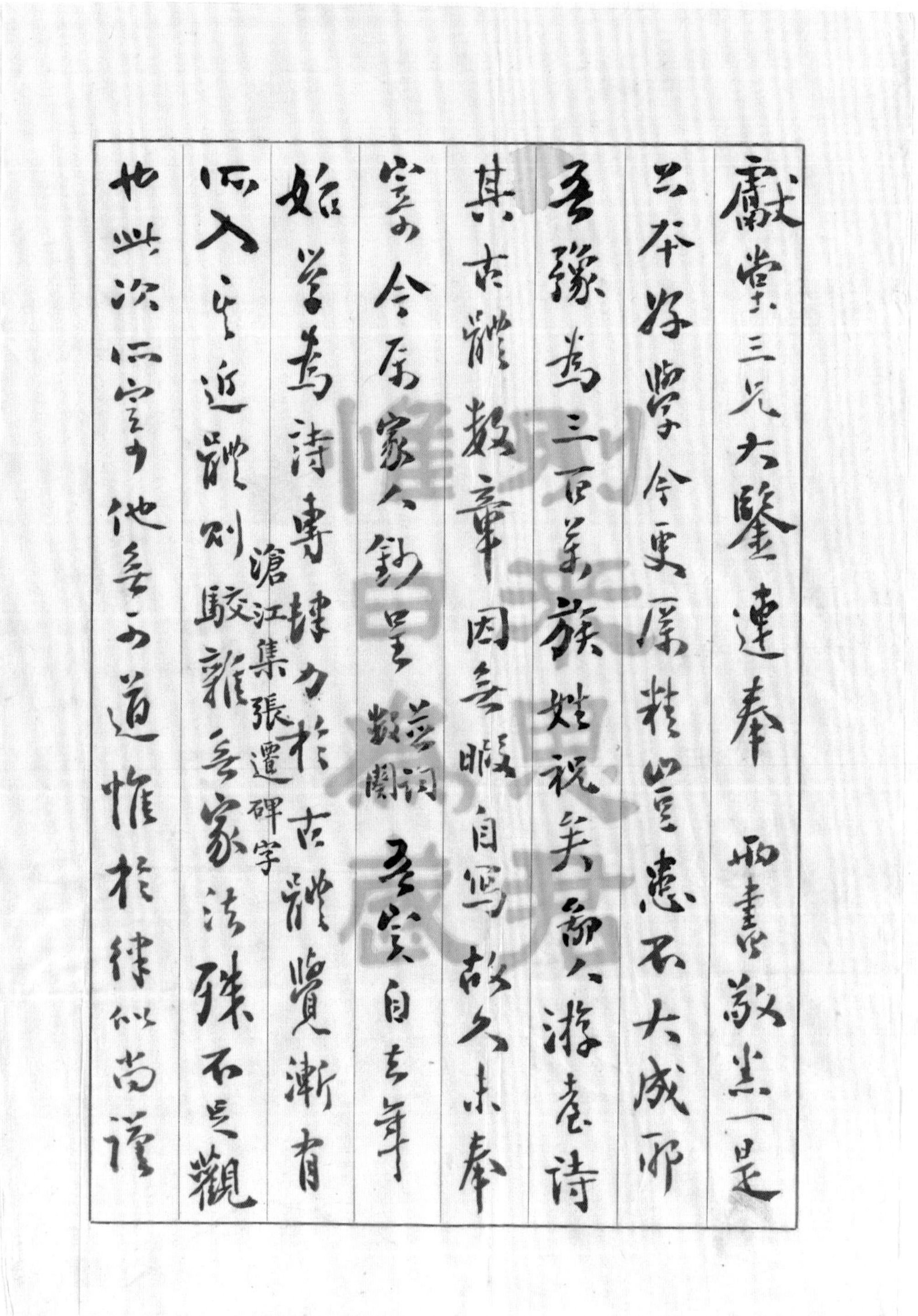

獻堂三兄大鑒：連奉兩書，敬悉一是。
公本好學，今更深精，豈患不大成耶？
吾稼為三百篇，族姪視矣，節入游春詩
其古體數章，因無暇自寫，故久未奉
寄。今命家人鈔呈，並詞數闋。吾黨自去年
始學為詩，專肆力於古體，覺漸有
所入。近體則駁雜無家法，殊不足觀
也。此次所寄中他無可道，惟於律似尚謹

滄江集張遷碑字

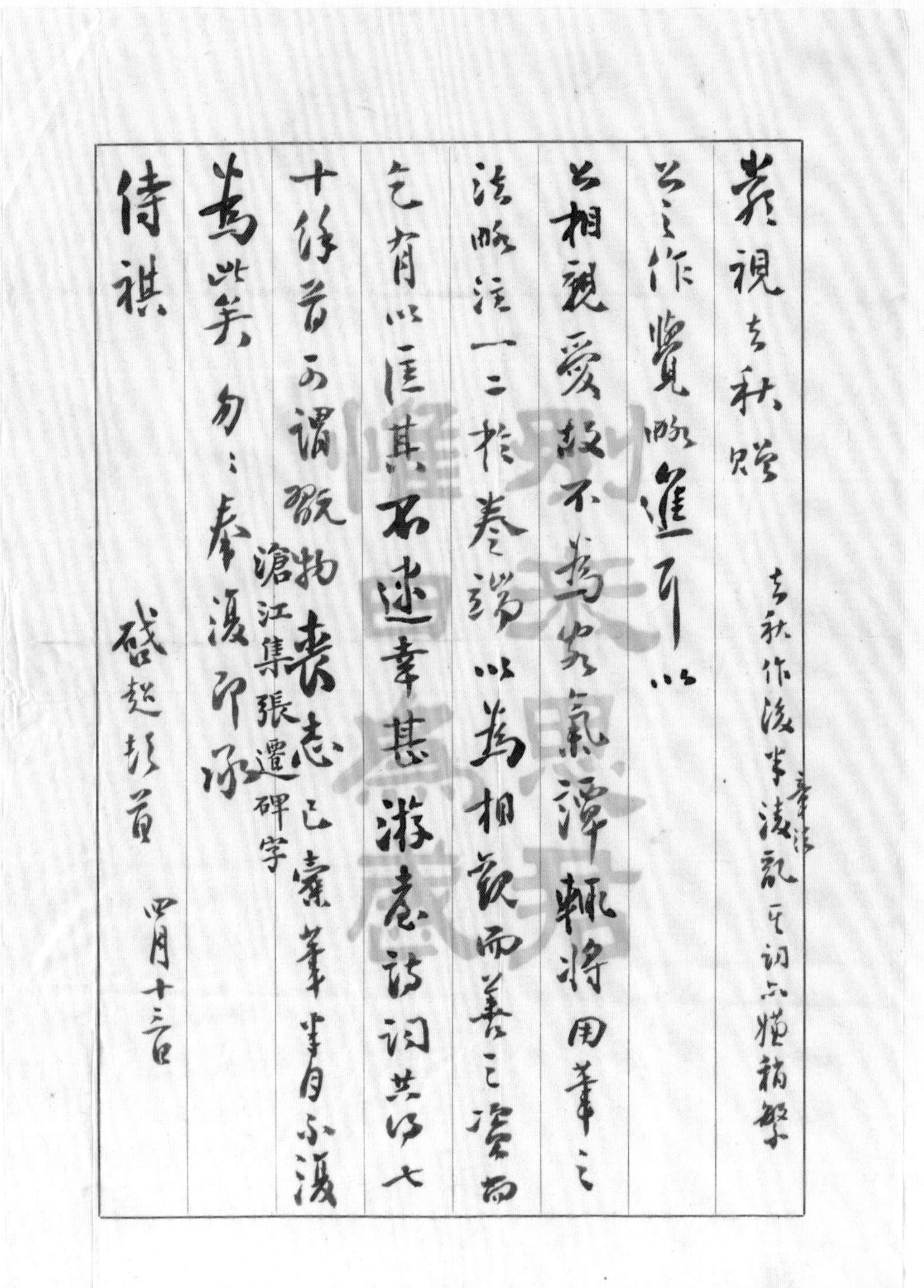
承視去秋贈 去秋作後半章法淺亂不詞亦猶稍擊
答之作，覺略進可，以
共相親愛，故不為客氣譚，輒將用筆之
法略注一二於卷端，以為相觀而善之資，而
乞有以匡其不逮，幸甚。遊臺詩詞共得七
十餘首，不謂頗拂素志，已棄筆半月，不復 滄江集張遷碑字
為此矣。匆匆奉復，即承
侍祺
啟超頓首 四月十二日

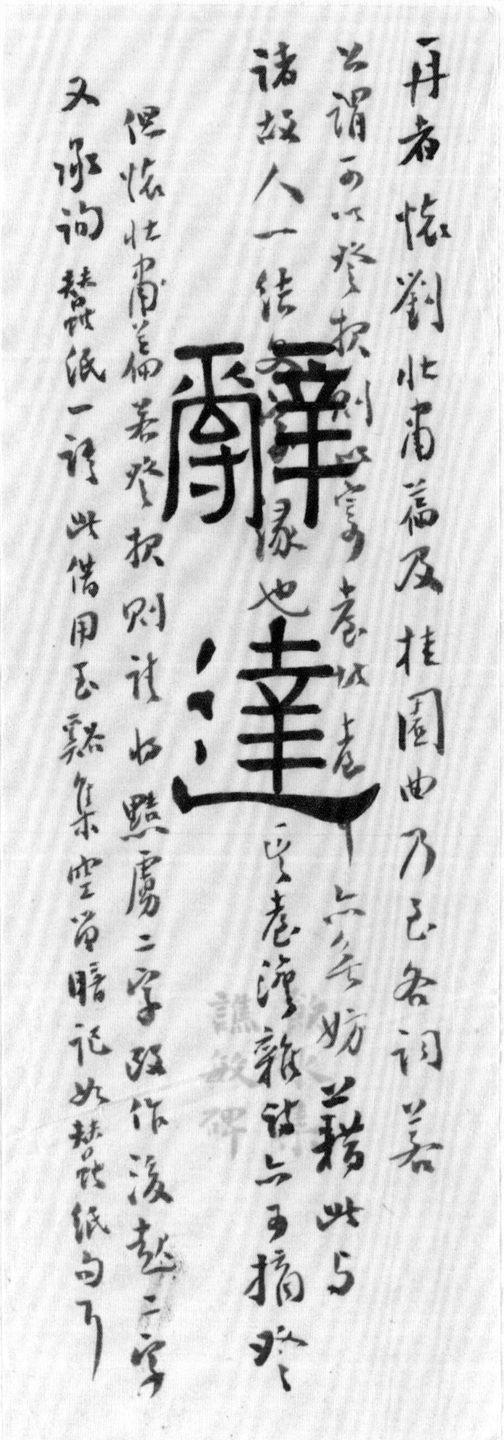

再者，悵劉壯肅篇及桂園曲乃至名詞若
若謂可以發揮劉公事業者，亦無妨，藉此與
諸故人一結文字緣也。一卷潦雜，請再手摘改。
辭達
但悵壯肅篇若發揮則詩如點處二字改作淺墊二字
又承詢蠶紙一語，此借用玉谿生集空留暗記如蠶紙句耳

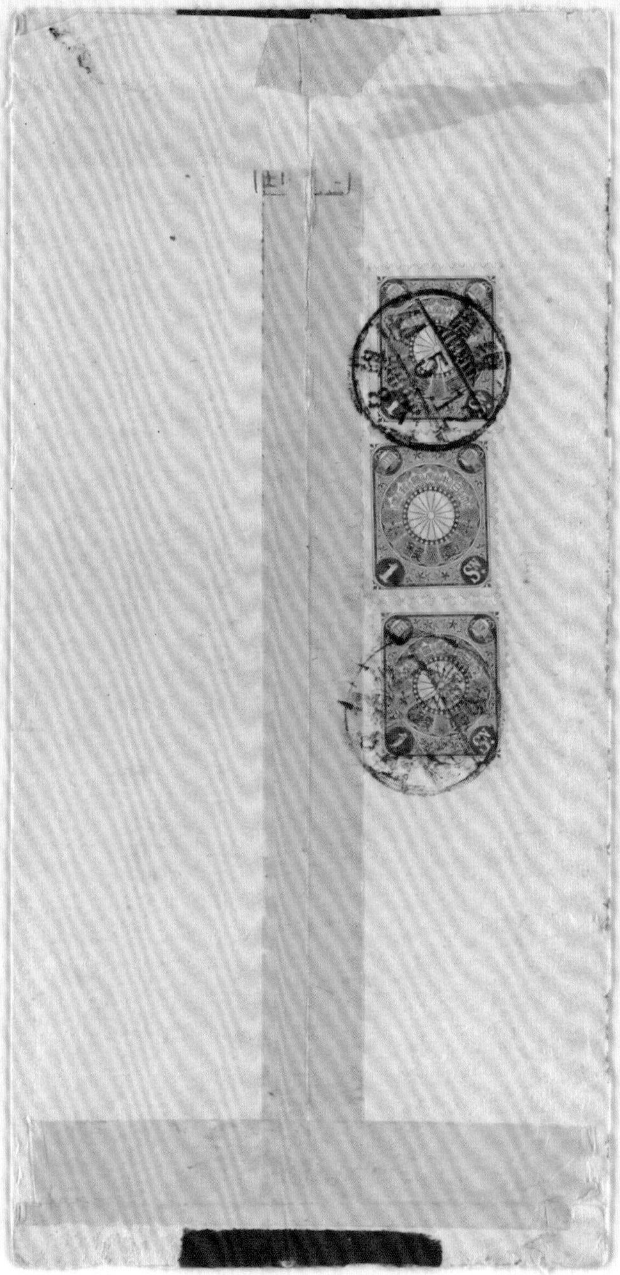

(一)〈游臺灣追懷劉壯肅公〉、〈桂園曲〉、〈暗香〉、〈斗六吏〉、〈公學校〉、〈拆屋行〉、〈墾田令〉、〈西河〉、〈八聲甘州〉

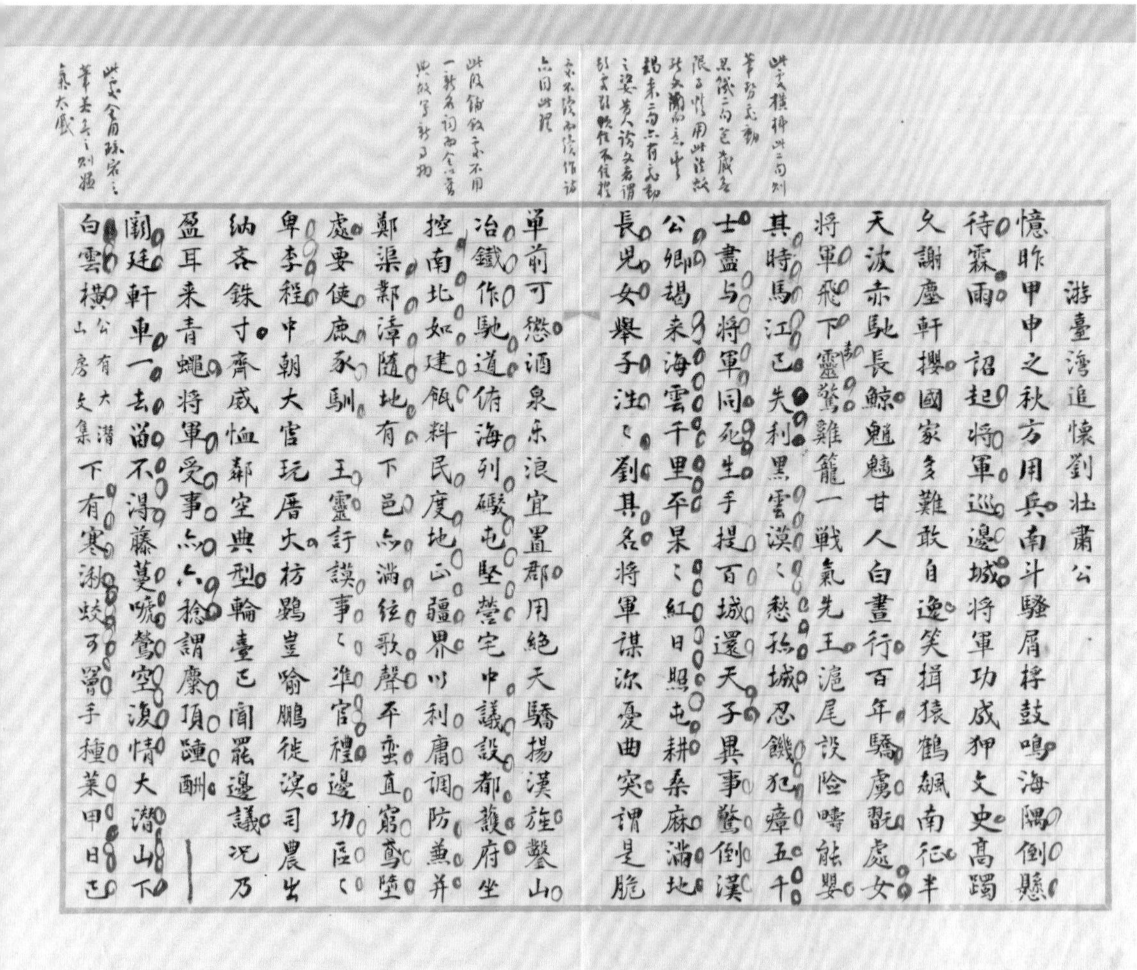

游臺灣追懷劉壯肅公

憶昨甲申之秋方用兵南斗騷屑桴鼓鳴海隅倒懸待霖雨　詔起將軍巡邊城將軍功成卯文史高蹈久謝塵軒攖國家多難敢自逸笑揖猿鶴颯南征半天波赤馳長鯨魑魅甘人白晝行百年驕虜郡處女將軍飛下靈鷲雞籠一戰氣先王滬尾設险嚀能嬰其時馬江已失利黑雲漠漠愁孤城忍饑犯瘴五千士盡与將軍同死生手提百城還天子異事驚倒漢公卿揭來海雲千里平杲杲紅日照屯耕桑麻淵地長兒女舉子注注劉其名將軍謀深慮曲突謂是脆單前可懲酒泉樂浪宜置郡用絕天驕揚漢旌鑿山治鐵作馳道倚海列礮屯堅營宅中議設都護府坐控南北如建瓴料民度地正疆界以利庸調防兼并鄭渠鄭漳隨地有下邑亦淵絃歌聲平蠻直窮鳥墜處要使鹿豕馴　王靈訏謨事事準官禮邊功區區卑李程中朝大官玩唐大枋鷃豈喻鵬徙溟司農出納吝銖寸齊威恤鄰空典型輪臺已聞罷邊議況乃盈耳來青蠅將軍受事亦六稔謂麋頂踵酬闕廷軒車一去留不得藤蔓啼鶯空復情大潛山下白雲橫（公有大潛山房文集）下有寒淞蛟可罾手種菜甲日已

㈠〈游臺灣追懷劉壯肅公〉、〈桂園曲〉、〈暗香〉、〈斗六吏〉、〈公學校〉、〈拆屋行〉、〈墾田令〉、〈西河〉、〈八聲甘州〉

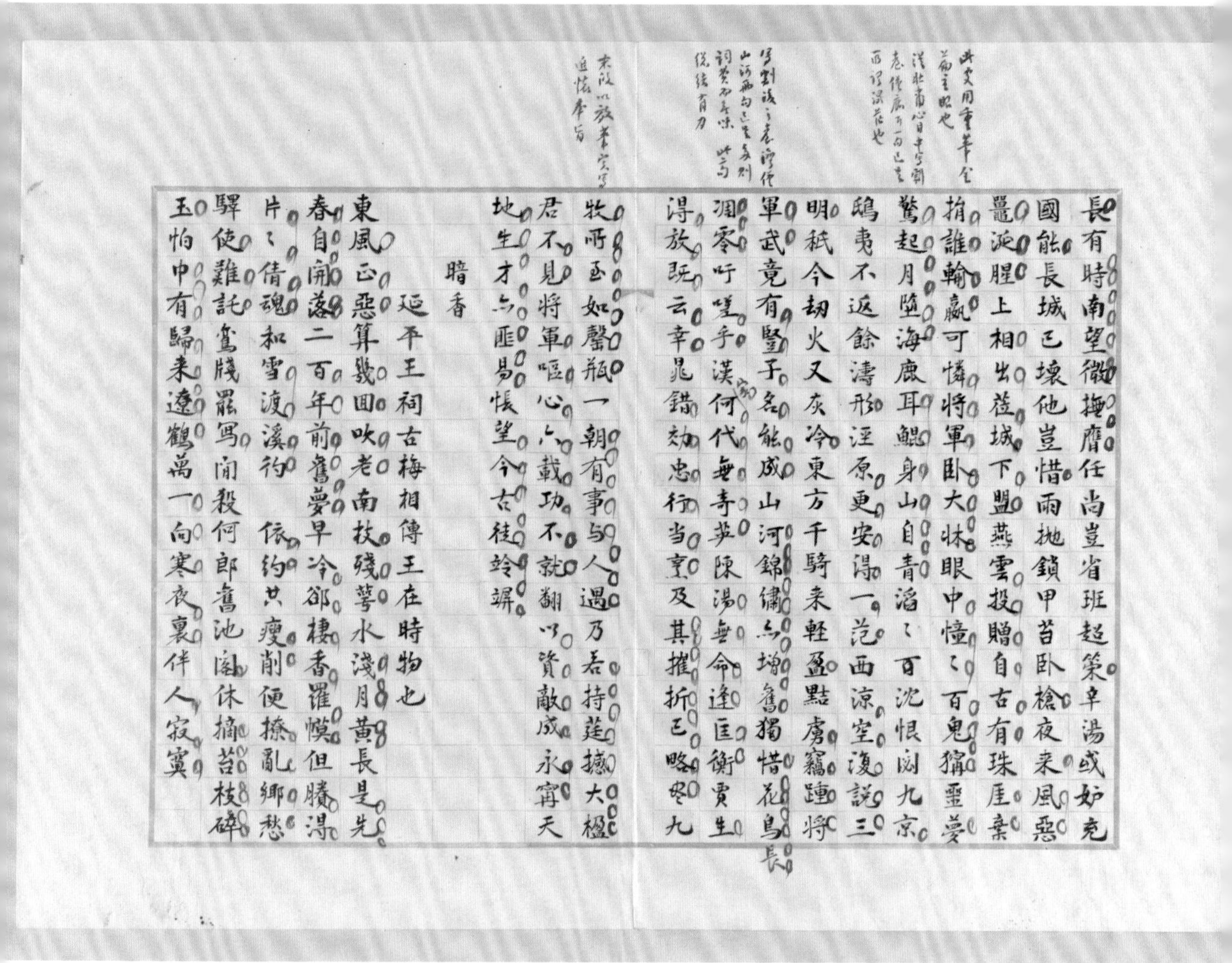

此支用重筆全篇之眼也
淺北南心目中字劃差從底下兩句已是西河詠花也
寫劉後之悲涼從山河兩句已是多列詞贊不足味 此句從結有力
末段以教革實寫追憶本旨

長有時南望徼撫膺任尚豈省班超策卒湯或妒亮國能長城已壞他豈惜雨拋鎖甲苔臥槍夜來風惡疊泥腥上相出薩城下盟燕雲投贈自古有珠厓棄掮誰輸贏可憐將軍臥大牀眼中憧憧百鬼獰噩夢驚起月墮海鹿耳鯤身山自青滔滔百沈恨闕九京鴟夷不返餘濤形涇原更安得一范西涼空復說三明秖今劫火又灰冷東方千騎來輕盈點虜竊踵將軍武竟有豎子名能成山河錦繡無增舊獨惜花鳥長凋零吁嗟手漢家何代無奇英陳湯無命逢匡衡貴生得放既云幸晁錯效忠行當烹及其摧折已略歿九牧所函如罄瓶一朝有事与人遇乃若持莛撼大楹君不見將軍嘔心六載功不就翻以資敵成永寃天地生才亦匪易悵望今古徒聆孱

暗香

延平王祠古梅相傳王在時物也

東風正惡算幾回吹老南枝殘蕚水淺月黃長是先春自開落二百年前舊夢早冷鄒樓香羅幙但賸濕片片倩魂和雪渡溪袀依約共瘦削便撩亂鄉愁驛使難託鴛牋罷寫閒殺何郎舊池閣休摘苔枝碎玉怕中有歸來遼鶴萬一向寒夜裏伴人寂寞

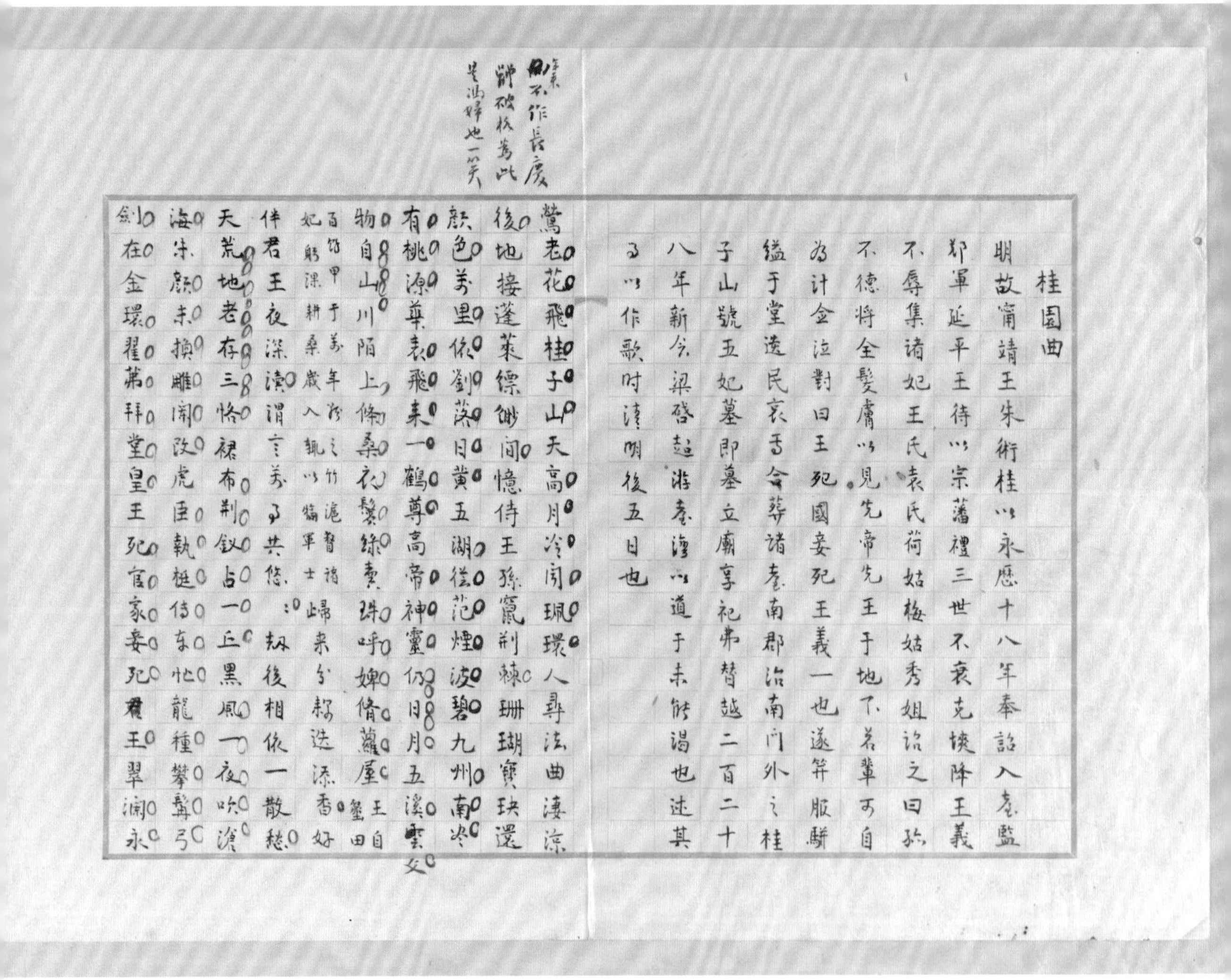

桂園曲

明故甯靖王朱術桂以永歷十八年奉詔入臺監鄭軍延平王待以宗藩禮三世不衰克塽降王義不辱集諸妃王氏袁氏荷姑梅姑秀姐諭之曰孤不德將全髮膚以見先帝先王于地下若輩可自為計金泣對曰王死國妾死王義一也遂笄服駢縊于堂遺民哀焉合葬諸臺南郡治南門外之桂子山號五妃墓即墓立廟享祀弗替越二百二十八年新亥梁啟超游臺灣以道于未能謁也述其事以作歌時清明後五日也

鶯老花飛桂子山天高月冷閒珮環人尋法曲淒涼後地接蓬萊縹緲間憶侍王孫竄荊棘珊瑚寶玦還猷色美里依劉落日黃五湖從范煙波碧九州南北有桃源華表飛來一鶴尊高帝神靈仍日月五溪雲文物自山川陌上偽桑衣鬓綠素珠呼婢倩蘿屋妃躬課耕桑歲入輒以犒將士歸來分耔迭添香好伴君王夜深讀謂言美了共悠悠叔後相依一散愁天荒地老存三恪裙布荊釵占一丘黑風一夜吹滄海汴獻未換雕闌改虎臣執梃侍東忙龍種攀髯弓劍在金環翟茀拜堂皇王死宮家妾死君王翠闌永

[小字注：璽王 田自；百節甲于美年診之竹滬智禧]

年來不作長慶體破戒為此是湖婦也一笑

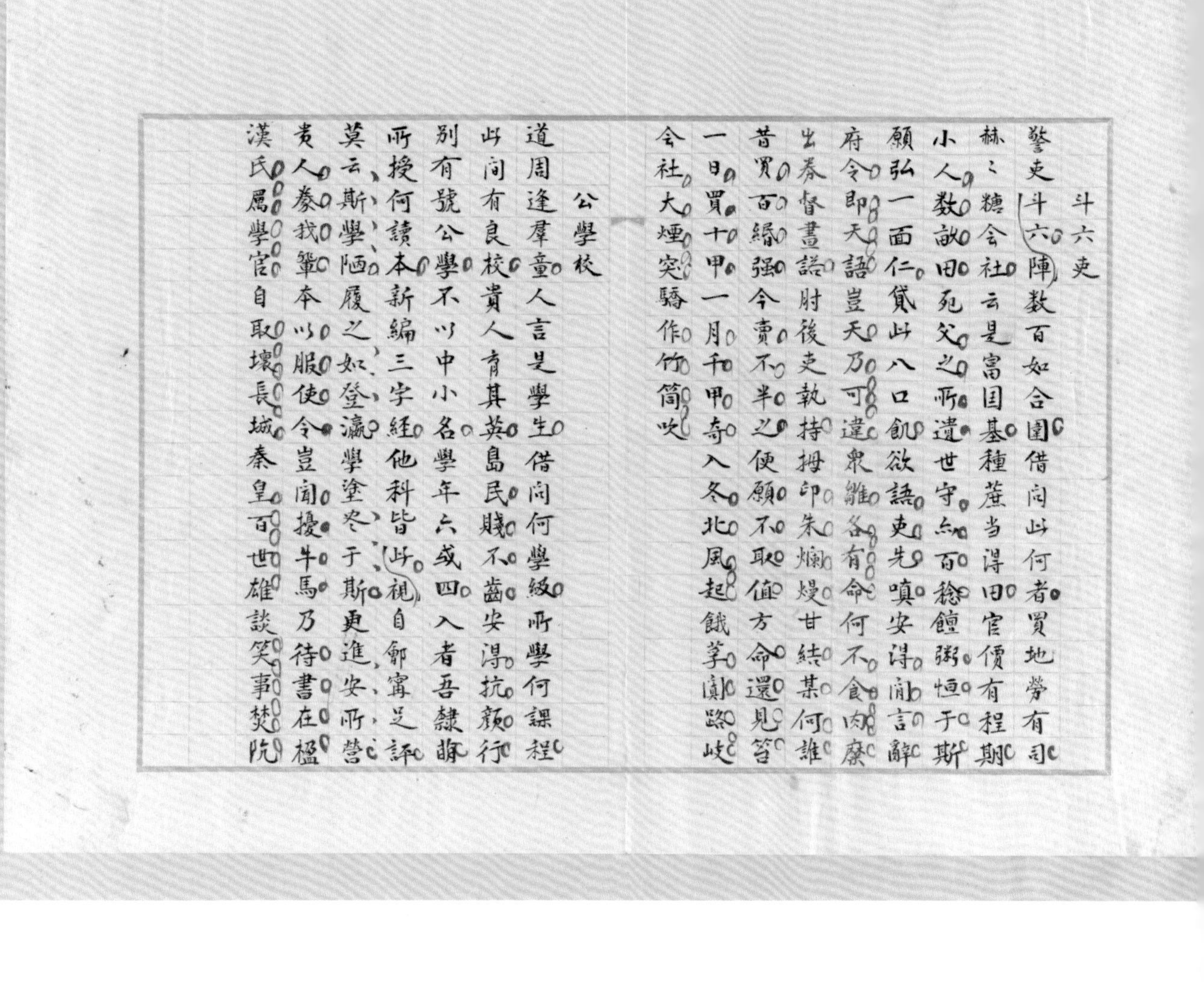
斗六吏

警吏斗六陣數百如合圍借問此何者買地勞有司
赫赫糖会社云是富国基種蔗当得田官價有程期
小人數畝田死父之所遺世守無百稔饘粥恒于斯
願弘一面仁貸此八口飢欲語吏先嗔安得闌言辭
府令即天語豈天乃可違衆雖各有命何不食肉糜
出券督畫諾肘後吏執持拇印朱爛熳甘結某何誰
昔買百緡强令賣不半之便願不取值方命還見笞
一日買十甲一月千甲奇入冬北風起餓莩闐路岐
会社大煙突驕作竹筒吹

公學校

道周逢羣童人言是學生借問何學級所學何課程
此間有良校貴人育其英島民賤不齒安得抗顏行
別有號公學不以中小名學年六或四入者吾隸籍
所授何讀本新編三字經他科皆此視自鄶寧足評
莫云斯學陋履之如登瀛學塗終于斯更進安所營
貴人豢我輩本以服使令豈闌擾牛馬乃待書在楹
漢民屬學宮自取壞長城秦皇百世雄談笑事焚阬

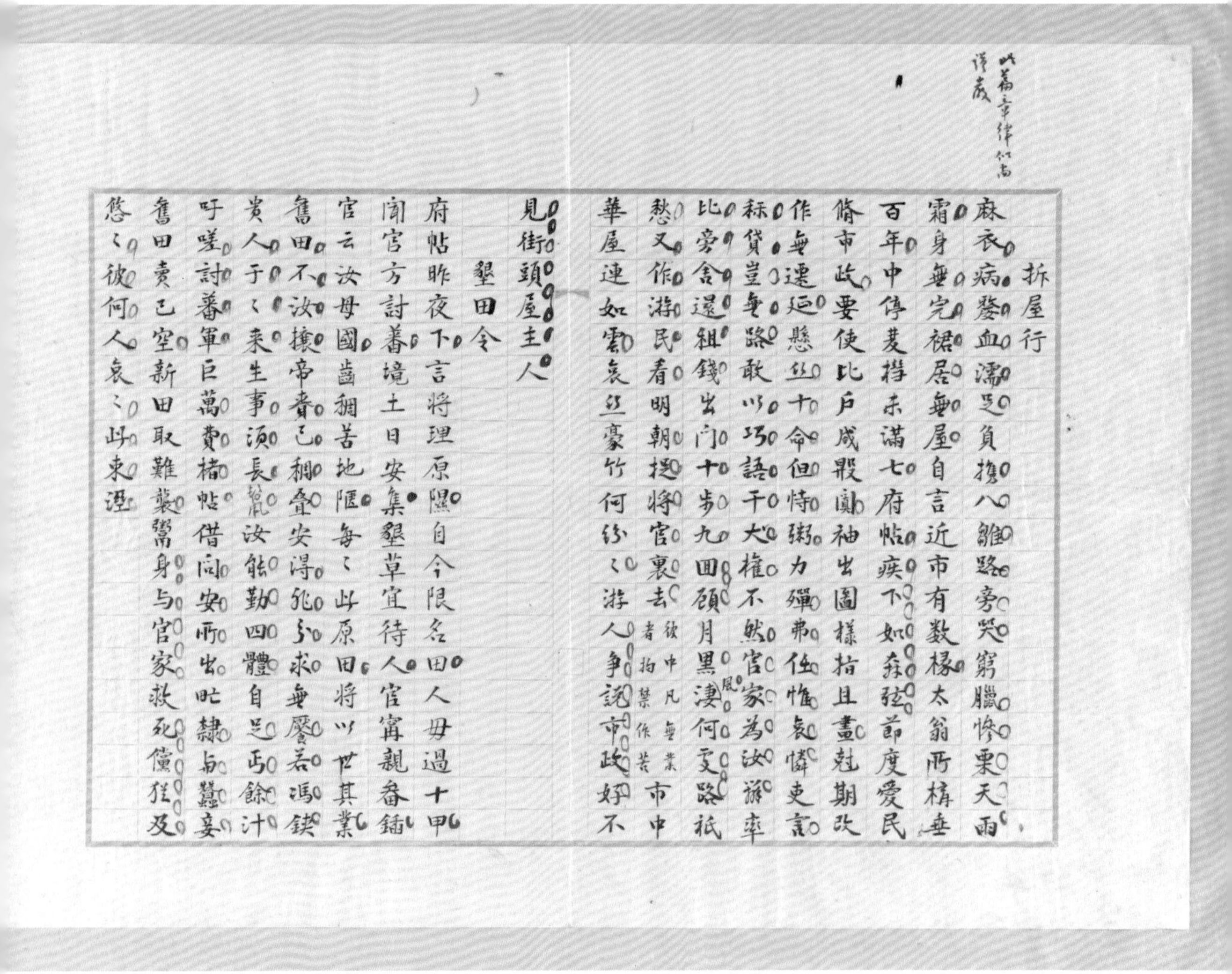

此篇章律似尚停蓄

拆屋行

麻衣病發血濡足負携八雛路旁哭窮臘慘栗天雨

霜身無完裙居無屋自言近市有數椽太翁所構垂

百年中停麦糗未滿七府帖疾下如森弦節度愛民

脩市政要使比戶咸毀闌袖出圖樣指且畫尅期改

作無違延懸絲十命但恃粥力殫弗任惟氣憐吏言

秝貸豈無路敢以巧語干大權不然官家為汝遊率

比旁舍還租錢出門十步九回顧月黑淒風何處路祇

愁又作游民看明朝挖將官裏去（後中凡無業者拘禁作苦）市中

華屋連如雲哀絲豪竹何紛紛游人爭說市政好不

見街頭屋主人

墾田令

府帖昨夜下言將理原隰自今限名田人毋過十甲

聞官方討蕃境土日安集墾草宜待人官寓親畚鍤

官云汝母國齒稠苦地隘每每此原田將以世其業

舊田不汝擾帝眷已稠疊安得張弘求無饜若馮鋏

貴人于于來生事須長慮汝能勤四體自足丐餘汁

吁嗟討蕃軍巨萬費樁帖借問安所出吨隸与蠶妾

舊田責已空新田取難囊鬻身与官家救死儻猶及

悠悠彼何人哀哀此東氓

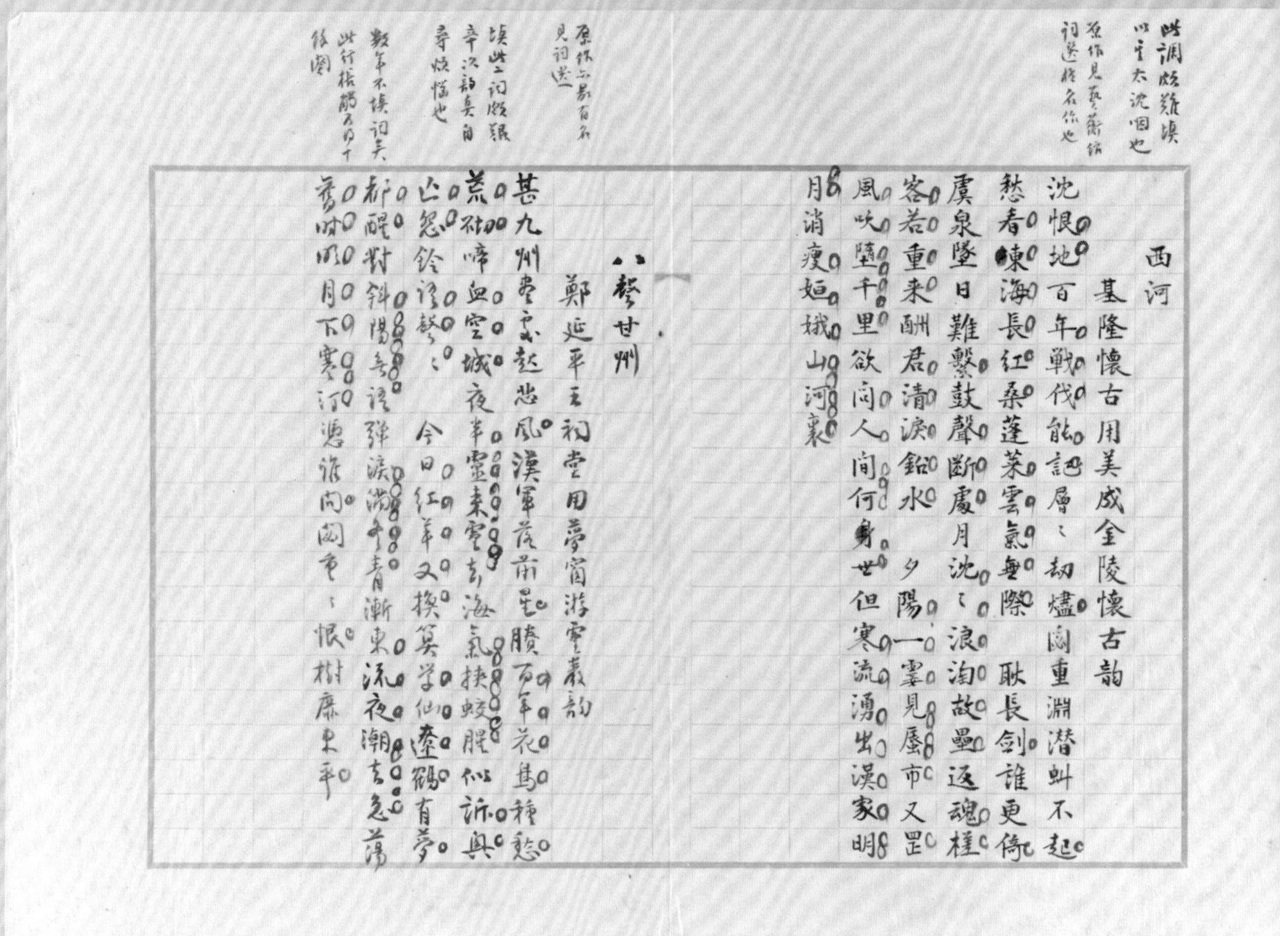
西河
基隆懷古用美成金陵懷古韻
沈恨地，百年戰伐能記。層層劫燼幽重淵，潛虯不起。
愁看煉海長紅，桑蓬萊雲氣無際。耿長劍，誰更倚。
虞泉墜日難繫，鼓聲斷處月沈沈，浪淘故壘返魂樁。
客若重來，酬君清淚鉛水。
夕陽一霎見蜃市，又罷
風吹墮千里，欲向人間何身世，但寒流湧出漢家明
月，消瘦姮娥山河裏。
八聲甘州
鄭延平王祠堂用夢窗游靈巖韻
甚九州豪氣起悲風，漢軍旌前星，騰百年花島，種愁
荒孤啼血空城，夜半靈來雲去，海氣挾蛟腥，似訴興
亡怨鈴語聲聲。今日紅羊又換，算學仙遼鶴，有夢
都醒，對斜陽無語，彈淚滿衣青，漸東流，夜潮吉急，蕩
舊時明月下寒汀，憑誰問，閩兒恨，樹靡東平。

## 十七 梁啟超致林獻堂函十（一九一一年四月十八日，新曆五月十六日）

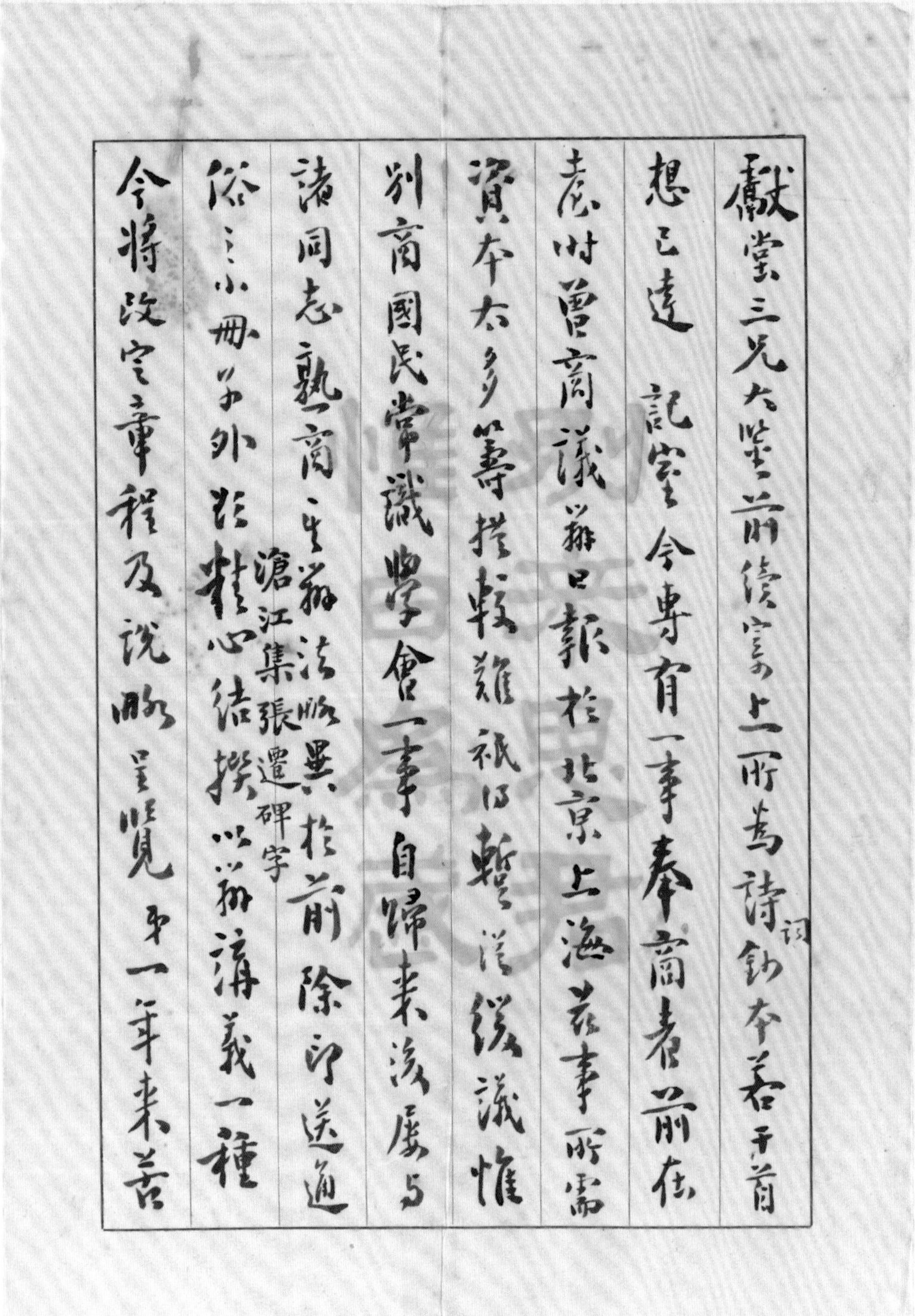

獻堂三兄大鑒：前讀寄上所為詩詞鈔本若干首，想已達記室。今專有一事奉商者：前在處時曾商議以辦日報於北京、上海，茲事所需資本太多，以籌措較難，祇好暫從緩議。惟別商國民常識學會一事，自歸來後屢與諸同志熟商，商籌辦法略異於前，除印送通俗之小冊子外，於精心結撰以發講義一種（滄江集張遷碑字），今將改定章程及說略呈覽。弟一年來苦

思力索窮竊謂為祖國起衰救敝計舍此末
由即以臺灣諸昆弟論若能得數百人入
此學會若獲此常識則將來一綫生機即於
是乎繫鄙人君敏將併兩年之心力殫精
以治之報國之識將專注於此矣今編約內
地同志之有譽望者為發起人向學部存
滄江集張遷碑字
案茲將重要之姓名別紙列呈並邀
台端為發起人之一所以為臺人倡也想

公所處之地位無甚不便所乞印　見示尤有

請者開辦伊始必需經費為普及起見其

講義等無須（冊）繳須印數萬份即印刷費一項（初辦擬印三萬）

亦已不貲將來雖可向內地募捐而亦俟出

已數期以後不便勸人而既越在海外亦難

直接與內地士大夫之洽而此間同人力皆綿

薄故驅使此為道空難　今以辦國風報因無

滄江集張遷碑字

甲以辦此與前處等二三八一切形貌之其印刷所發小冊等印設推神

資本東移西補諸之實是延閣不能出版力

庚前此國風報亦以此此辦法，但以多資本不得不妥該上海機不便也

竭聲嘶而爲浩歎，今茲爲此事冒取少死得首

大約總有萬金乃能開辦，而以來尚須繼續資益，以臺灣康叔此現

萬數千金不能，一義手無以運之，來舉者殊為

此故甚矣。此物之聯合人類之氣也，今茲乞

鑄所盼我等以者尚未及三千金

公自量己力，要約臺島同志若干人為捐

集五千元內外，以充開辦費，不審我公頗知

公近年擴充事業，所費頗鉅，籌流動資金

滄江集張遷碑字

當亦無多，然勉竭大力，佐以勸募，冀尚克

舉耳。我此事關係重大，不敢以奉瀆我公

公相知之深亦不敢奉瀆苟可自力而稍能給此者雖不敢奉瀆若
公能玉成之則非惟弟私感且當為祖國四萬萬同胞頓首以謝也勸募之舉本當俟章程訂出後惟章程須俟學部批准後乃可恐當在五月杪耳一生講義則擬以六月初一日出第一號
公若先見助則請量
公所能自助者幾何

滄江集張遷碑字

仁兄募集者約幾日先　示以略數俾得略有
把握　兄於舊曆五月內先惠寄若干
則大幸也　情愛之深不避唐突　瀆言無文
伏祈　鑒原即請
侍祺不宣

啟超頓首　四月十六日

滄江集張遷碑字

擬邀發起人姓名臚列

胡元倓 現任日本留學生監督　張元濟 前外務部參議　楊度 四品京堂候補

嚴修 前學部侍郎　朱祖謀 前禮部侍郎　張謇 翰林院修撰 江蘇諮議局長

湯化龍 湖北諮議局議長　譚延闓 湖南諮議局議長　范源廉 學部郎中

陳三立 吏部主事　熊希齡 奉天鹽運使　孫洪伊 請願國會代表

馬良 前政聞社社長

滄江集張遷碑字

其他尚有多人不備列惟列名則不列此也

書留

## (一)國民常識講義說略

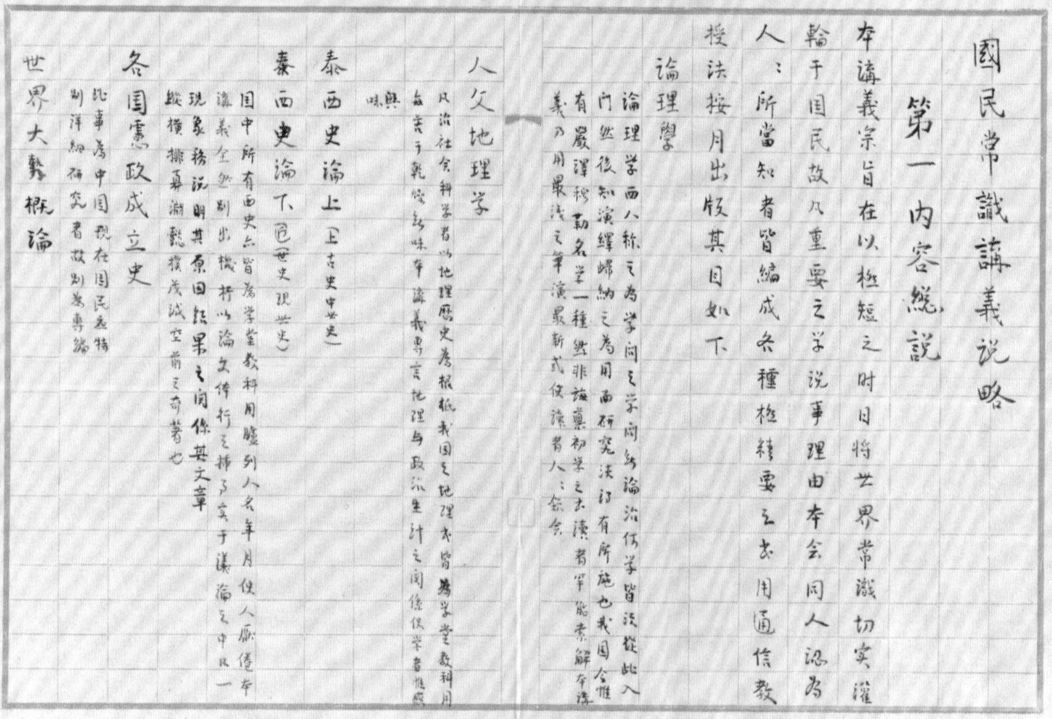

國民常識講義說略

第一　內容總說

本講義宗旨在以極短之時日將世界常識切實灌輸于國民，故凡重要之學說事理由本會同人認為人人所當知者皆編成各種極精要之書，用函信教授法按月出版，其目如下

論理學

論理學西人稱之為學問之學問，無論治何學皆從此入門，然後知演繹歸納之為用，而研究法始有所施也。我國今惟有嚴譯穆勒名學一種，然非論藁初學之士讀者罕能索解，本講義乃用最淺之筆演最新式，使讀者人人能會

人文地理學

凡治社會科學者以地理歷史為根柢，我國之地理書皆為學堂教科用，益苦于乾燥無味，本講義專言地理與政治生計之關係，使學者自感興味

泰西史論上（上古史中古史）

泰西史論下（近世史現世史）

國中所有西史亦皆為學堂教科用，臚列人名年月，使人厭倦，本講義全然別出機杼，以論文體行之，排乃寓于議論之中，以一現象務說明其原因結果之關係，其文章縱橫排奡淋漓發揮，殊誠空前之奇著也

各國憲政成立史

此事為中國現在國民所特別詳細研究者，故別為專編

世界大勢概論

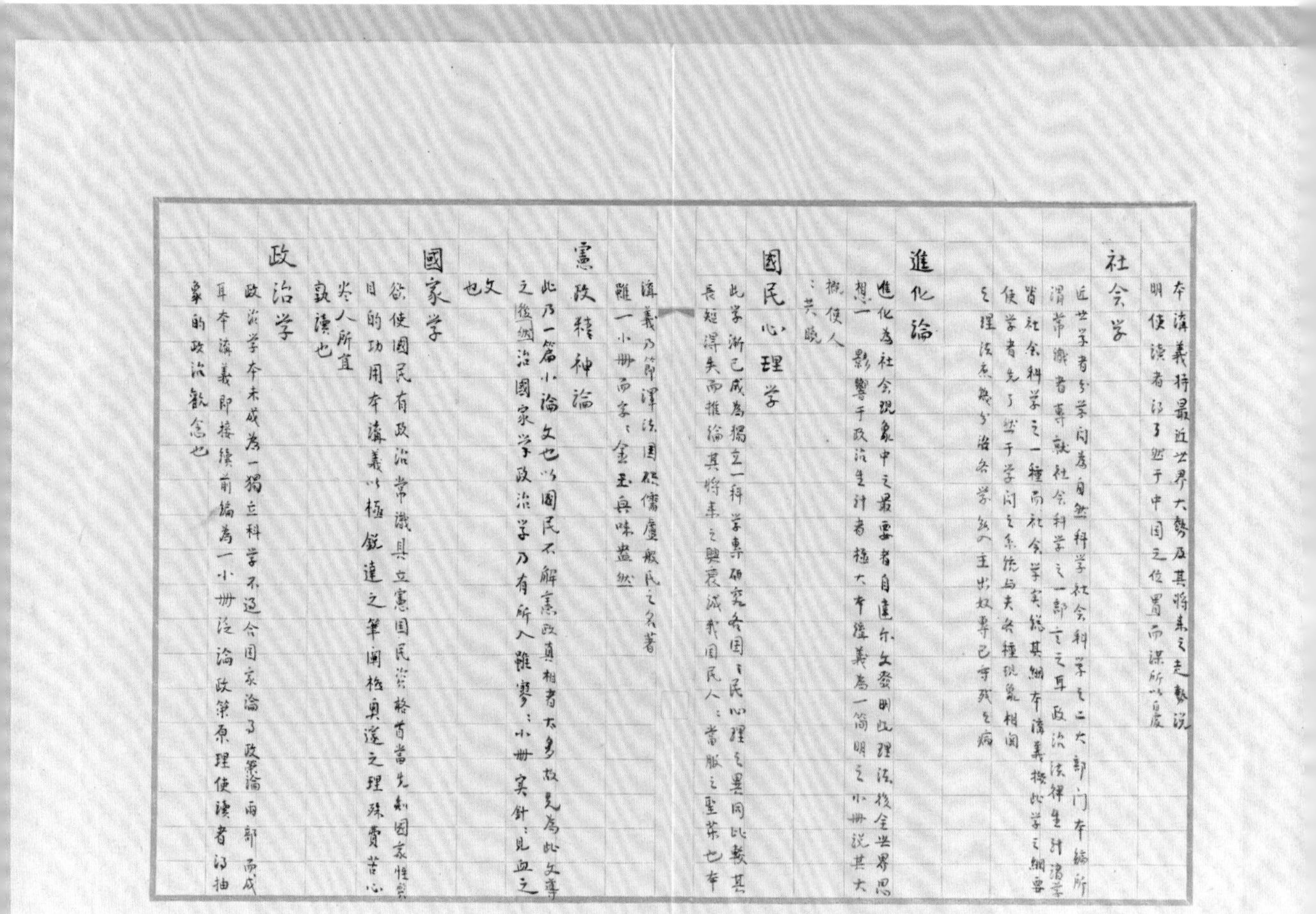
本講義特最近世界大勢及其將來之趨勢説明使讀者了然于中國之位置而謀所以處

社會学

近世學者分學問為自然科学社会科学之二大部门本編所謂常識者專就社会科学之一部言之耳政治法律生計諸學皆社会科学之一種而社会学實總其綱本講義撮此学之綱要使学者先了然于學問之系統與夫各種現象相關之理法庶幾于治各学無入主出奴專己守殘之病

進化論

進化為社会現象中之最要者自達尔文發明此理法後全世界思想一影響于政治生計者極大本講義為一簡明之小冊説其大概使人人共曉

國民心理学

此学漸已成為獨立一科学專研究各國國民心理之異同比較其長短得失而推論其將來之興衰識我國民人人當服之聖葯也本講義乃節譯法國碩儒盧般氏之名著雖一小冊而字字金玉真味盎然

憲政精神論

此乃一篇小論文也以國民不解憲政真相者太多故先為此文導之然後治國家学政治学乃有所入雖寥寥小冊實針針見血之文也

國家学

欲使國民有政治常識具立憲國民资格首當先知國家性質目的功用本講義以極銳達之筆闡極奥邃之理殊費苦心人人所宜熟讀也

政治学

政治学本未成為一獨立科学不過合國家論及政策論兩部而成耳本講義即接續前編為一小冊泛論政策原理使讀者得抽象的政治觀念也

政黨論

政黨為運用立憲政体所不可缺之物我国今正相需甚殷而国人不了解其真相則政黨終無由發生而憲政亦終無由圖成故特著專論論之

政治思想論

此亦一篇小論文也我国人蔑重法律之習慣太深為非大改之則終無以進于法治國雖法種種法規將大成廢故吾著此短篇以為法治學之前驅

法学通論上（總論）

法学通論下（各論）

欲治法学者必先讀法学通論而此等名著实難覯其適于我国之用者則更無之本書專為補此缺點而作然極煞費經營工夫與本編他不相軌而不相複俾讀者毋至多耗日力其各論之卷則略于憲法行政法而詳于其他諸法因本編組織以憲法行政法列于前期認為必要科其他則列于後期認為隨意科也

憲法論

憲法當于宣統五年以前欽定国民研究不可一日緩今国中所有者惟解釋日本憲法之本不安能適用本書比較各国以定去取試擬附之名著也

政府与國会論

此本憲法論中之一分以其特重要故著專論

行政法論

我国今以整理行政為最急人人皆當具行政法之智識而服公職之人為尤要此本亦比較各国斟酌本国情形而定所采擇也

地方制度論

自治要鑑論

此本行政之一部以其特重要故别著專篇

司法制度論

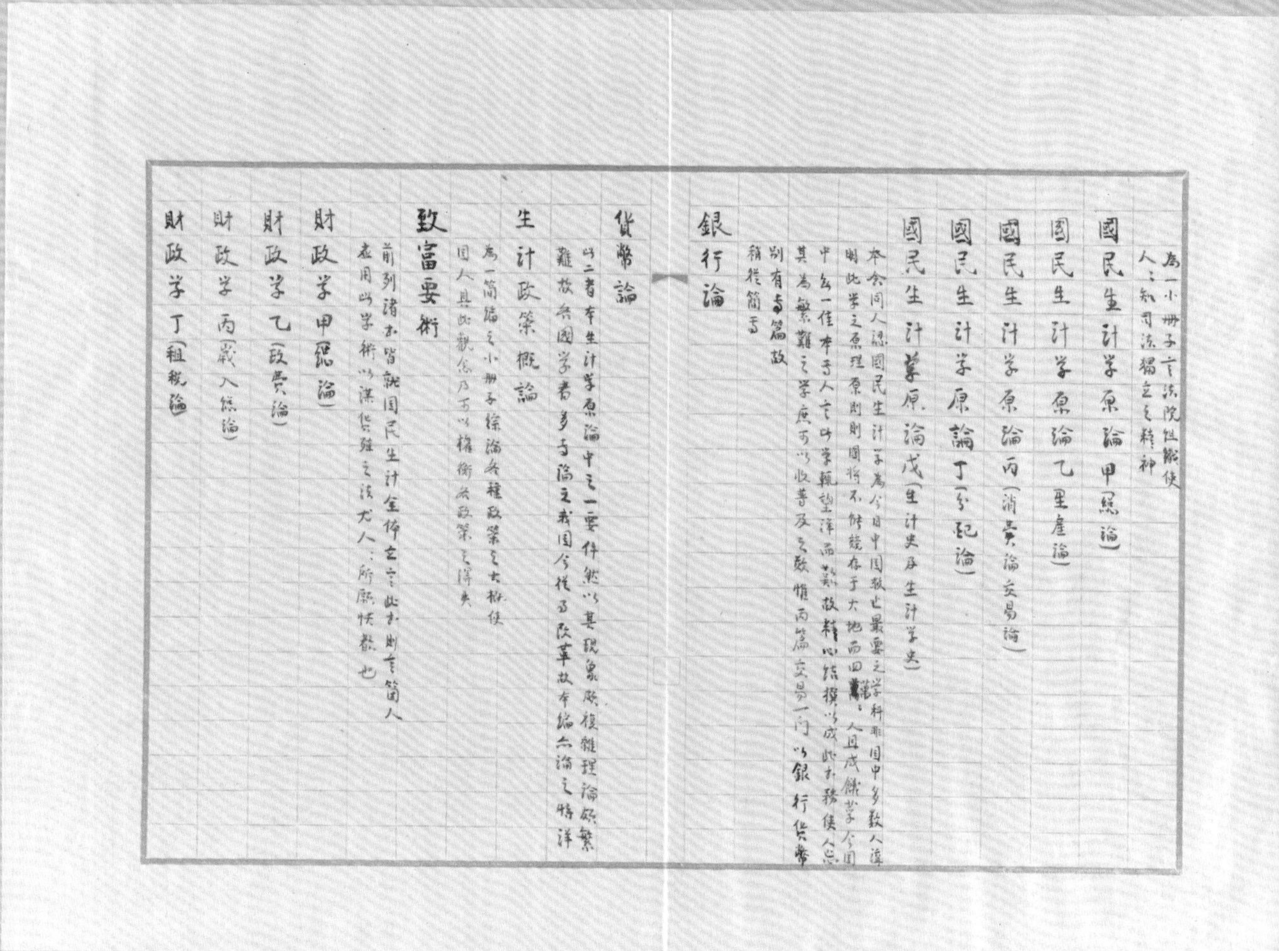

為一小冊子言該院組織使人人知司法獨立之精神

國民生計學原論甲(總論)

國民生計學原論乙(生產論)

國民生計學原論丙(消費論交易論)

國民生計學原論丁(分配論)

國民生計學原論戊(生計史及生計學史)

本會同人認國民生計學為今日中國救亡最要之學科，顧國中多數人漠視此學之原理原則，則國將不能競存于大地，而四萬萬人且成餓莩。今國中尚乏一佳本，學人言此學輒望洋而嘆，故精心結撰以成此書，務使人人忘其為繁難之學，庶可以收普及之效。惟兩篇交易一門，以銀行貨幣別有專篇，故稍從簡焉。

銀行論

貨幣論

此二者本生計學原論中之一要件，然以其現象既複雜，理論既繁難，故各國學者多專篇論之。我國今後為改革故，本編亦論之特詳。

生計政策概論

為一簡論之小冊子，綜論各種政策之大概，使國人具此觀念，乃可以權衡各政策之得失。

致富要術

前列諸書皆就國民生計全體立言，此書則專言個人應用此學術以謀生殖之法，尤人人所願快讀也。

財政學甲(總論)

財政學乙(政費論)

財政學丙(歲入總論)

財政學丁(租稅論)

財政學戊（公債論）

財政學己（理財機關論）

財政學庚（地方財政論）

財政學辛（財政史及財政學史）

中國財政數千餘年非有財政上完全之智識不能謀于整頓且立憲
國民以監督財政為一要職苟非多數人有財政常識何以舉立憲之
實本講義擬據財政學上最新之原理原則而參酌中國習慣及
現象以求立中國財政之方針吾人皆當熟讀者也

社会教育學

本講義乃介紹最新教育學説之大概兼學
校教育家庭教育社会教育三方面言之

國民道德論

人生職務論

讀書法

修養法

立身要鑑

泰西格言衍義

以上各編皆特備本講義之各號期涵
養國民之德性學識使日進于高明

新時代之新文學

現今文作蕪雜國中所出著譯各本或臭衍而不能下讀或惡俗
使人厭觀甚者照外國文直譯拗蹇詰屈而不可讀本會同人痛
之謂當整理之一種雅正平易之文作為
思想普及之津筏此亦所發表其所見也

近世名人小傳

各號間附
以資觀感

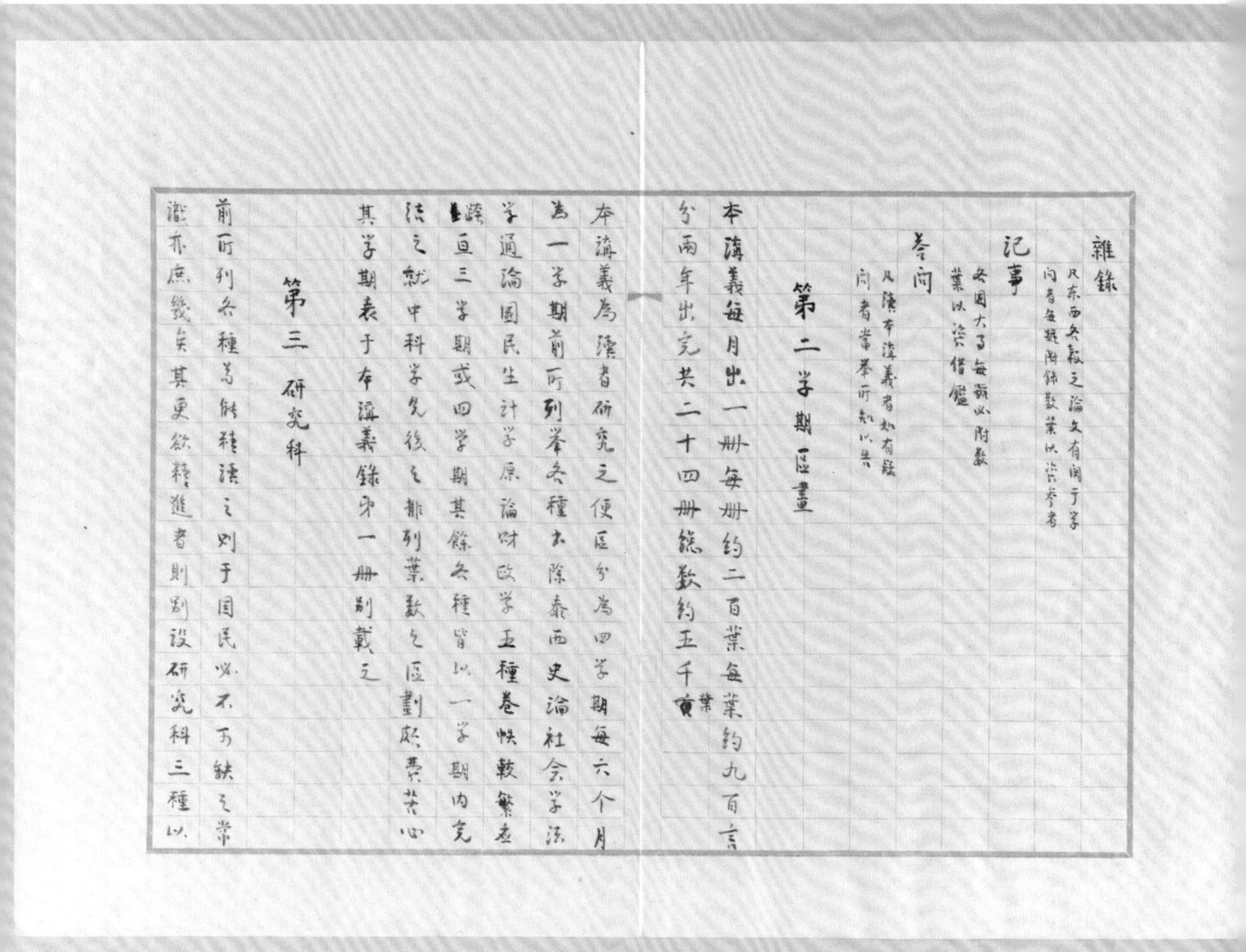

雜錄 凡東西各報之論文有關于學問者每號附錄數葉以資參考

記事 每國大事每號以附數葉以資借鑑

答問 凡讀本講義者如有疑問者當舉所知以告

第二學期區畫

本講義每月出一冊每冊約二百葉每葉約九百言分兩年出完共二十四冊總數約五千頁葉

本講義為讀者研究之便區分為四學期每六個月為一學期前所列舉各種中除泰西史論社會學法學通論國民生計學原論財政學五種卷帙較繁者跨亘三學期或四學期其餘各種皆以一學期內完結之然中科學先後之排列葉數之區劃頗費苦心其學期表于本講義錄第一冊別載之

第三 研究科

前所列各種為能精讀之則于國民必不可缺之常識亦庶幾矣其更欲精進者則別設研究科三種以

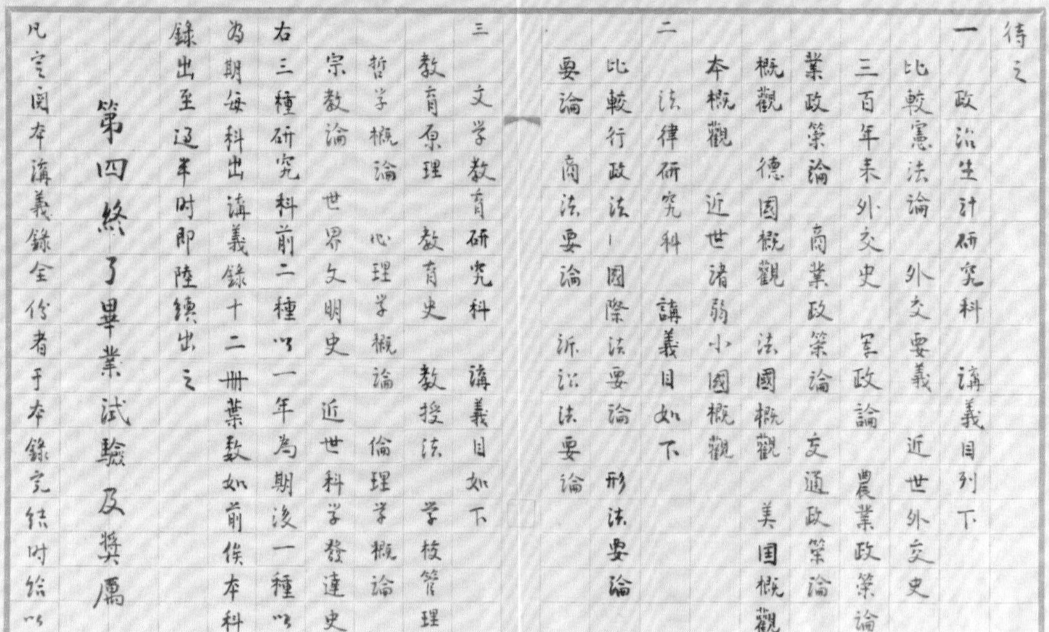
待之

一　政治生計研究科　講義目列下

比較憲法論　外交要義　近世外交史　中國三百年來外交史　軍政論　農業政策論　工業政策論　商業政策論　交通政策論　英國概觀　德國概觀　法國概觀　美国概觀　日本概觀　近世諸弱小國概觀

二　法律研究科　講義目如下

比較行政法一國際法要論　刑法要論　民法要論　商法要論　訴訟法要論

三　文学教育研究科　講義目如下

教育原理　教育史　教授法　学校管理法　哲学概論　心理学概論　倫理学概論　比較宗教論　世界文明史　近世科学發達史

右三種研究科前二種以一年為期後一種以半年為期每科出講義錄十二冊葉數如前條本科講義錄出至過半时即陸續出之

第四　終了畢業試驗及獎厲

凡完閱本講義錄全修者于本錄完結时給以修了

證書其並開研究科講義者于究結時給以某研究
科修了證書
本會于本講義錄完結時舉行通信試驗一次凡受
聞者皆得應試驗其及格者給以本會畢業證書其
應各研究科試驗及格者給以某研究科畢業證書
試驗成績優良者由本會審定後分一二三等給以
獎品

## 第五　購讀本講義錄之利益

一　中年以上之人士為職務所牽勢難更入學校
讀本講義則與入校得同一之益且或過之
二　近年各省雖皆有法政學堂財政學堂等然組
織未能完備教習亦非盡得人本講義錄為補此
缺點頗有所以自勉
三　學校所講每偏重于學理而略于致用其以日
本學校講義為藍本者不適尤甚本講義錄對于
此點較有別裁
四　學校所授為專門學識本講義錄所授為常識
故其補助科目視學校為多其各科內容亦較學
校所講為有興味

五　各科之本非無譯本然佳者寥寥，或本雖佳而学說太舊且譯筆亦太奧其他則多射利誤人之作本講義錄同人以忠實于学問自誓且擔任者必妙選能文之士為能留心讀之則学問之趣味必油然而生

六　讀一佳本祇能得一科之智識他科非失有佳本則学識將流于偏局即該科佳本具備然各科互相關係之點各本不能重複讀之多費時間又各家学說有異同讀之易生迷惑本講義錄乃合諸学科為一有系統之組織其互相發明者則于詳于一本其他本恆與之相避而全部從以一貫之精神行之無矛盾之語又于各科聯絡之處尤三致意務為讀者謀種種利便

七　本講義錄每月一册僅二百葉雖至忙之人每日稍分出極短之晷刻即可精讀

八　本講義錄定價至廉雖極貧乏之人僅費數金而可以得完滿之常識

十四 時事問題　十五 自然科學

七 本小叢書每冊款式同一備讀者釘裝成帙

八 本小叢書由編輯課編纂投稿亦收但印行與否由編輯課長定之其投稿例詳別錄

## (二)國民常識學會緣起及章程

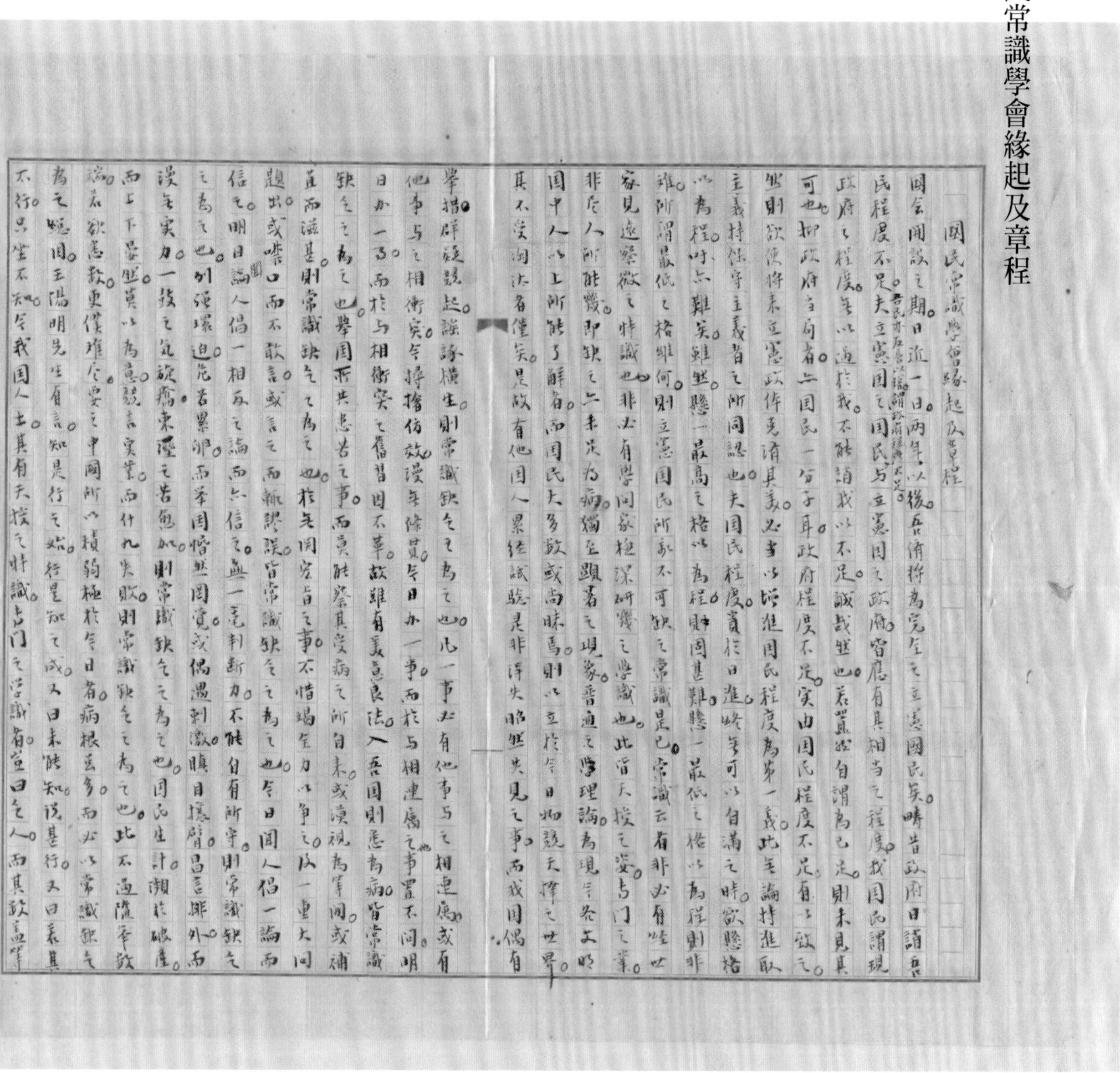

國民常識學會緣起及章程

國会開設之期。日近一日。兩年以後。吾儕將為完全之立憲國民矣。曉告政府日請吾民程度不足。（吾民亦存吾以補。謂政府程度亦不足。）夫立憲国之国民與立憲国之政府。宜應有其相當之程度。我国民謂現政府之程度。無以過於我。不能謂我以不足。誠哉然也。若買然自謂為已足。則未見其可也。抑政府之尚有者。亦国民一分子耳。政府程度不足。実由国民程度不足。有以致之。然則欲使將來立憲政体克諧其美。必當以增進国民程度為第一義。此無論持進取主義持保守主義者之所同認也。夫国民程度。貴於日進。終無可以自滿之時。欲懸格以為程。咁亦難矣。雖然。懸一最高之格以為程。則固甚難。懸一最低之格以為程則非難。所謂最低之格維何。則立憲国民所最不可缺之常識是已。常識云者非必有蓋世家見邃微之特識也。非必有學問家極深研幾之學識也。此皆天授之姿。專門之業。非盡人所能幾。即缺之亦未足為病。獨至顯著之現象。普通之學理論。為現今各文明国中人以上所能了解者。而国民大多數或尚昧焉。則以立於今日物競天擇之世界。其不受淘汰者僅矣。是故有他国人累經試驗是非得失略然共見之事。而我国偶有舉措。群疑競起。謠諑橫生。則常識缺乏之為之也。凡一事必有他事與之相連屬。或有他事與之相衝突。今將摹倣。謾無條貫。今日加一事。而於與相連屬之事置不問。明日加一焉。而於與相衝突之舊習因不革。故雖有美意良法。入吾国則悉為病。皆常識缺乏之為之也。舉国所共患苦之事。而莫能察其受病之所自來。或漠視為等閒。或補苴而滋甚。則常識缺乏之為之也。於無關宏旨之事。不惜竭全力以爭之。或一重大問題出。或噤口而不敢言。或言之而輒謬誤。皆常識缺乏之為之也。今日聞人倡一論而信之。明日聞人倡一相反之論而亦信之。無一毫判斷力。不能自有所守。則常識缺乏之為之也。列強環迫。危若累卵。而舉国惛然罔覺。或偶遇刺激。瞋目攘臂。昌言排外。而漫無實力。一鼓之氣旋癈。衰遷之苦無加。則常識缺乏之為之也。国民生計。瀕於破產。而上下晏然。莫以為意。競言實業。而什九失敗。則常識缺乏之為之也。此不過隨筆致端。若欲悉數。更僕難盡。要之中國所以積弱極於今日者。病根甚多。而必以常識缺乏為之總因。王陽明先生有言。知是行之始。行是知之成。又曰未能知。說甚行。又曰義其不行。只是不知。今我国人士。其有天授之特識。專門之學識者。豈曰乏人。而其致盡瘁於鳳毛麟角。若其他大多數人。大抵於今世立憲國民所需不可缺之常識。百不一具。此事實之不能為諱者也。夫立憲政治者。民眾政治也。國民大多數而闇於常識。則安所得運用憲政之主体。施憲政而無運用之主体。則其愈於專制者幾何。況即以個人而論。當此生計競爭至劇之時。無論國中何種人民。莫不直接間接與他國人民相接觸。苟於今世界之常識。未有不瞠然以就斃者。鄙言念及此。安得不悄悄而悲。栗栗而懼也。今世各國。其汲汲於增進國民常識。莫肯或忽。而所以增進之之道。非只一途。若學校其最著者也。我國教育事業。日益衰落。殊不足以立常識之基礎。姑毋具論。而現在為社會中堅之人。大率年已長大。勢不能就傅伏案。而今後十餘年中。振衰救敝之業。全恃斯輩。然則在今日而胥謀共結一團体。以常識相灌注相磨厲。其安可以已。同人不揣固陋。創為此會。竊附庸言之謹。曰惟友聲之求。其諸先覺君子。亦有樂於是歟。

## 章程

第一條 本會以增進國民常識為宗旨故定名為國民常識學會

第二條 本會暫設事務所於日本東京 △△△△ 將來設總會於北京設支會於各地

第三條 本會所辦事業如下

一 編纂淺近小冊之書以極廉價頒布全國每月三次以上

二 在各地開講習會演說會

但所編纂各書及所講習演說不得軼出本會宗旨範圍以外

第四條 凡國中表同情於本會宗旨者皆得為本會會員但新會員必須由舊會員一人介紹

第五條 凡會員於左方所列義務必須任其一

一 著述

二 講演

三 頒布本會所編之書

四 徵募會員

五 維持會費

第六條　本会設名譽会員以國中先達提倡本会宗旨捐助本会經費者充之

第七條　本会置幹事部職員如下

一　編纂輯長一人編輯員若干人

二　会計員一人

三　庶務長一人庶務員若干人

四　書記若干人

第八條　本会会員滿百人以上則設評議部

凡関於本会維持擴充諸事項由評議部決之

第九條　本会經始各費由發起人籌措凡会員不收会費特別捐助者聽

第十條　本会所收捐款及印刷收支等項每年末以会報報告之

附國民常識叢書條例及編纂章程

一　本会所印小冊書籍名曰國民常識叢書

二　本叢書出版無定期但每月所出最少在三冊以上

三　本叢書每冊葉數無定但最多不過一百葉以上

四　本叢書每冊定價最少不過五分最多不過三角

（說明）本会絕不為牟利起見但不能不收薄價以為繼續出版之資若会費積充後更當擇要種印送不取分文

五　本叢書作裁或用文語或用白話總期平易淺顯使人能解趣味豐富引人入勝

六　本叢書分為左列各門每門各為一集卷端各標次第

一通論　二政治論　三法制論　四行政論　五財政論　六地方自治論　七教育論　八國民生計概論　九國民生計各論　十國民道德論　十一史譚　十二地志　十三世界大勢　十四時事問題　十五自然科學

七　本叢書每冊款式同一備讀者訂裝成帙

八　本叢書有為特別作裁所限者則出臨時增刊

九　本叢書由本会編輯員編纂投稿亦收但印行與否由編輯長定之其印行者每

千字酬金二圓以上五圓以下辭者聽

國民常識叢書第一年份要目豫告

通論之部

國民常識論　國家主義　勸學篇　讀書法　國民之職務　各國國民性比較

政治論之部

政治與人民　國會與人民　責任內閣論　立憲政体之三要素　中國立憲思想之淵源　人民公權論　政黨論　憲政與政黨

法制論之部

中國憲法之大問題（一二三四五冊）　選舉法論　議院法論　新刑律大意　新警制釋義　資政院章程釋義　諮議局章程釋義　民法與人民之關係　公司律論綱

行政論之部（附地方自治論）

官署之性質　官吏之職務　各國中央官制說略　各國地方官制說略　集權分權論　官治與自治　各國自治模範（一二三冊）　各國巡警制度一斑　行政裁判論

財政論之部

中國財政現狀　財政與國民生計之關係　租稅原則釋義　租稅系統論　稅源論　各國租稅名義考　鑄金論　印花稅論　中國之債考　公債之性質　公債利民說　各國公債辦法參略　外債得失論　預算與憲政之關係　預算釋義　會計法一斑　國庫制度論

教育論之部

近世教育思潮　新興國之教育　中國教育方針論　教師箴言　學生箴言　家庭教育論

國民生計概論之部

國民生計學概說　近世國民生計史畧　中國國民生計現狀　國民生計條件　國富開源論　新式企業論　公司須知　產業公會之妙用　貨幣與國民生計

之関係　主幣輔幣論　鈔幣論　銀行与国民生計之関係　中央銀行与国民
銀行　物價論　貯蓄為国民義務論

国民生計各論之部

各国鉄路政策論　中国鉄路考略　農業新法論　振興中国農業法　各国工業大勢　大工業与小工業　中國工業之前途　近世商業稗類説　商業与商法
商才論　中外商務交渉考略

國民道德論之部

中外格言類鈔冊上下　王学大意　伝習録鈔釋　立憲國民之道德　人生目的論　立志与処境　修養論

史譚之部

各國立憲沿革史略　西力東漸史略　日本之預備立憲時代　専制時代之衰国　立殊理略伝　拿破侖略伝　比斯麦略伝

世界大勢之部

帝国主义略論　十年来欧洲外交之大勢　列強之東方政策　列強之太平洋政策　英德争覇記　戦後之俄国　德国四十年間之進歩　美国之現在及将来
日本之現在及将来

# 國民常識學會章程

第一條 本學會宗旨在輸進世界學問增長國民常識

第二條 本學會所辦之業如下

一 編輯書籍

二 開講演會

第三條 本學會編輯之業分為三種

一 國民常識講義 用通信教授法將必要之學科及其補助科編成講義錄月出一冊兩年完結其內容辦法詳別錄

二 國民常識小叢書 將各學科中尤要者撰為點淺簡易之短篇每篇印成小冊子以極廉之價發布之每月印三冊以上其內容辦法詳別錄

三 國民常識叢書 完備之書本或著或譯出版無定期

右三種中其第一種于開辦時發行之其第二種于開辦後三箇月發行之其第三種于開辦後一年發行之

第四條　凡國中表同情于本會宗旨者皆得為本會會員但新會員必須由舊會員一人介紹

第五條　凡會員于左方所列職務必須任其一

一　著述

二　講演

三　推廣會中所編輯之書籍

四　汲引會員

五　維持會員

第六條　本學會設名譽會員以國中先進提倡本會宗旨捐助本會經費者充之

第七條　本學會由發起人公聘國中學識通博文名素著之一人為主幹以編輯及其他事務託其總攬

本學會幹事部即設于主幹所居之地

第八條　本學會幹事部分為三課

一　編輯課　課長一人主幹兼任其餘若干人主幹指定其投稿亦由主幹審擇去取

二　發行課　課長一人承主幹指揮其餘若干人承課長指揮

三　庶務課　課長兼會計長一人承主幹指揮

員若干人承課長指揮

第九條　本學會會員滿百人以上則設評議部

凡關于本會維持擴充諸事項由評議部決之

第十條　本學期經始各費由發起人籌措凡會員

不收會費特別捐助者聽本學會所收捐款及發

行課印刷收支等項每年末以會報報告之

# 國民常識小叢書說略

一 本會所印小冊子籍名曰國民常識小叢書

二 本小叢書出版無定期每月所出最少在三冊以上

三 本小叢書每冊葉數無定但最多不過一百葉以上

四 本小叢書每冊定價最少不過五分最多不過三角

說明本會絕不為 利起見但不能不收薄價以為繼續出版之資若會費稍充後更當擇要種印送不取分文

五 本小叢書体裁或用文話或用白話總期平易淺顯使人能解趣味豐富引人入勝

六 本小叢書分為左列各門每門各為一集卷端各標次第

一通論 二政治論 三法制論 四行政論

五財政論 六地方自治論 七教育論 八國民生計概論 九國民生計各論 十國民道德 十一史譚 十二地志 十三世界大勢

## 十八　梁啟超致林獻堂函十一（一九一一年五月廿二日，新曆六月十八日）

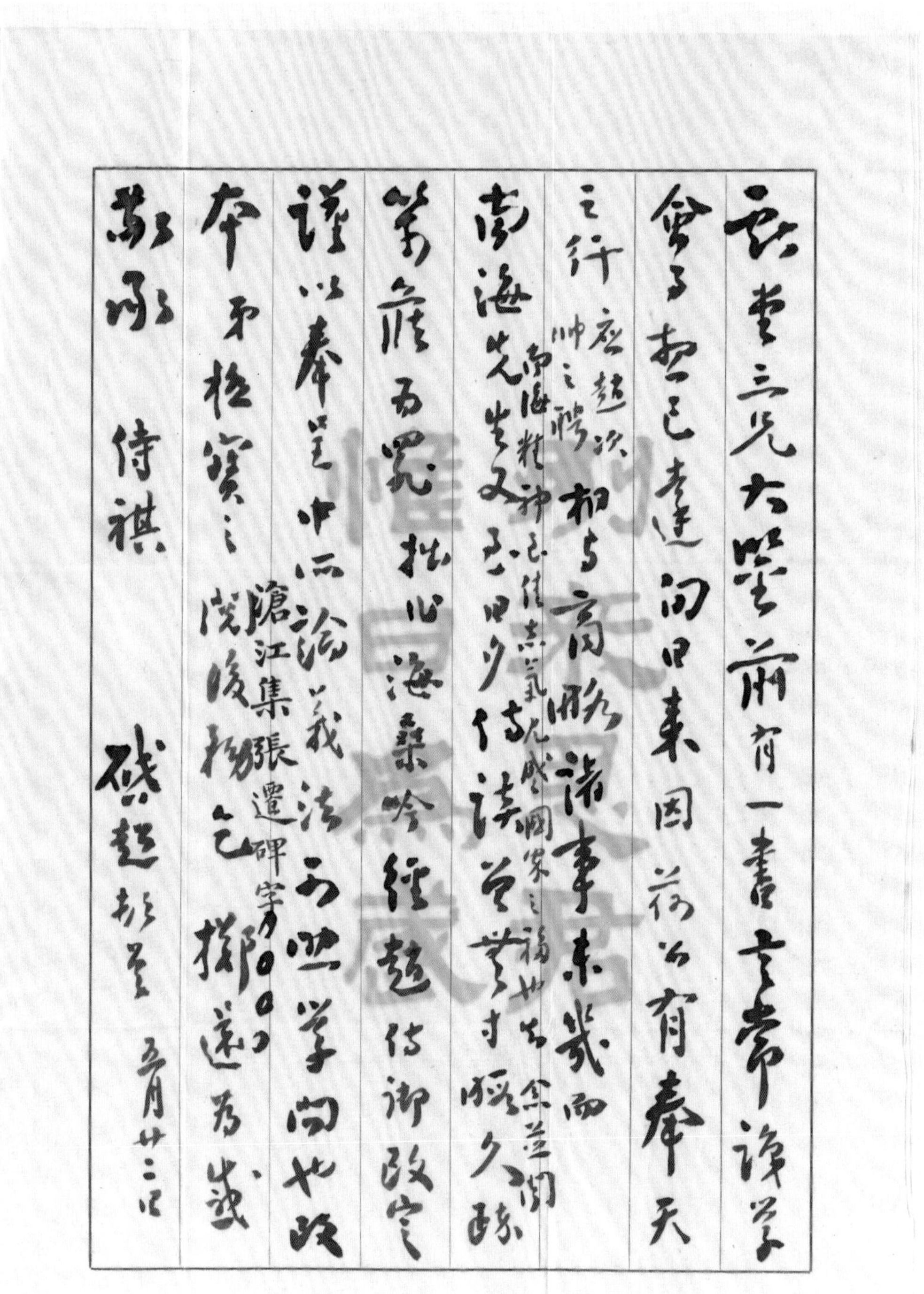

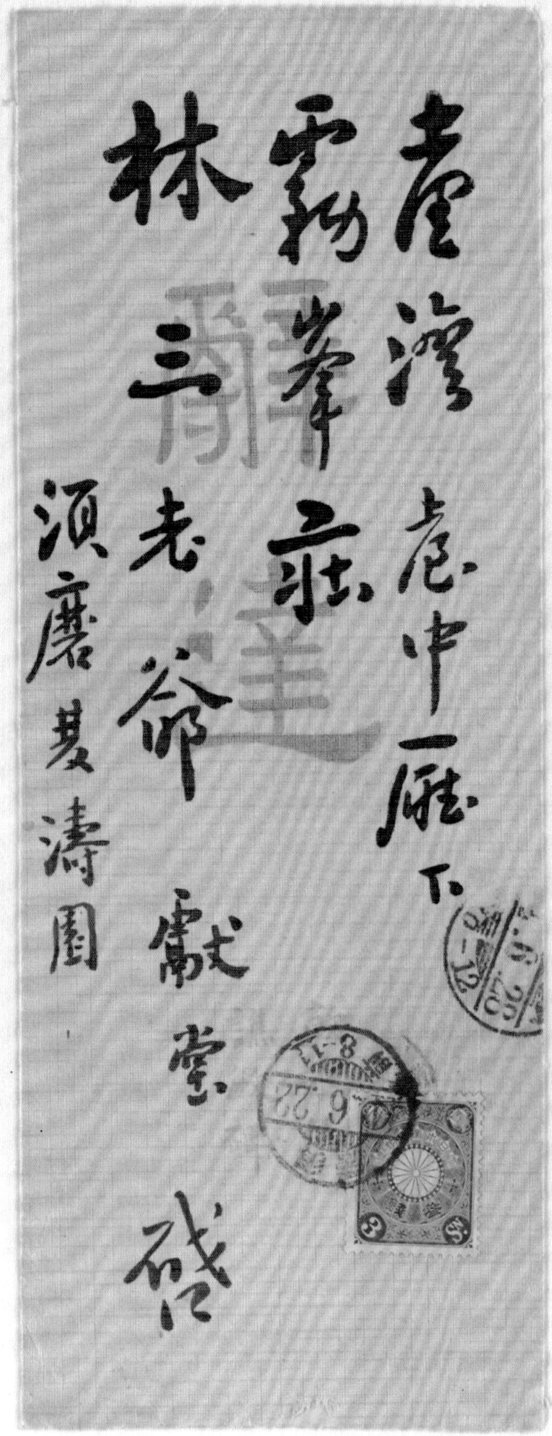
臺灣臺中一廳下
霧峯莊
林老爺獻堂啟
三
須磨麥濤園

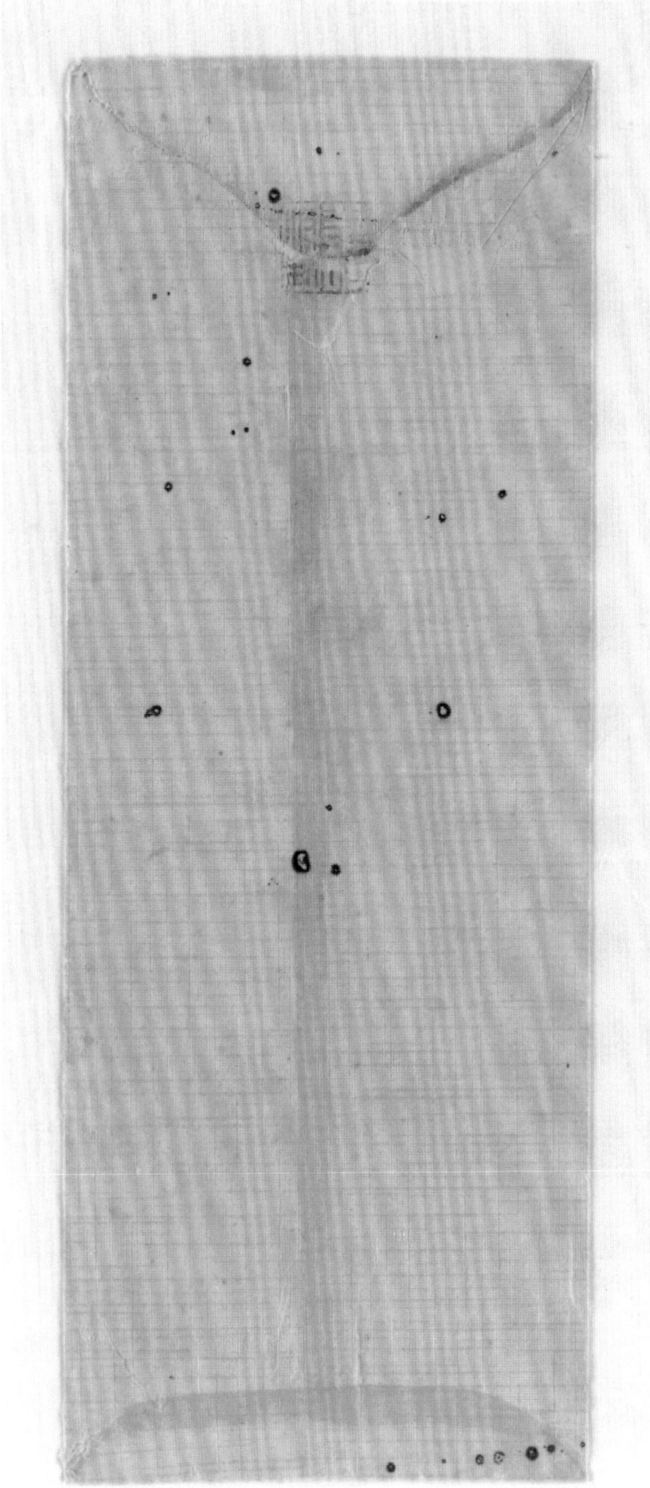

（一）海桑吟之一

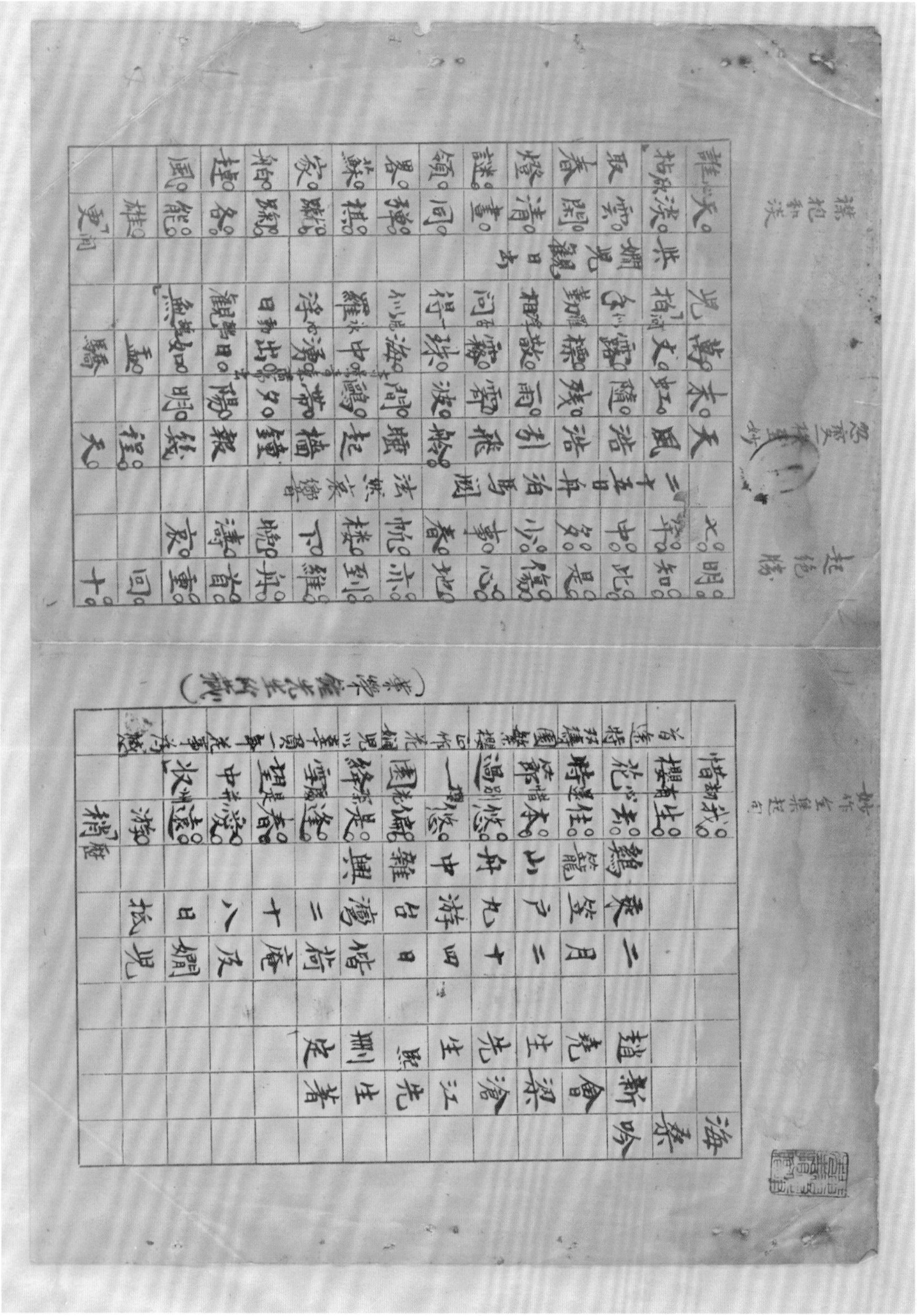
海桑吟
新會梁滄江先生著
趙堯生先生熙刪定
二月二十四日偕荷庵及嫺兒
乘笠戶丸游台灣二十八日抵
雞籠山舟中雜興
我生去住本悠悠偏是逢春愛遠游稍
惜櫻花時節過一園絳雪望中收
首途時雙濤園繫櫻正作花嫺兒以辛亥一年花事爲憾
（葉榮鐘先生所藏）
明知此是傷心地亦到維舟首重回十
七年中多少事春帆樓下晚濤哀
二十五日舟泊馬關
天風浩浩引飛舲曉起檣鐘報幾程天
末虹隨殘雨霽波間鷗帶夕陽明
萬丈露標散霧珠海中湧出日如盂騎
兒拍手勸相問得似羅浮日觀無
共嫺兒觀日出
天淡雲閑清晝同彈棋蹴踘各能雄更
誰拈取春燈謎領略蘇家舶趠風

## 十九　林獻堂致梁啟超函二（約一九一一年五月底六月初，新曆七月初）

櫟社庚戌春會記念箋

任公先生執事四月杪奉
手教即與癡仙幼春謀欲有所義集
而阻力橫生蜚言漸布不得已遂消弭
前説以圖再舉然區區微誠加以癡仙
幼春二人十一之助尚當勉為其半少
作義聲所恨有力者不如人意同心
者不必有力使　獻堂慚負
先生屬望之殷耳計此書緩報已
將月餘頃承
賜函不以為罪又藉稔

櫟社庚戌春會記念箋

南海先生起居荷庵先生出處使
東海枯魚添故國前途一綫生機之
望並頒示趙公法評諸什戔戔下士
何敢言文第萊園觴詠一夕千秋從
此荊榛叢莽中長留一段佳話矣諸
詩俟鈔訖即當郵 上所言之款當
由舍弟帶去較妥行期定在八月
間也諸惟
鑒諒敬叩
大安不盡

獻堂頓首

二十　林獻堂致湯明水一（約一九一一年舊曆六月，新曆六、七月）

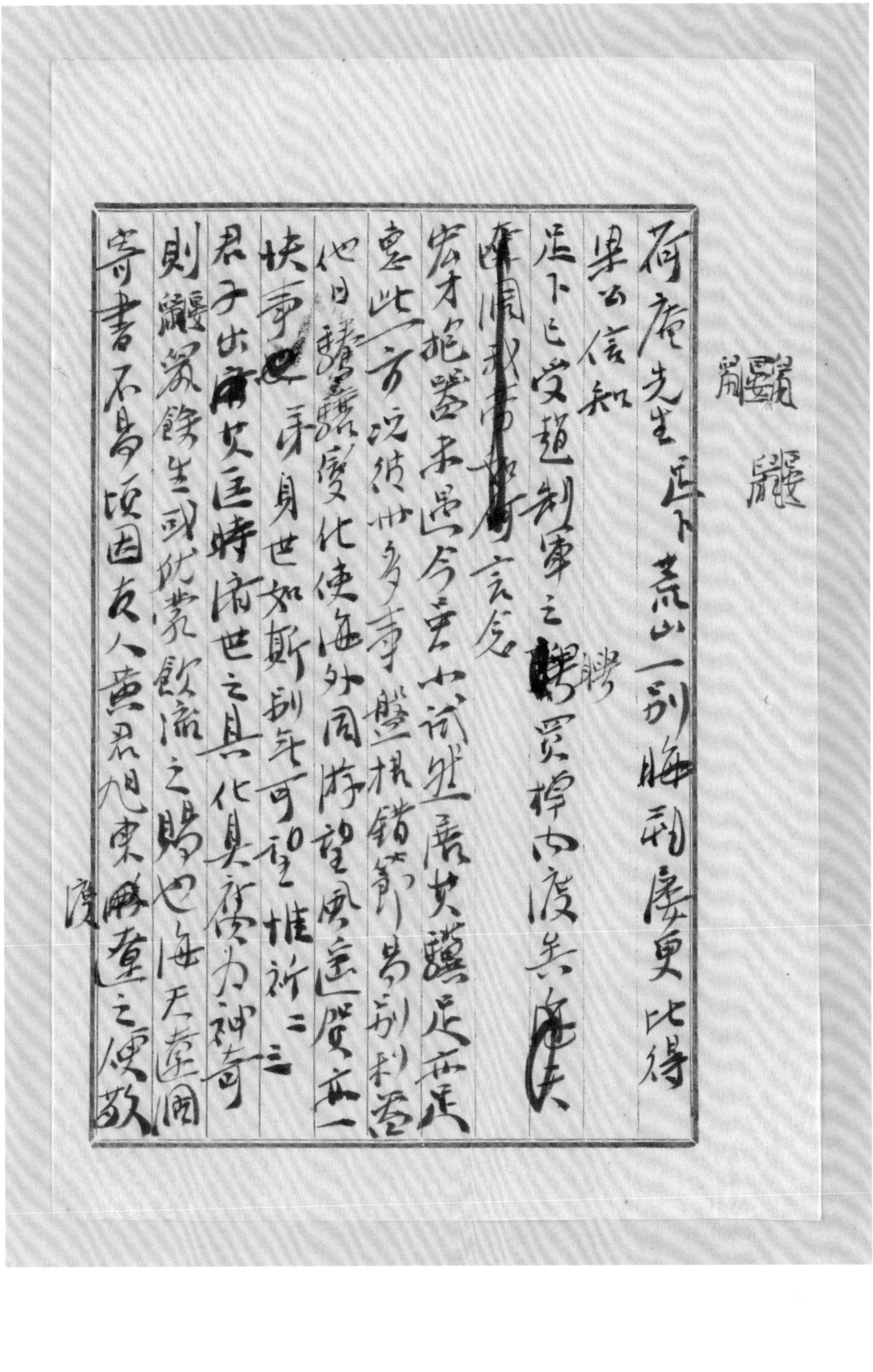

[illegible]

荷庵先生足下　蓁山一別，晦朔屢更，比得
吳公信知
足下已受趙制軍之聘（聘）買棹南渡去矣，
~~[illegible]~~云念
宏才抱器未遇，今君小試，然展其驥足在是
惠此一方。況併世多事，盤根錯節，易別利器。
他日鱗鬣變化，使海外同胞望風景從，亦一
快事也。弟身世如斯，剗年可望，惟祈二三
君子出南，英匡時濟世之具，化其腐為神奇，
則鯫鱟餘生，或於叢飲流之賜也。海天遼闊，
寄書不易，頃因友人黃君旭東回（?）臺之便，敬
復

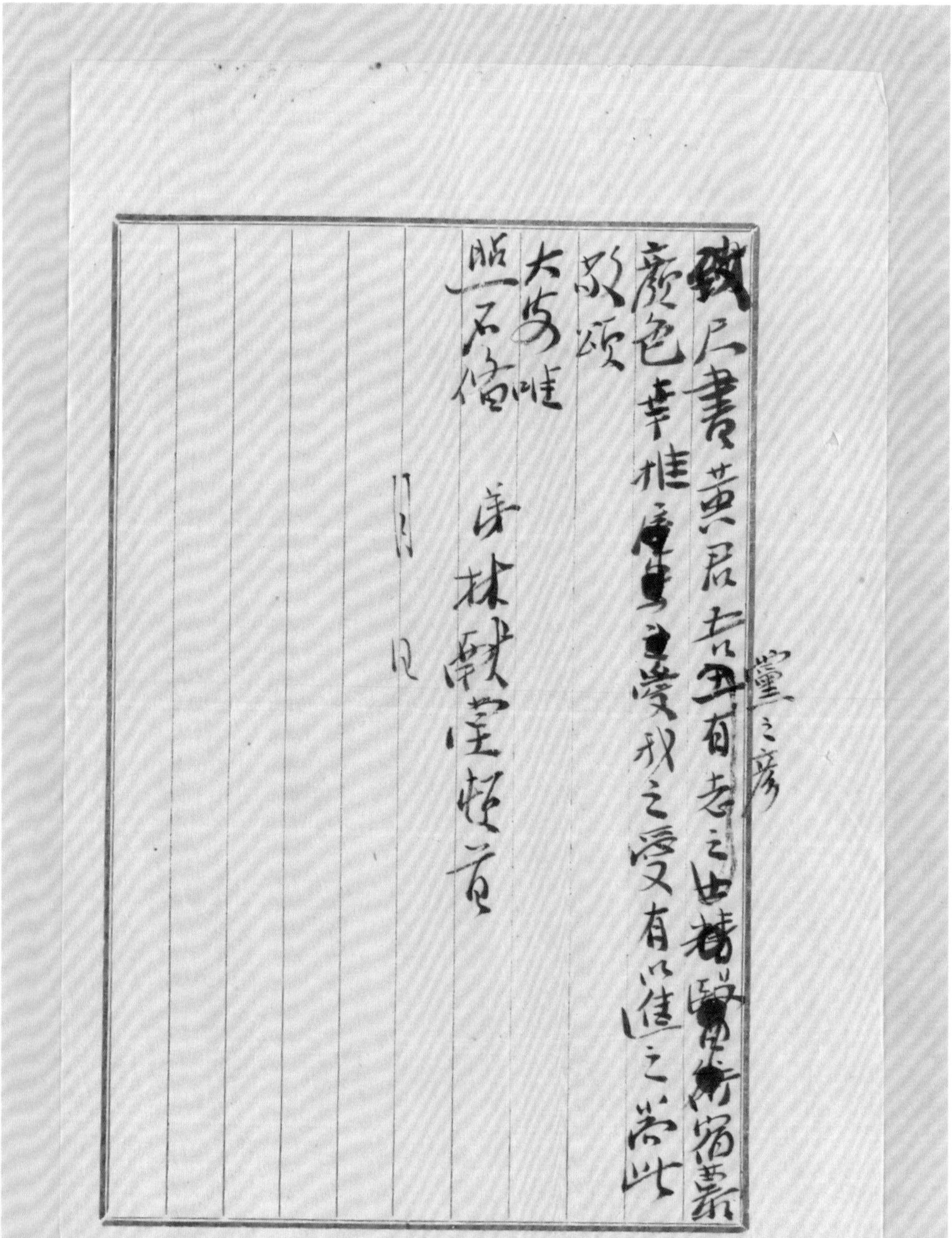

致尺書黃君吉五（黨之彥）有志之士猶賢者所留意
顏色幸推屋烏愛我之愛有以進之為此
敬頌
大安唯
照不備　弟林獻堂頓首
月　日

## 廿一　林獻堂致梁啟超函三（一九一一年閏六月三日，新曆七月廿八日）

## 廿二　梁啟超致林獻堂函十二（一九一一年閏六月九日，新曆八月三日）

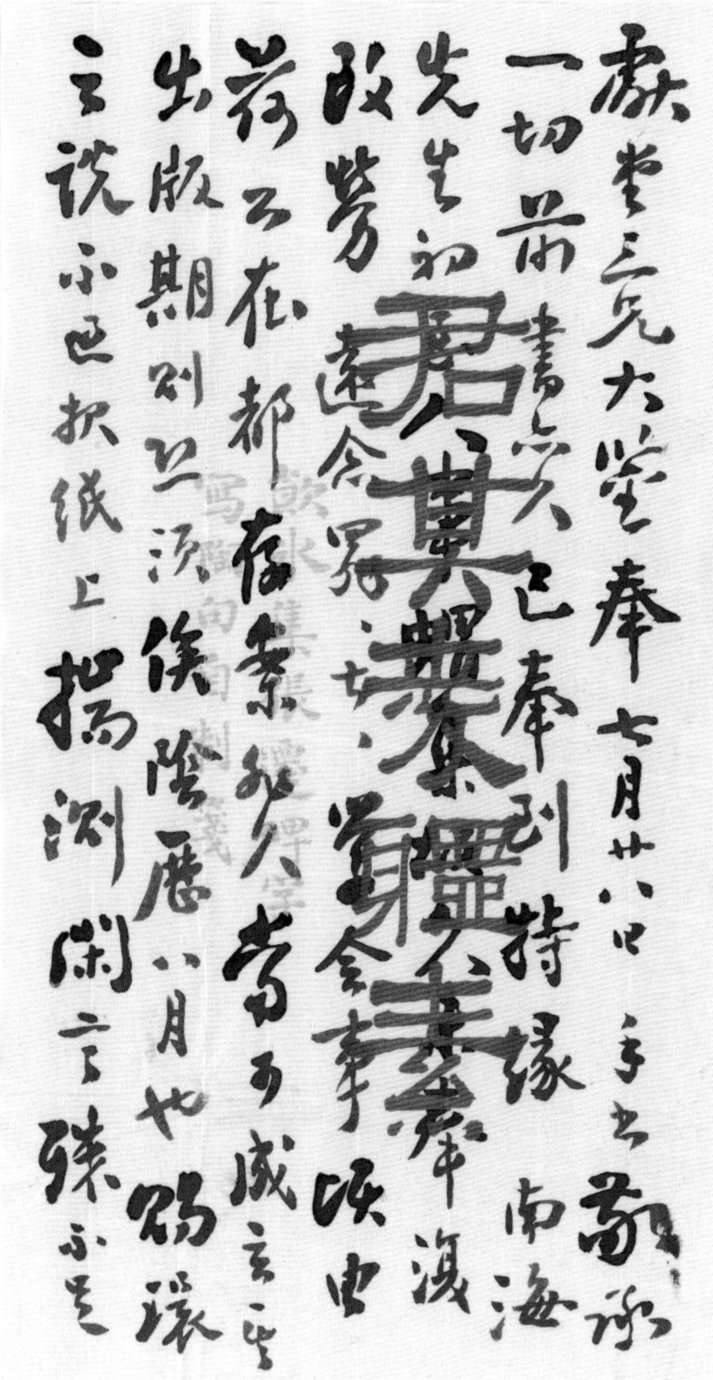

撥而祖國情狀，非經著實訓練養成人才後，亦實難措手。即有此事，而從軍歸不正，為[illegible]然終須從[illegible]。謹以奉聞。日來蝕[illegible]吟詠，今將原移寫上數紙，請與蟄仙、幼春共是正之。此係原稿，閱後仍乞與前所寫趙侍御啟本一併擲還。

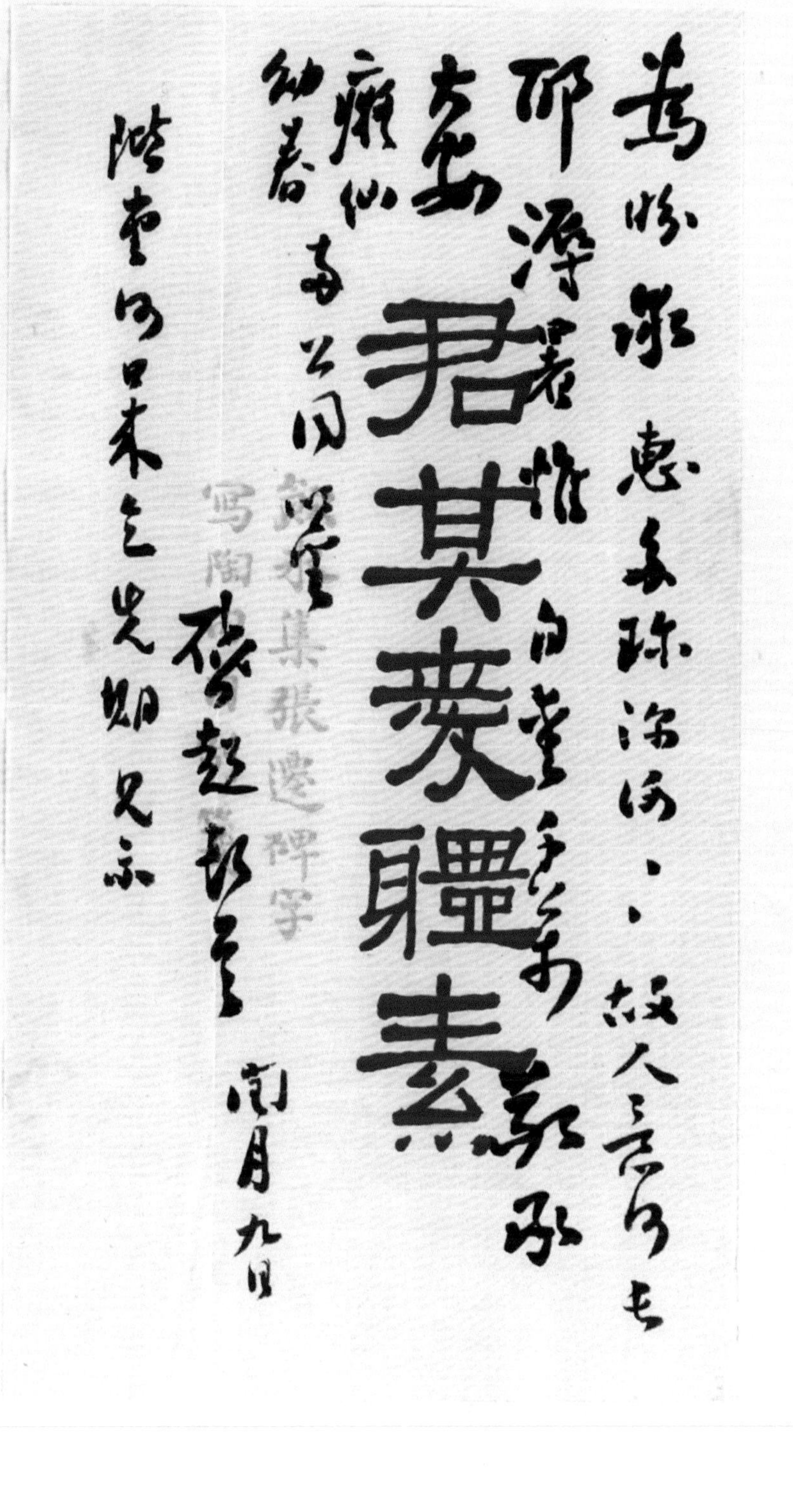
君其
啟超
閏月九日
集張遷碑字

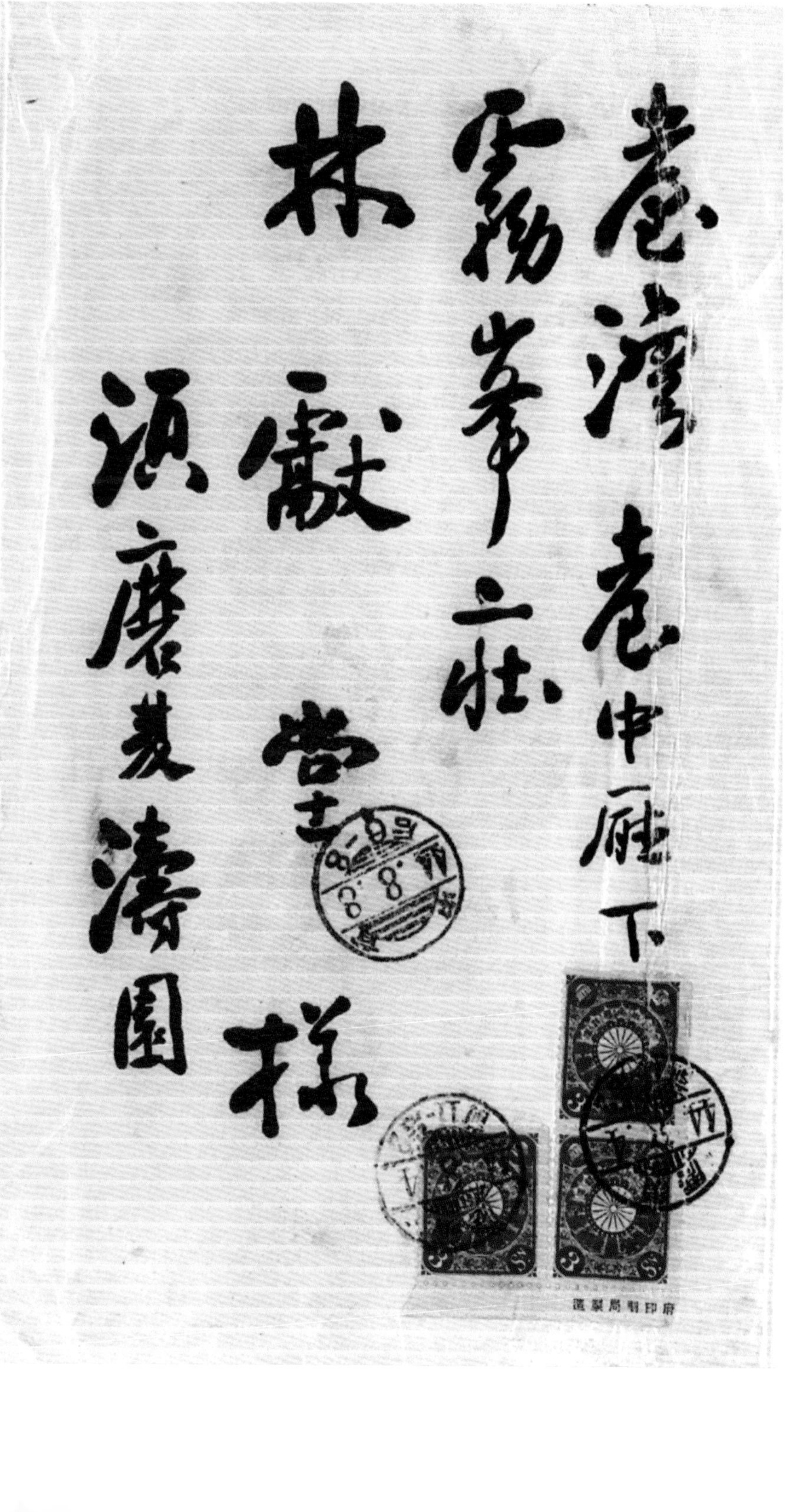
臺灣臺中廳下
霧峯莊
林獻堂様
須磨雙濤園

## 廿三　梁啟超致林獻堂函十三（一九一一年八月二十日，新曆十月十一日）

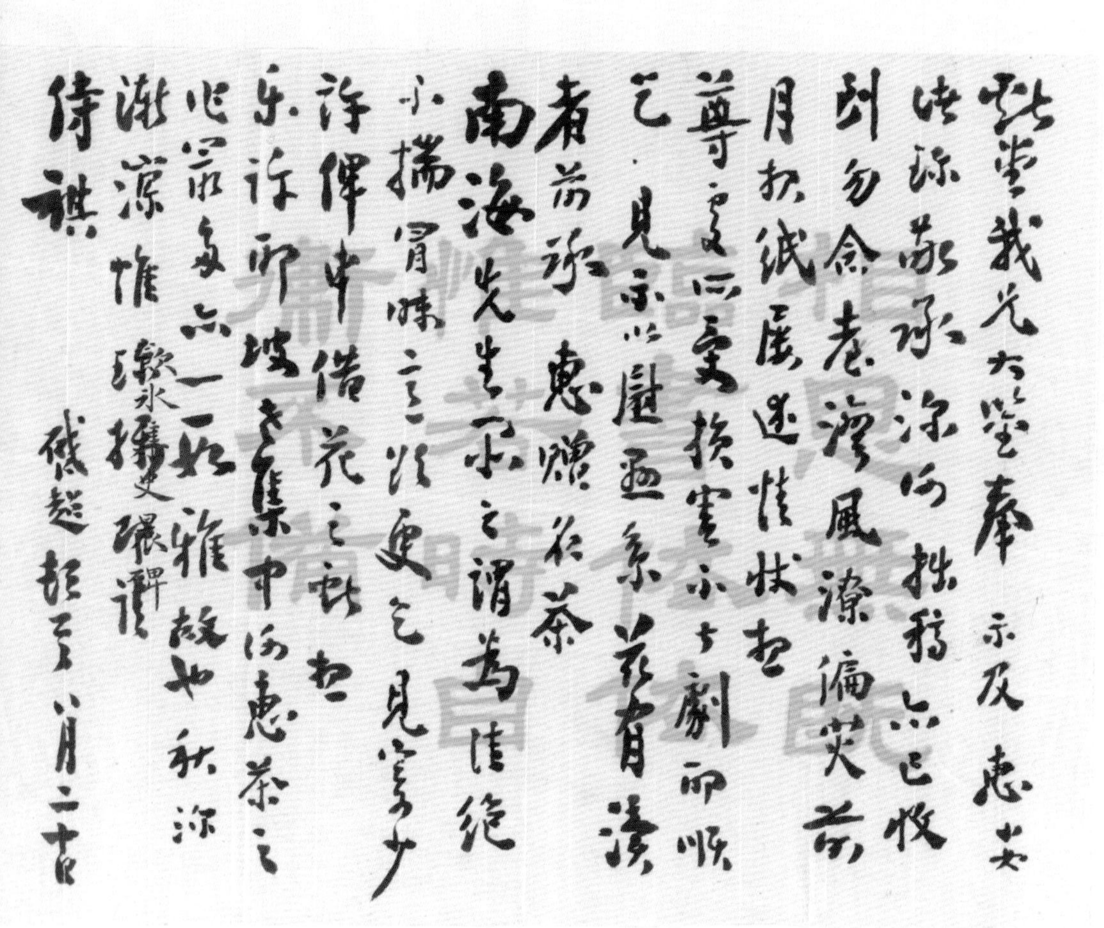

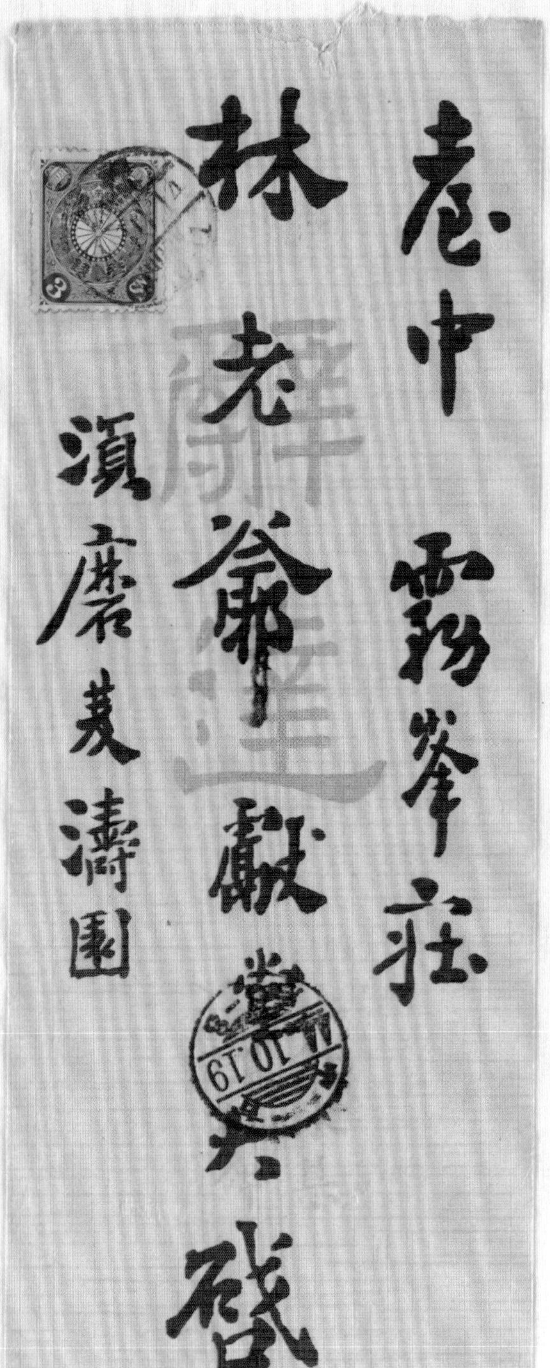
臺中霧峯莊
林老爺獻堂啓
須磨美濤園

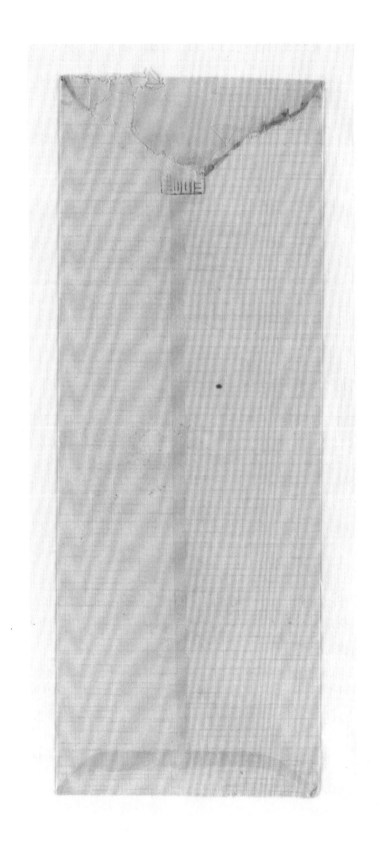

# 廿四　梁思順致林夫人函一（一九一一年八月廿三日，新曆十月十四日）

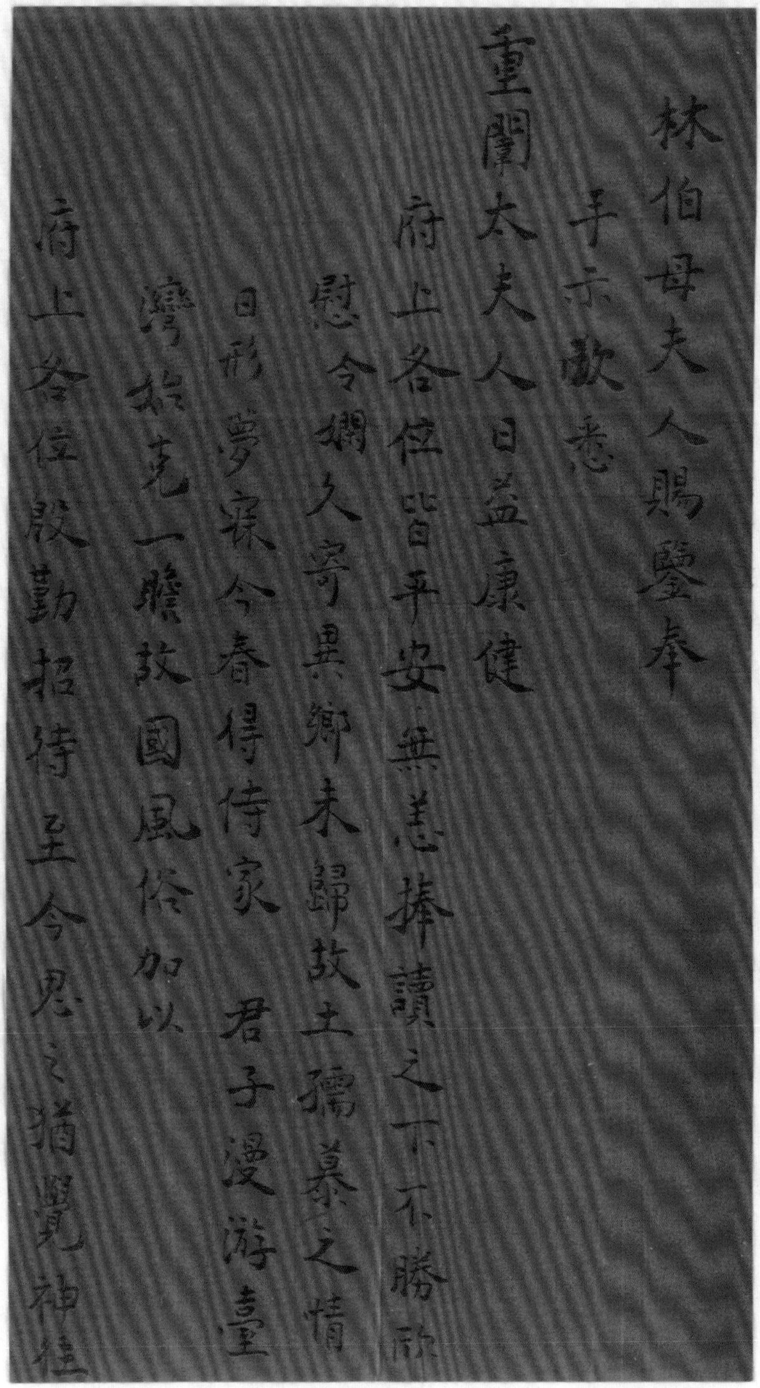
林伯母夫人賜鑒奉
手示敬悉
重闈太夫人日益康健
府上各位皆平安無恙捧讀之下不勝欣
慰今嫻人寄異鄉未歸故土孺慕之情
日形夢寐今春得侍家　君子漫游臺
灣於是一睹故國風俗加以
府上各位殷勤招待至今思之猶覺神往

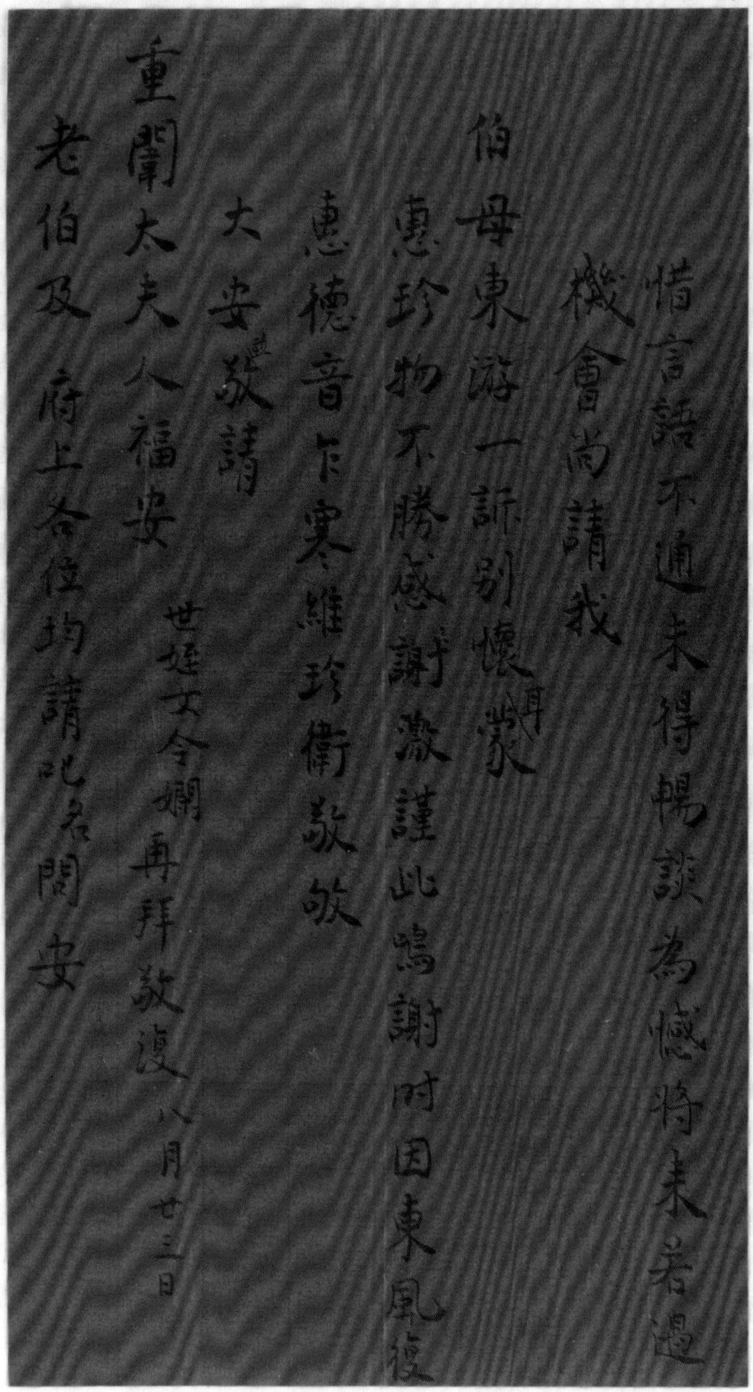
惜言語不通未得暢談為憾將來若過
機會尚請我
伯母東游一訴別懷 蒙
惠珍物不勝感謝激謹此鳴謝时因東風復
惠德音下寒維珍衛敬啟
大安敬請
重闈太夫人福安 世姪女令嫻再拜敬復 八月廿三日
老伯及 府上各位均請代名問安

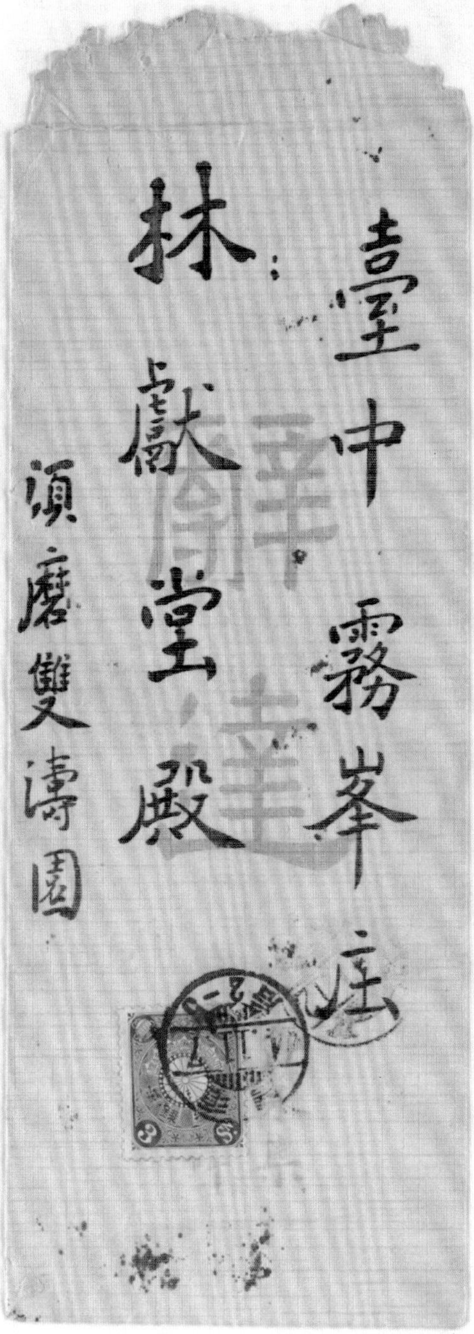
臺中霧峰庄
林獻堂殿
須磨雙濤園

## 廿五　梁啟超致林獻堂函十四（一九一一年九月八日，新曆十月廿九日）

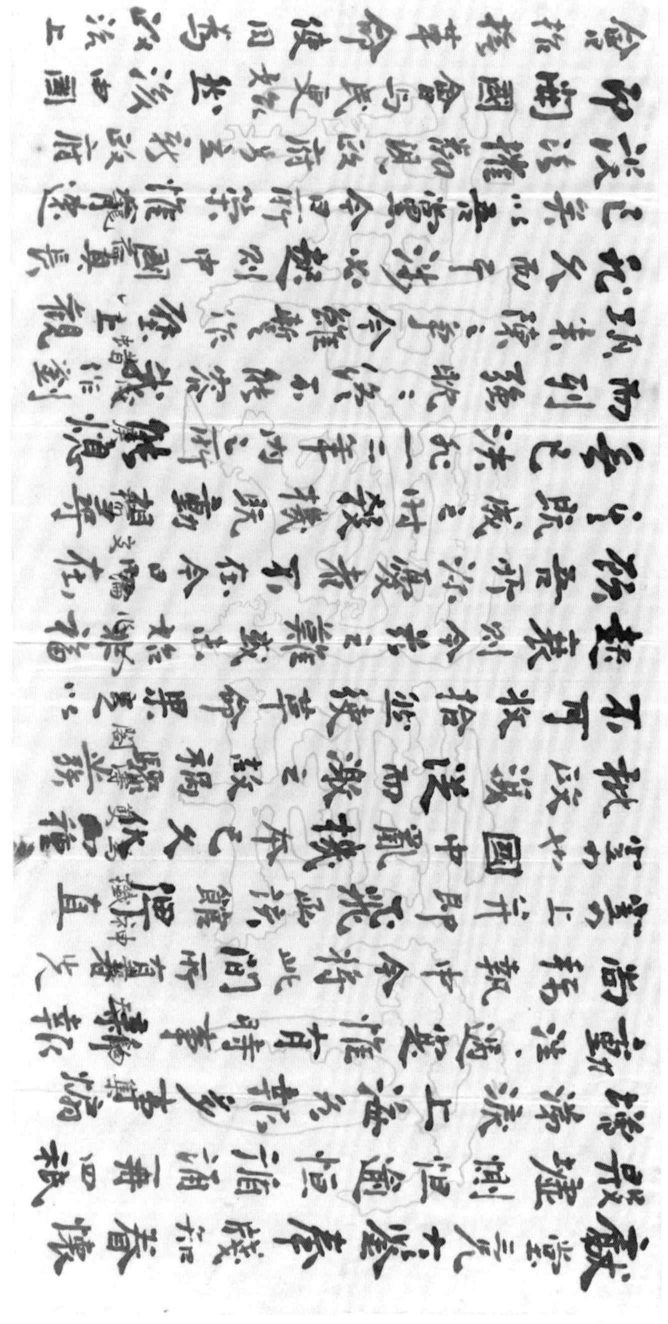

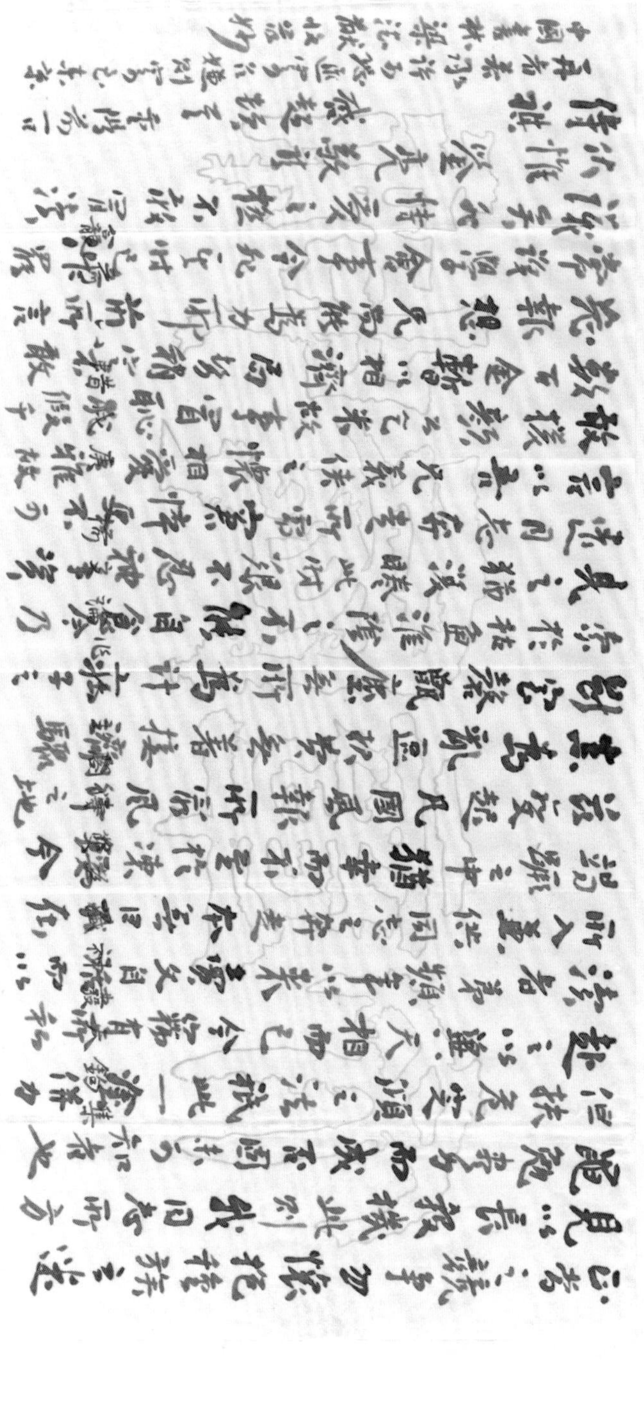

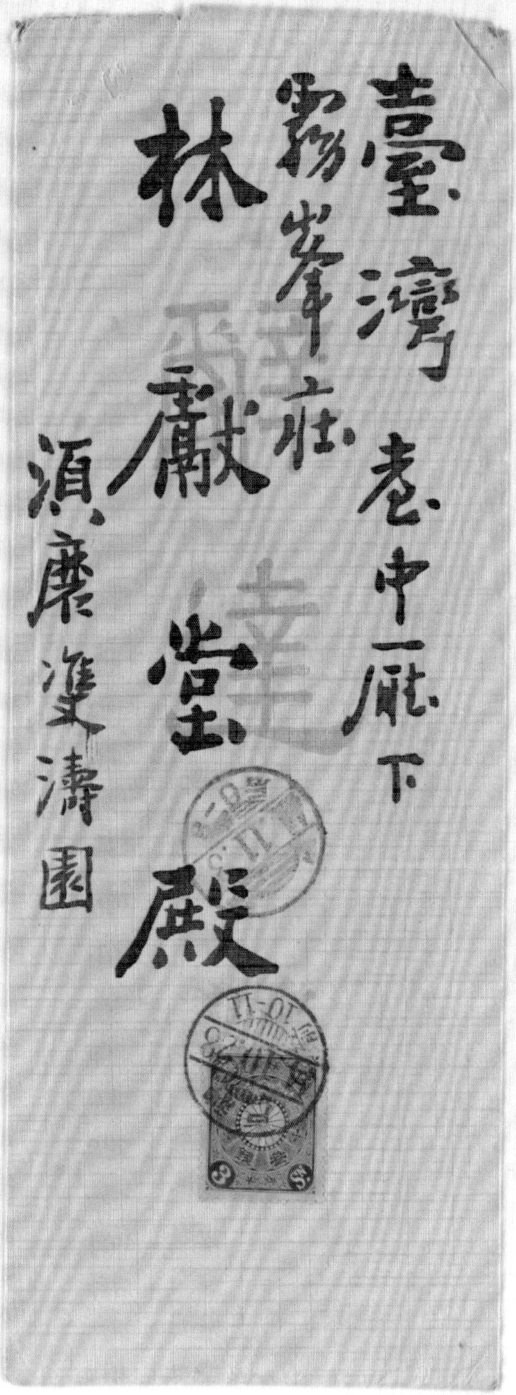
臺灣臺中廳下
霧峯庄
林獻堂殿
須磨雙濤園

## 廿六　梁思順致林獻堂函五（一九一一年九月十七日，新曆十一月七日）

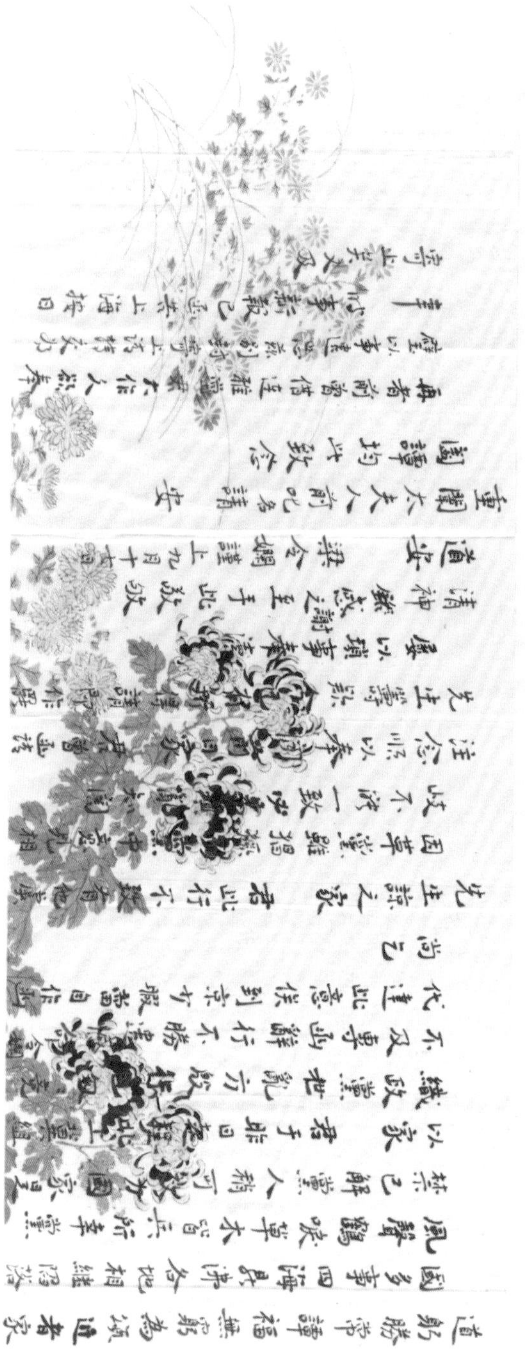
獻堂先生賜鑒別後屢蒙
伯母夫人惠贈珍物銘感無已遙想
道躬勝常譚福無窮為頌邇者家
國多事四海鼎沸各地相繼陷落
風聲鶴唳草木皆兵所幸黨
禁已解黨人稍可致力國家是
以家　君于昨日赴[illegible]組
織政黨世亂方殷[illegible]竟
不及專函辭行不勝[illegible]令嫻
代達此意俟到京少暇當自作函
尚乞
先生諒之家　君此行不致有他虞
因革黨雖猖獗[illegible]中竟允相
歧不能一致少[illegible]大局
注念順以奉[illegible]日家　君曾函請
先生籌款[illegible]所得請即作罷
屢以瑣事奉瀆
清神銘感之至手此敬敬
道安　梁令嫻謹上九月十七日
重闈太夫人前叱名請　安
闔譚均此致念
再者前曾借達雅堂[illegible]大作久欲奉
璧以事遠忘兹別錄寄上請轉交乃
幸　以事新報已函告上海按日
寄上矣又及

廿七　林獻堂致梁啟超函四（一九一一年九月十八日，新曆十一月八日）

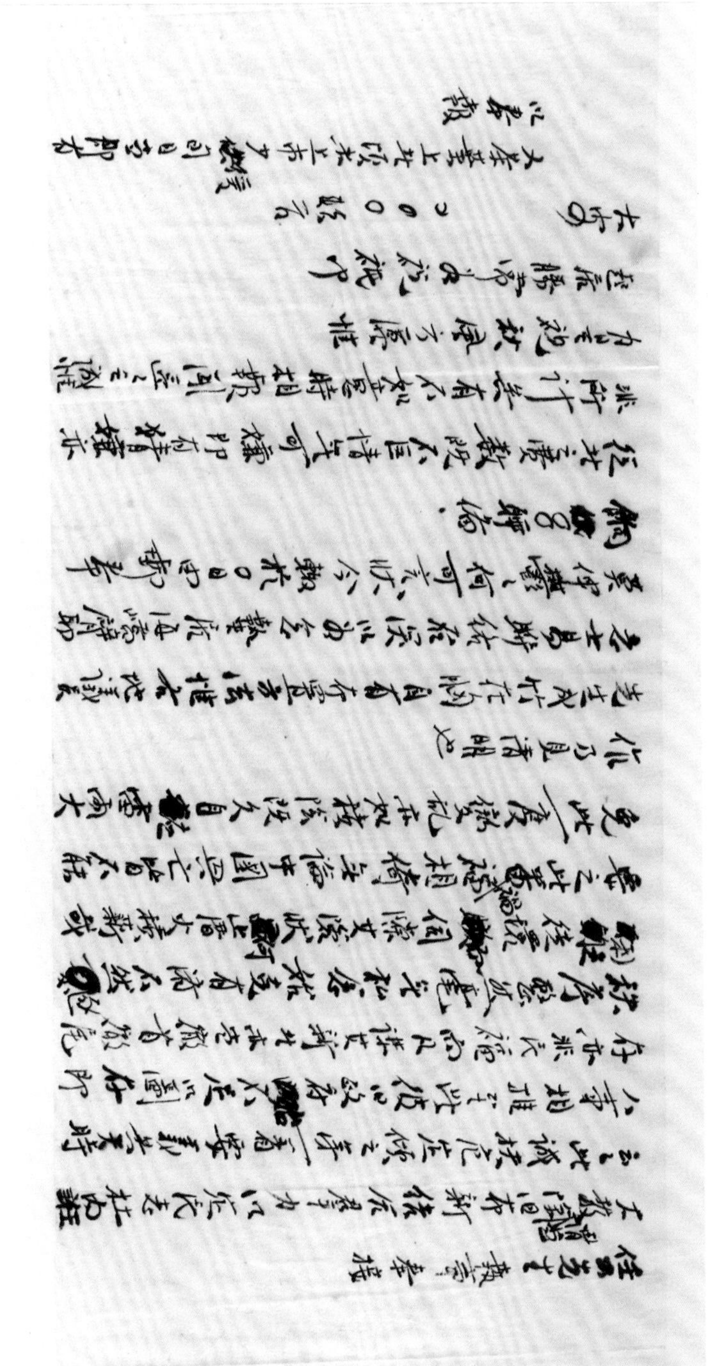

## 廿八　梁思順致林獻堂函二（一九一一年九月廿五日，新曆十一月十五日）

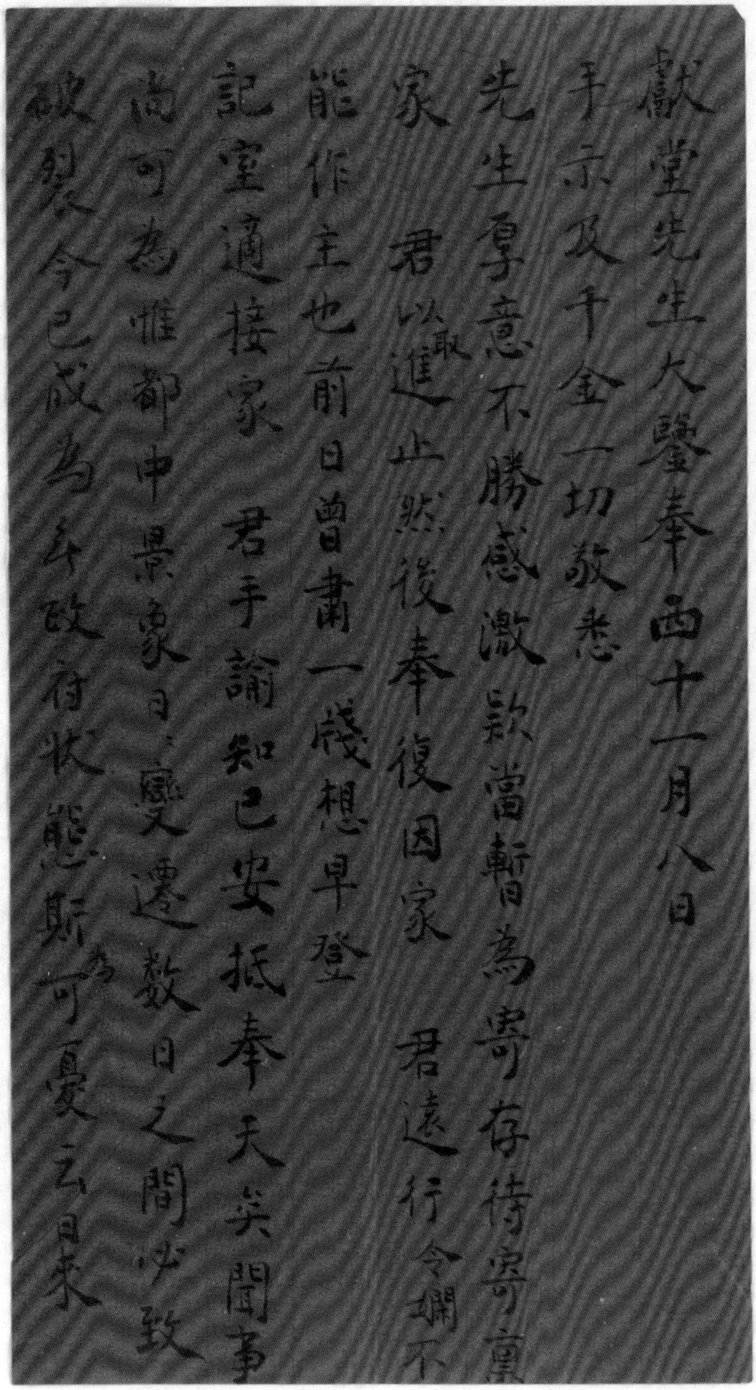

獻堂先生大鑒奉　西十一月八日
手示及千金一切敬悉
先生厚意不勝感激歎當暫為寄存待寄稟
家君以取進止然後奉復因家　君遠行令嫻不
能作主也前日曾肅一牋想早登
記室適接家　君手諭知已安抵奉天矣聞事
尚可為惟都中景象日日變遷數日之間必致
破裂今已成為無政府狀態斯為可憂云日來

重闈太夫人及
閫譚想皆納福靖此各道念時事新報已託上海
本局直寄未知收到否為念肅此敬復謹頌
大安並頌　梁令嫻敬白　十一月十五日
潭福不一

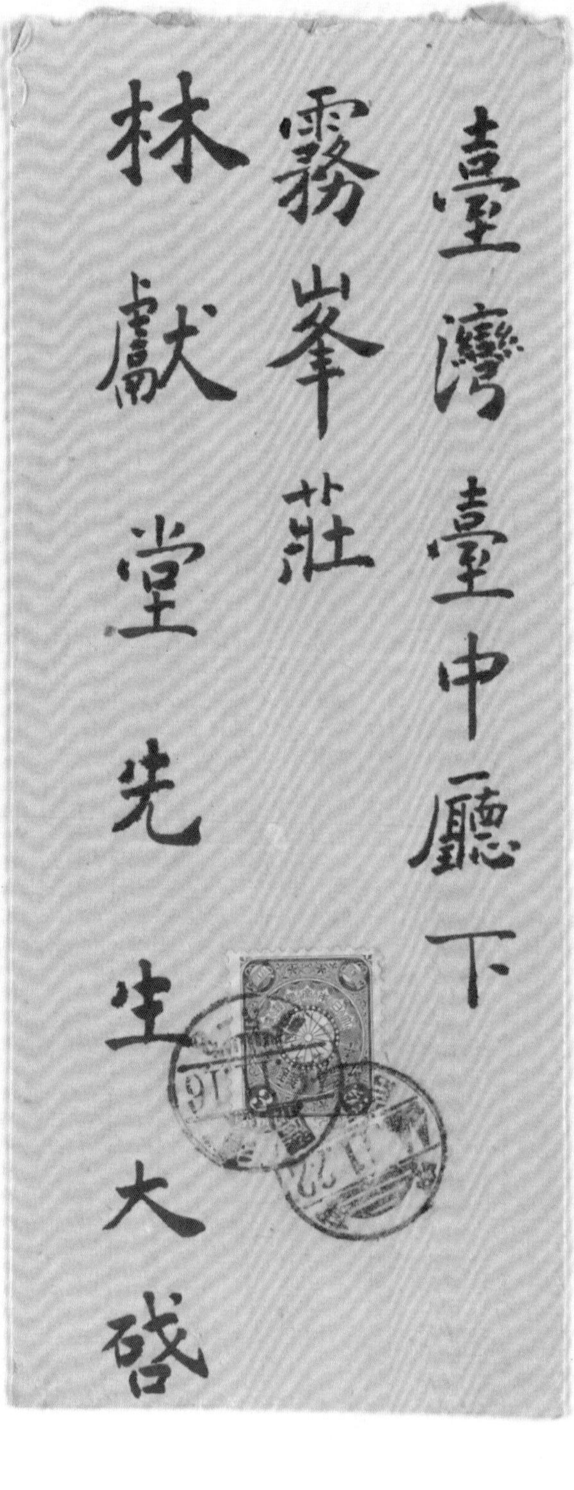
臺灣臺中廳下
霧峯莊
林獻堂先生大啓

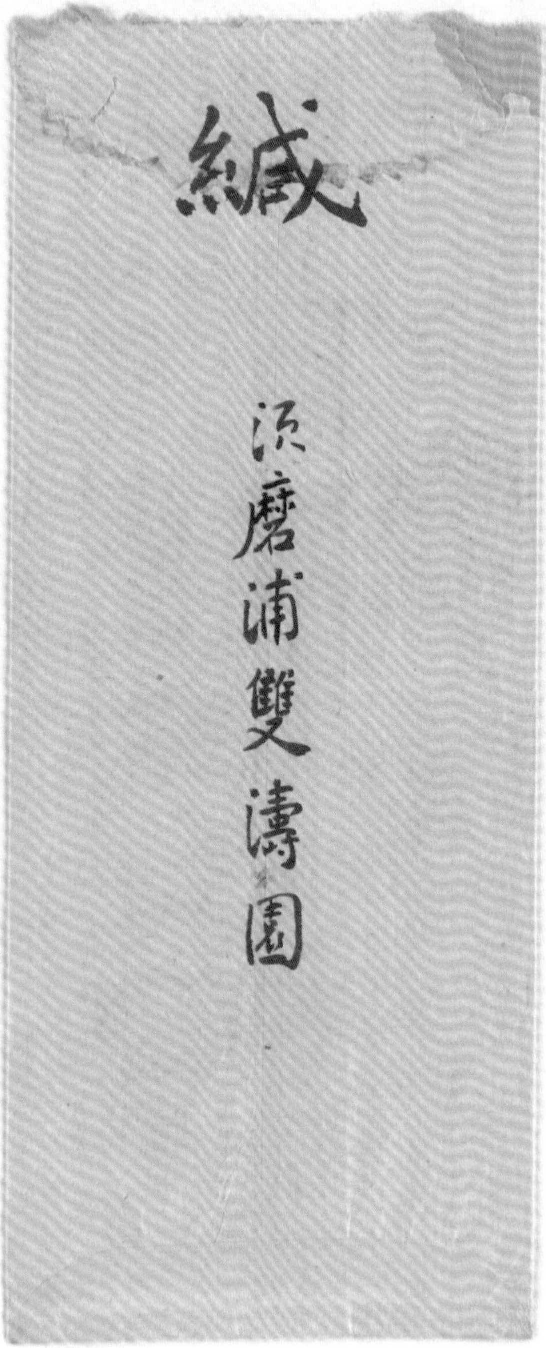
緘
須磨浦雙濤園

## 廿九　梁啟超致林獻堂函十五（一九一一年九月晦，新曆十一月廿日）

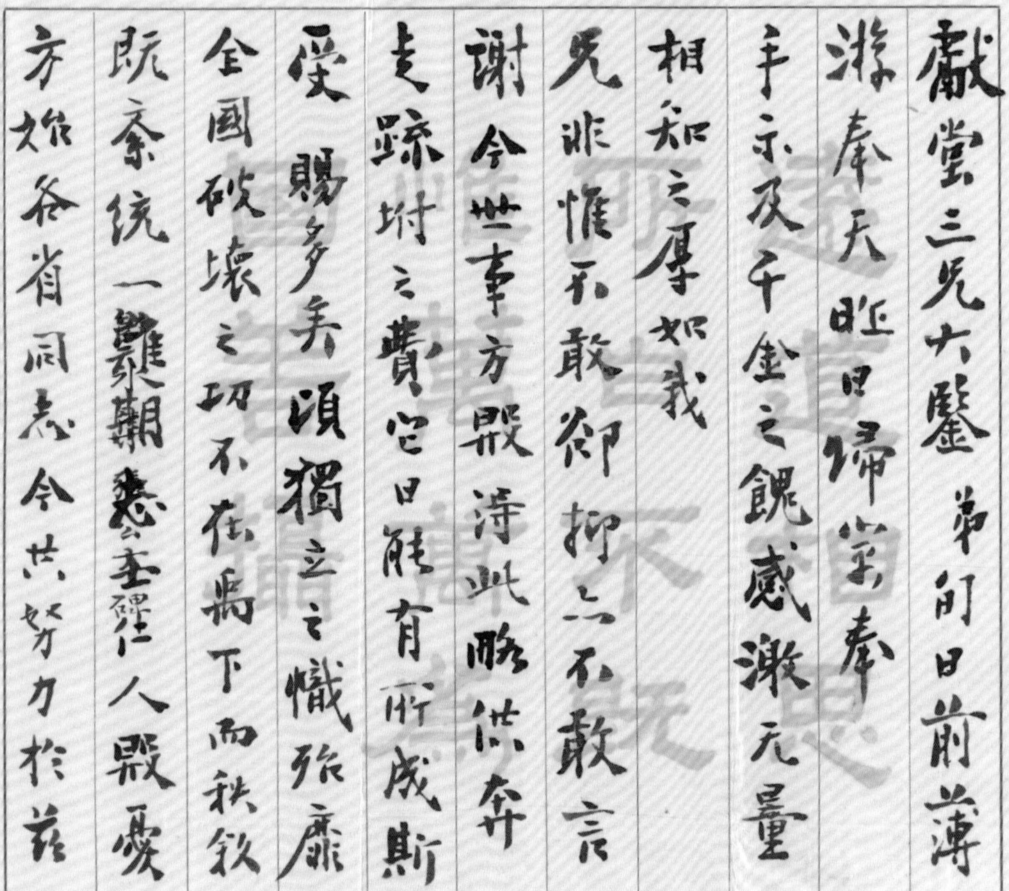

獻堂三兄大鑒：弟前日薄游奉天，昨日歸寓，奉手示及千金之餽，感激無量。相知之厚如我兄，非惟不敢卻，抑亦不敢言謝。今世事方殷，請此款供奔走蹤跡之費，它日能有所成，斯受賜多矣。頭顱之懺殊廉，全國破壞之功不在禹下，而秩叙既奈統一難期[illegible]人殷憂方始，各省同志今共努力於茲

事狂熱稍過聽受自易以近狀
度之仍是樂觀多於悲觀如弟
須著一長文付印將成當奉寄
袁氏孫繼殘局於攬人望乃以
弟預之閣僚一席在彼固不得
已在我則安可以不自重已電辭
之想兄亦早能料及矣弟頃尚
沉幾觀變一兩月內暫不定適
知念併聞敬請
侍祺不宣飲冰集張公方碑
九月晦　啟超頓

臺灣台中廳下霧峯莊
林三老爺獻堂啟
須磨雙濤園梁緘

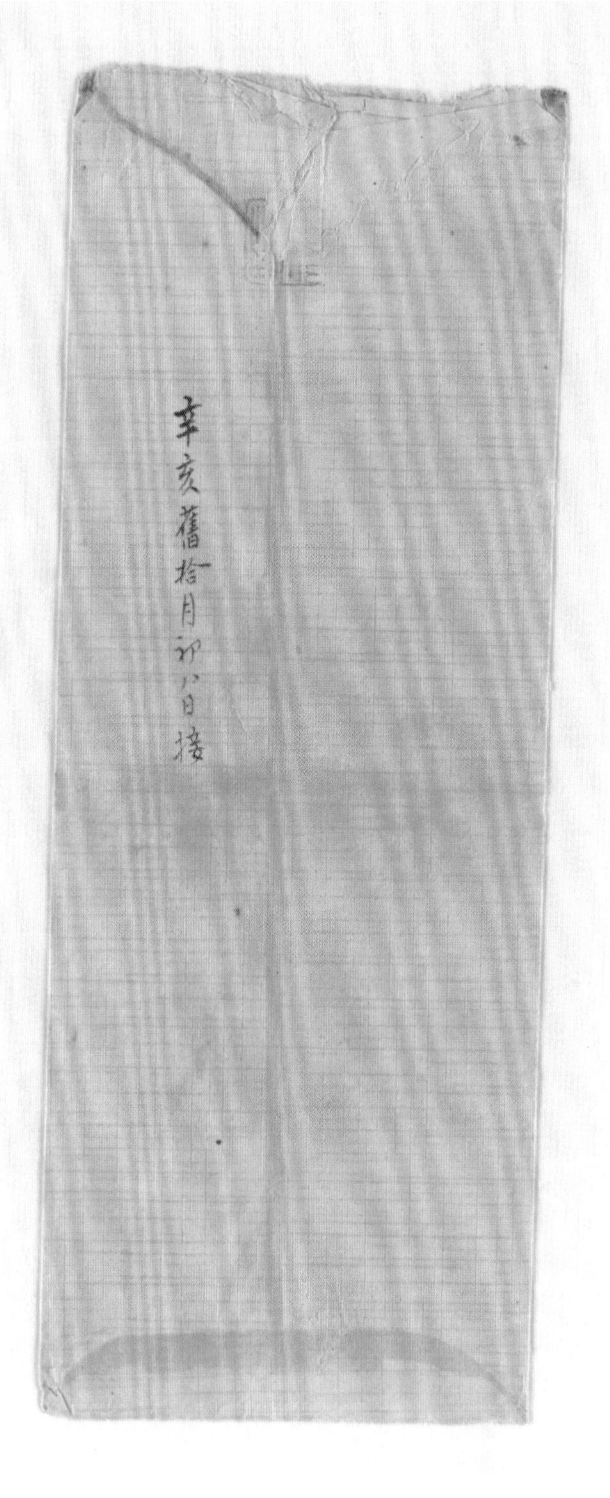
辛亥舊拾月初八日接

## 三十　林獻堂致梁啟超函五（一九一一年十月十日前後，新曆十一月底十二月初）

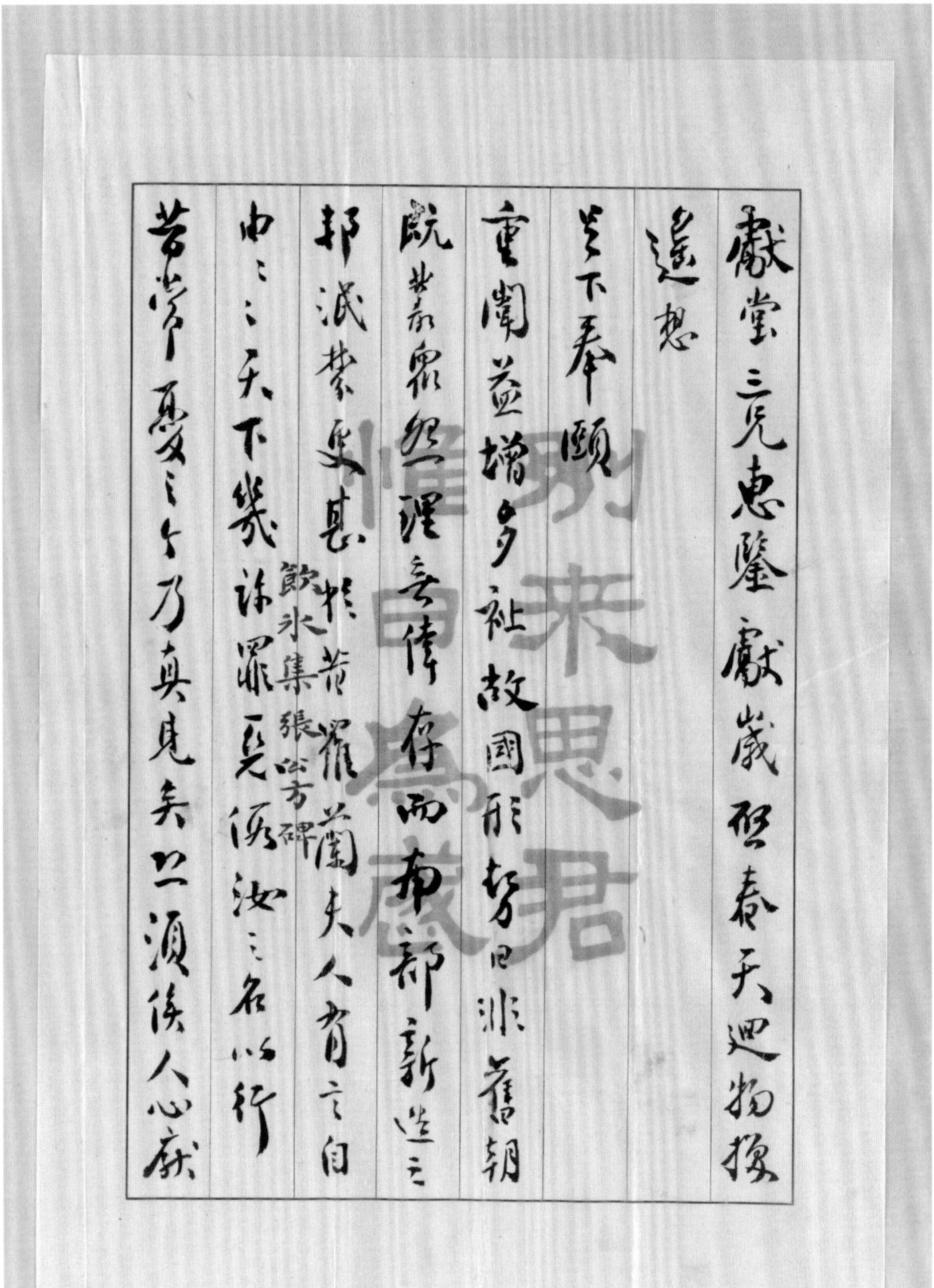

獻堂三兄惠鑒：獻歲發春，天迴物換，
遙想
足下奉頤
重闈，益增多祉。故國形勢，日非舊朝，
既叢衆怨，理無倖存，而南都新造之
邦，泯棼殊甚。於昔羅蘭夫人有言：自
由自由，天下幾許罪惡假汝之名以行。
昔嘗屢屢言之，乃真見矣。此須俟人心厭

飲冰集張公方碑

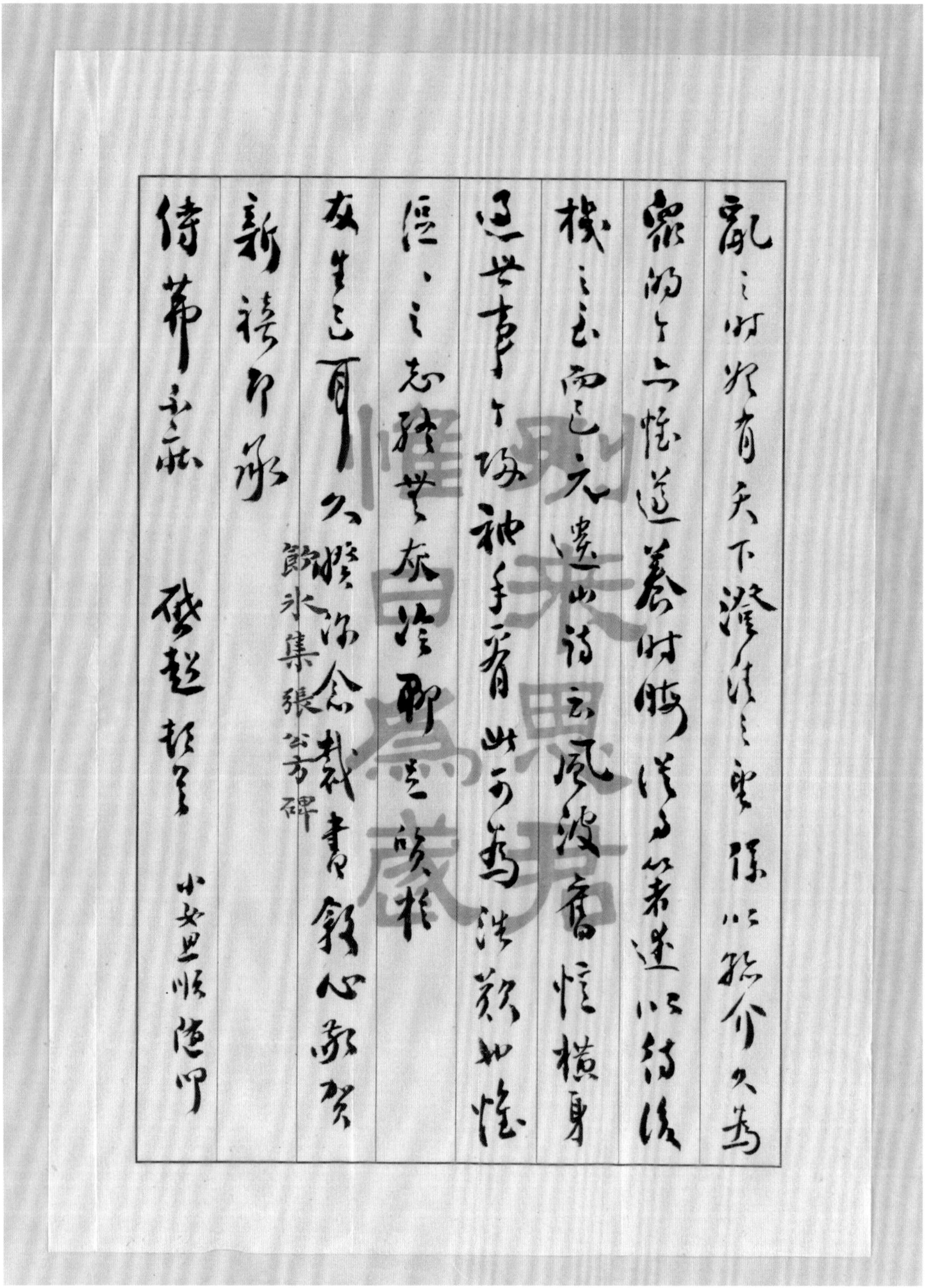
亂之時猶有天下滔滔之[illegible]孫以[illegible]介久為
[illegible]溺之六[illegible]遂養時晦[illegible]第述以待後
機之至而已元遺山詩云風波層[illegible]橫身
過世事之險神手[illegible]出而為[illegible][illegible][illegible][illegible]
區區之志[illegible][illegible][illegible][illegible]耶[illegible]敢[illegible]
友生之有久撰[illegible]念裁書敘心敬賀
新禧印承
侍節示[illegible]　啟超頓首
小女思順隨叩
飲冰集張公方碑

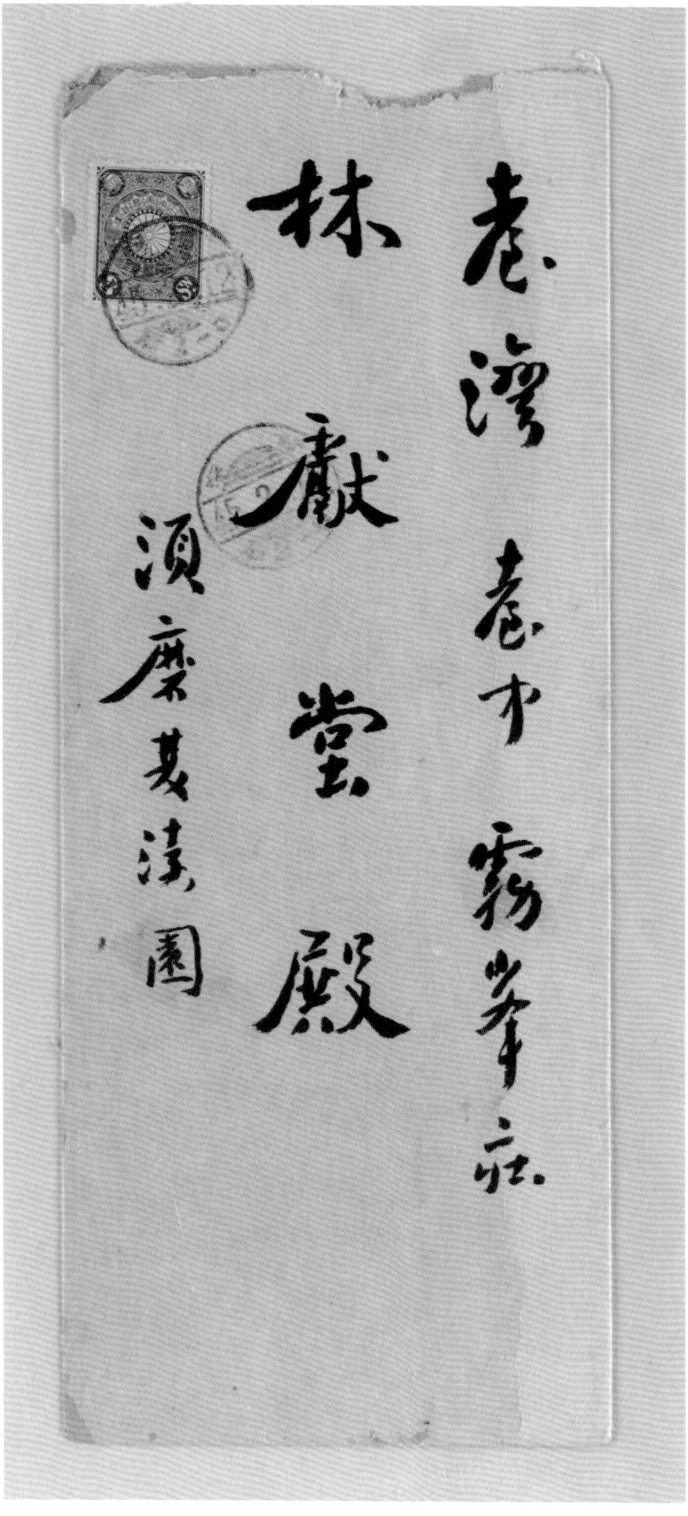
臺灣
臺中霧峯庄
林獻堂殿
須磨雙濤園

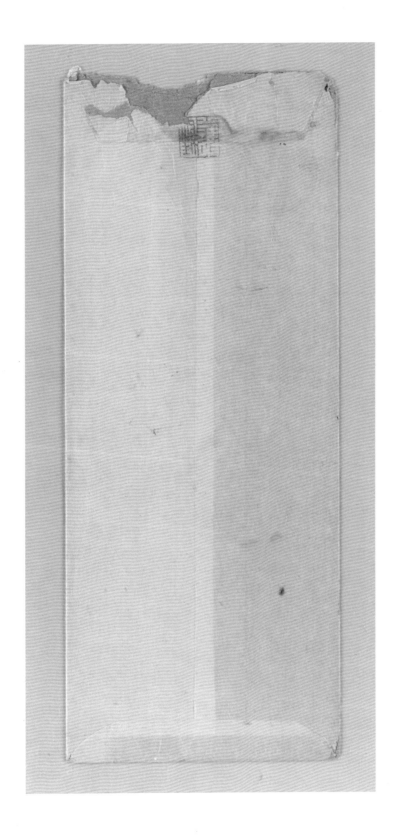

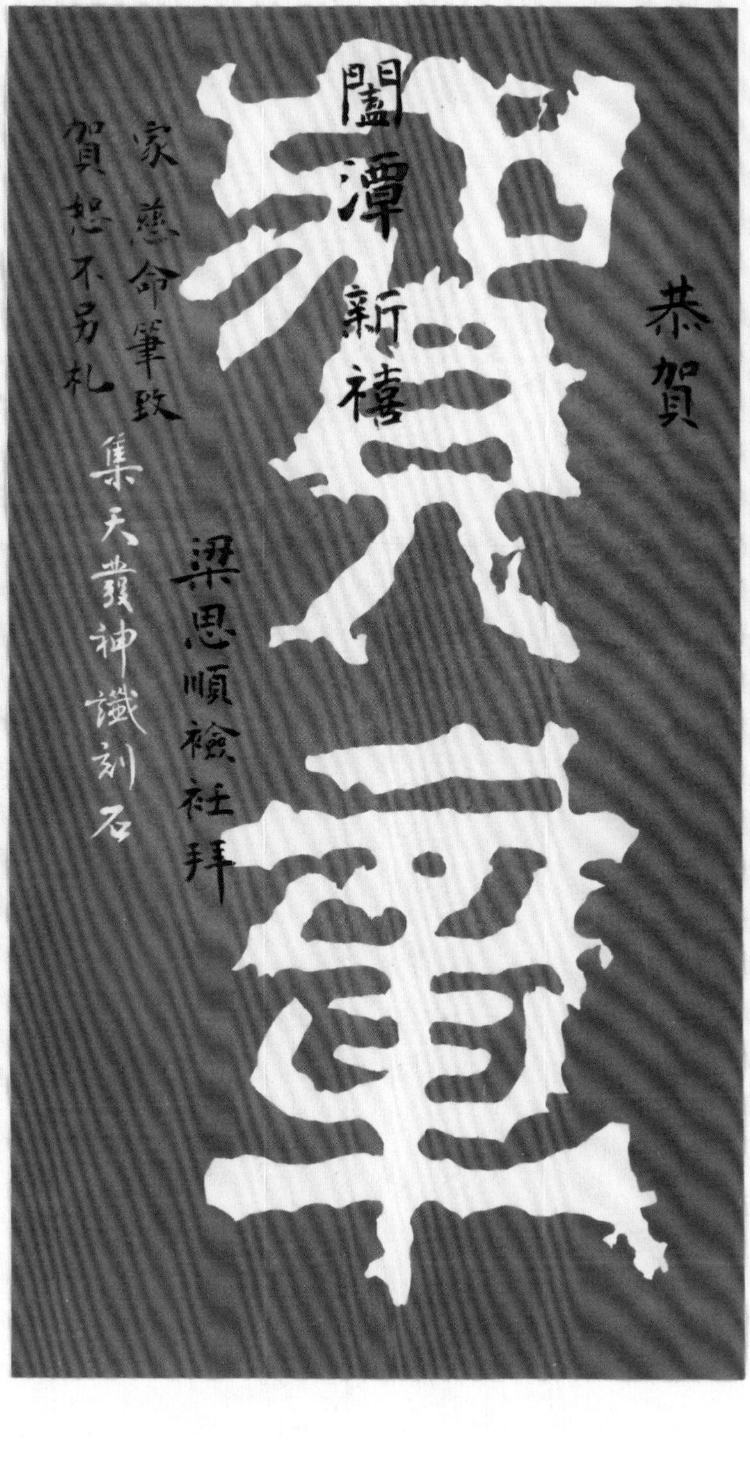


卅二　梁思順致林獻堂函三（約一九一二年一月，新曆二月）

林夫人惠啓

任公先生執事旬月來未嘗以片紙
塵瀆
左右非敢疎也直以大局紛紛方紆籌
策鄉曲之談不足為輕重徒乱人意
耳越此改歲忽蒙先頒
德音惠我無疆益增愧恧捧讀
盛旨遵養時晦以待後機云云竊謂
當斯世而有
先生彼蒼決非無意雖暫閉戶著

九九山人用箋

書終有童蒙求我之日惟慮民氣方
張國基未固藏人首謀獨立滿蒙
諸族必有繼而起者以鞭長莫及
之勢迫狡焉思啟之雄枝葉既披
危及根本朽索不馭瓦解將成
則後有聖智恐難為力已
先生神機洞照八表靡遺所望別有
懸解以釋杞憂此間蹈天蹐地無
一事可相告語繭絲之政言之彌添

九九山人用箋

不快惟祝
東山霖雨早澤蒼生庶同此坤
輿猶得望雲霓而大慰也紙短情
長諸惟
裁察恭叩
春祺並頌
潭府百祿
家祖母以下概寄聲問候
母
獻堂頓首

九九山人用箋

## 卅四　林獻堂致梁啟超函七（約一九一二年三月，新曆四、五月間）

任公先生執事睽絕以來倏已經歲
高山仰止曷云能忘嘗竊自惟向者
未嘗奉
教之先如聞麟鳳之名以為當斯世
終莫之見也何圖天假之緣丁未東遊
造次遂謁
先生於旅次爾時之快乃直雲霧睹
青天何區區之足瑞哉自爾以來數承
清訓往歲辱臨又不以為不可教欲

九九山人用箋

誘而進之門墻之列
大雅含宏愛人無已雖駑駘安敢不
自策勵徒以羈絆未能自脫苟安旦
夕假息窮壤從遊之願既未易償而
業不加修德無稍進益愧負宿昔
懃懃接納之意矣故國至今未定比
聞河西壠坻皆有異謀黨人內訌之聲
騰於中外此真負荷者之深憂也
先生雖在遠必有借箸之謀補牢之

九九山人用箋

計聞中願

賜數行以慰懸旌春夏之交雨暘無

時惟起居珍攝書不盡意敬叩

大安

獻堂頓首

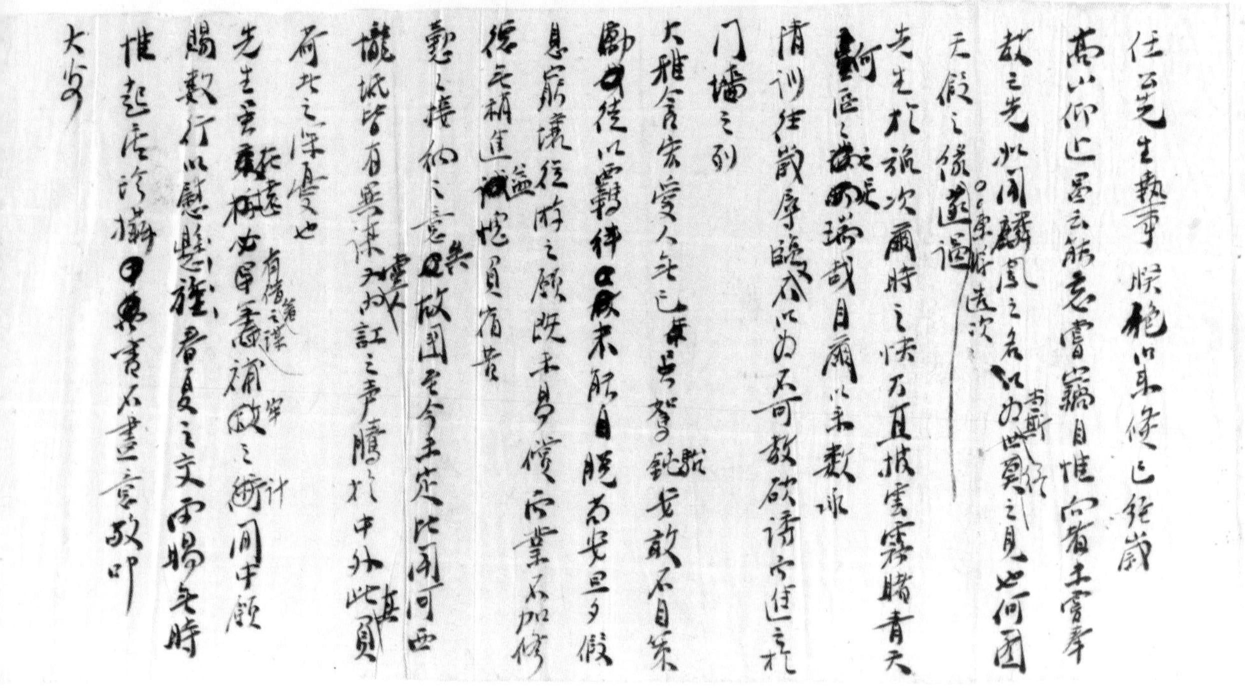

任公先生執事 睽違以來倏已經歲
高山仰止罔不能忘曾竊自惟向者生曾幸
識先生於聞麟鳳之名以為世所罕見也何圖
天假之緣遂遇
先生於旅次爾時之快不啻披雲霧睹青天
聆匡之教益既深瑞哉自爾以來數承
清訓往歲辱臨後以為不可教欲請而附之於
門牆之列
大雅含容愛人無己乃辱賜教安敢不自策
勵但徒以羈絆且家未能自脫為患旦夕假
息扈遠從府之願既未易償而業不加修
德無補進益愧負有背
懇之接納之意矣故園至今未定此間何西
識紙皆有異深入於訂之聲騰於中外此其
荷北之深憂也
先生要於遠有信之箸業補救之計間中頗
賜數行以慰懸懸暑夏之交雨暘無時
惟起居珍攝因東書不盡意敬叩
大安

任公先生執事奉
大教並立國大方針一冊再三讀竟如神
醫之說病視垣一方癥結之處無不洞
中然後徐喻以禍福之機趨避之道使
諱疾者無所匿情待斃者復有生望真
民國前途之不死藥也今舊邦維新政黨
林立多歧亡羊臧穀兩病項城雖攝盟主
之席而尺柄未操群情猜懼蓋亦困於因
應者矣連雞不棲自古而然況於民氣方

張國情未達時其害鮮有不如此者
先生早唱曲突徙薪之計國中積學深思
之士復有氣求而聲應者此書一出殆一綫
之曙光而砥柱狂瀾方待
歸輿之駕耳獻堂從游之願期以三年越馬
嘶風悲憤何極惟祝
民國前途發展於
先生之宿志海天萬里時聞好音則雖身
墜泥犁猶當西望軒眉以成一笑雅堂

九曲人用箋

之去初無間不腆贐行六百少勞

從者幸勿齒冷書不能達意惟為國

為道萬々自愛敬叩

旅安不宣

荷菴先生均此致意恕不另函

獻堂頓首

六月廿六日

九九山人用箋

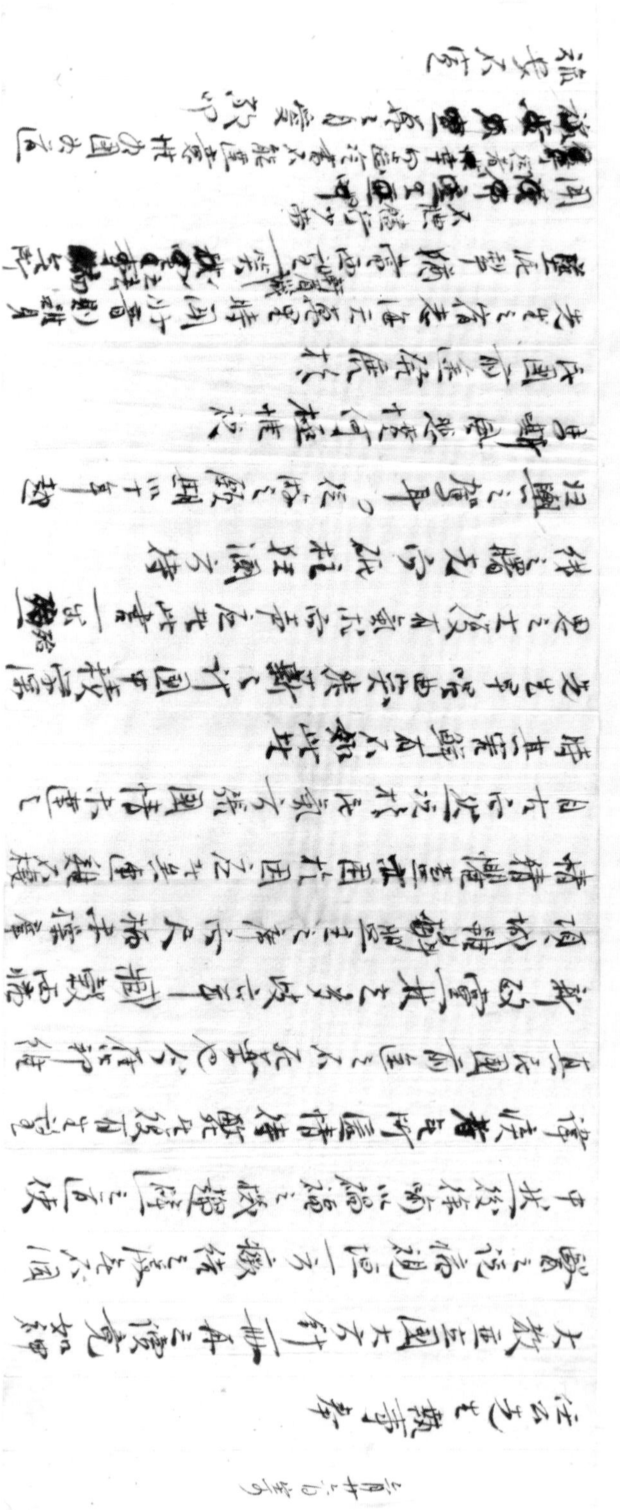

卅六　梁啟超致林獻堂函十七（一九一二年八月十八日，新曆九月廿八日）

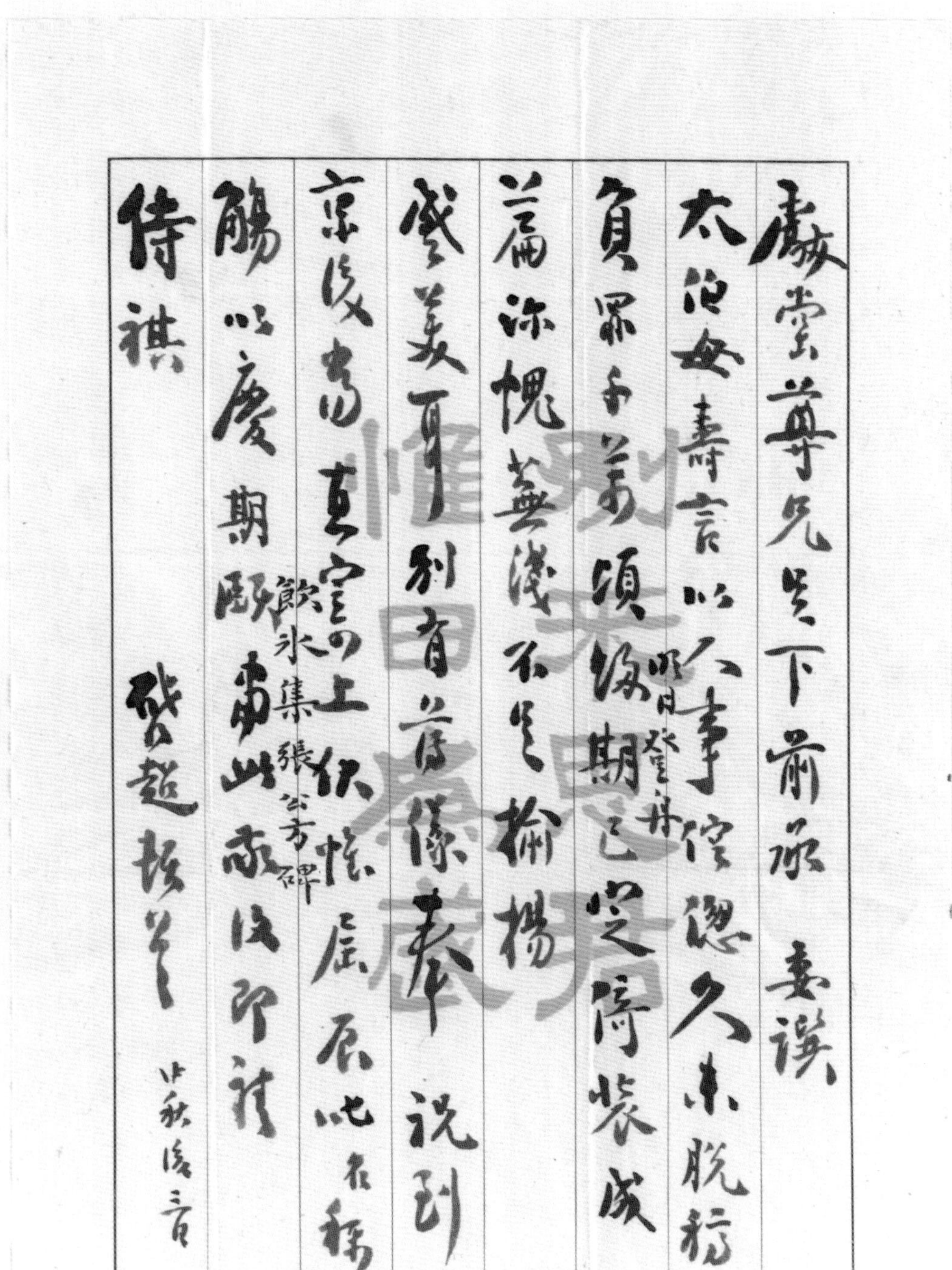

獻堂尊兄先生下：前承垂諭太伯母壽言，以冗事倥偬，久未脫稿，負罪千萬。頃須後期已迫（明日發行），倚裝成篇，辭愧蕪淺，不足揄揚盛美耳。別有肖像奉說，到京後當直呈上（飲冰集張公方碑）。伏惟屆辰比也在稱觴，以慶期頤，專此敬請侍祺。

啟超頓首　中秋後三日

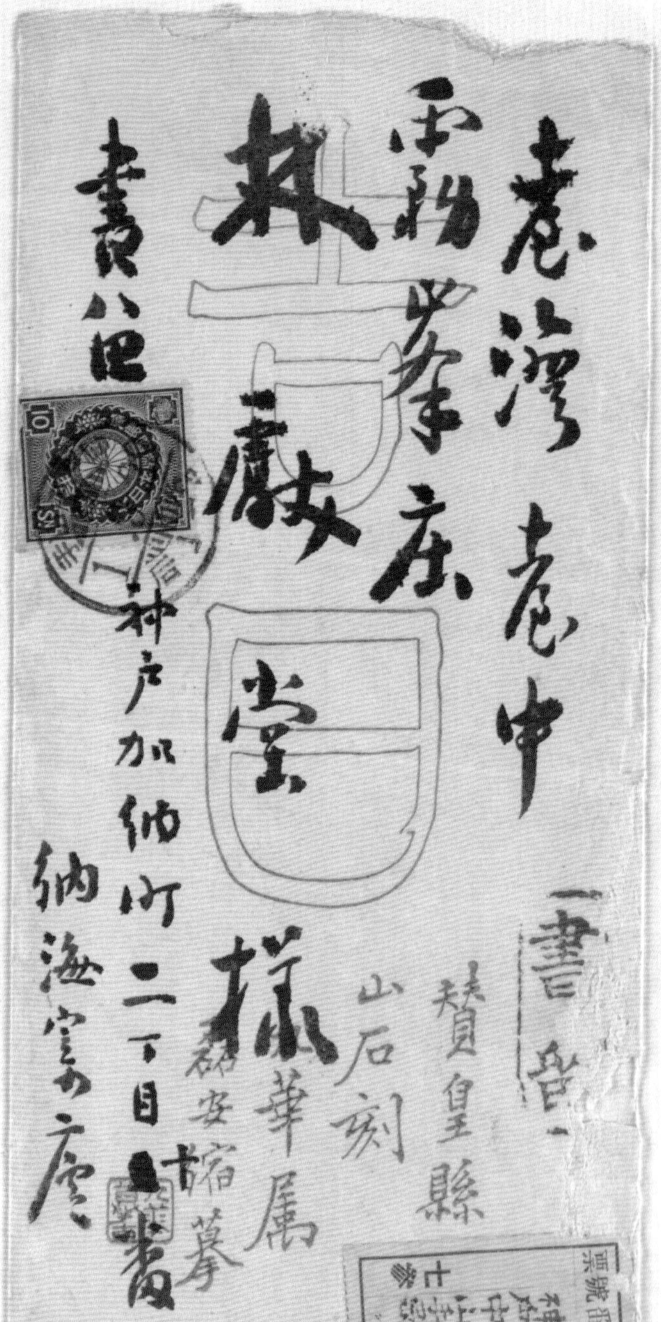
臺灣臺中
霧峰庄
林獻堂樣
書留

## 卌七　梁啟超致林獻堂函十八（一九一二年八月，新曆九、十月間）

林太恭人壽序
歲丙午余始獲交臺灣林子獻堂時余逋居日本既
九年而臺之改版且十二年矣獻堂溫而重氣靜穆
而志毅果皦然有古君子之風竊計其世德之必有
所受既而展閥族知為剛愍公從子愈益起敬越五
年余如臺觀風獻堂館余於其萊園萊園者獻堂
尊甫允卿孝廉所築以頤　母者也　母羅太恭人
年八十矣而強健尚如六十許余既升堂修謁肅瞻
懿範獻堂兄弟侍側時時作孺子容曾孫之環膝
而嬉者若雁行也盎然春氣充於閭庭余去國逾紀
習聞自故鄉來者道宗邦禮俗日媮彝倫泯焉盡然
不堪其憂及踐林子之庭而感不絕於余心也獻堂
復為余言　太恭人之初來嬪也　王考景山公率
剛愍治兵於外世以比王濟叔姪而　太恭人與剛
愍之母戴太夫人治家於內識者亦以擬鍾郝云
景山公即世　孝廉公年未弱冠　太恭人則以慈
母而兼嚴師漸以學而致之用故　孝廉公起將種
為名儒洎甲午之役法師壓境　孝廉公率羣子弟
為國捍城大吏倚之以奏膚功昔田子泰挈挈宗族
講禮徐無山中而能從容靖烏丸之難以今方古未

云多讓於時餉糈皆不仰縣官　太恭人裂帛為旗
拔釵助饟世人盛道　孝廉公之殊伐而不知居者
之勞　太恭人實專之也於戲以一婦人而能效忠
致果於國家若　太恭人者可以風矣今獻堂兄弟
秉　懿訓以自淑醇行型於鄉里俠聲著於海隅身
為逸民而拳拳父母之邦未嘗去懷仲尼稱明德達
人子與歎故家喬木余既重獻堂之義而臨睨舊鄉
乃益欷歔而不能禁也秋九月為　太恭人九袠開
一設帨之辰獻堂馳書督余一言為壽余以為　太
恭人之急公持大體與夫獻堂之承志善養舉足以
厲末俗乃敘序而歸之若乃岡陵祝禱之恒辭請以
俟諸佳客爾
壬子八月　世再姪新會梁啓超拜撰

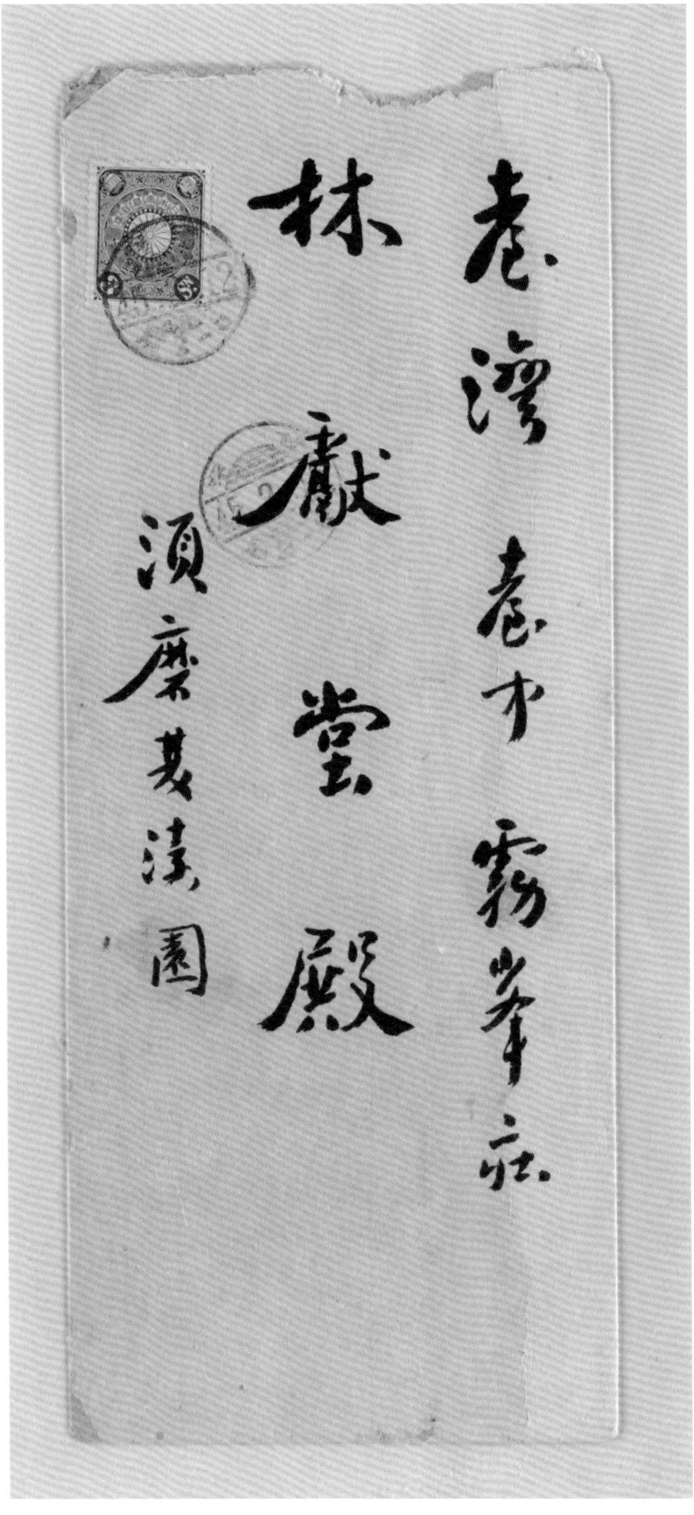
臺灣臺中霧峯庄
林獻堂殿
須磨甚溪園

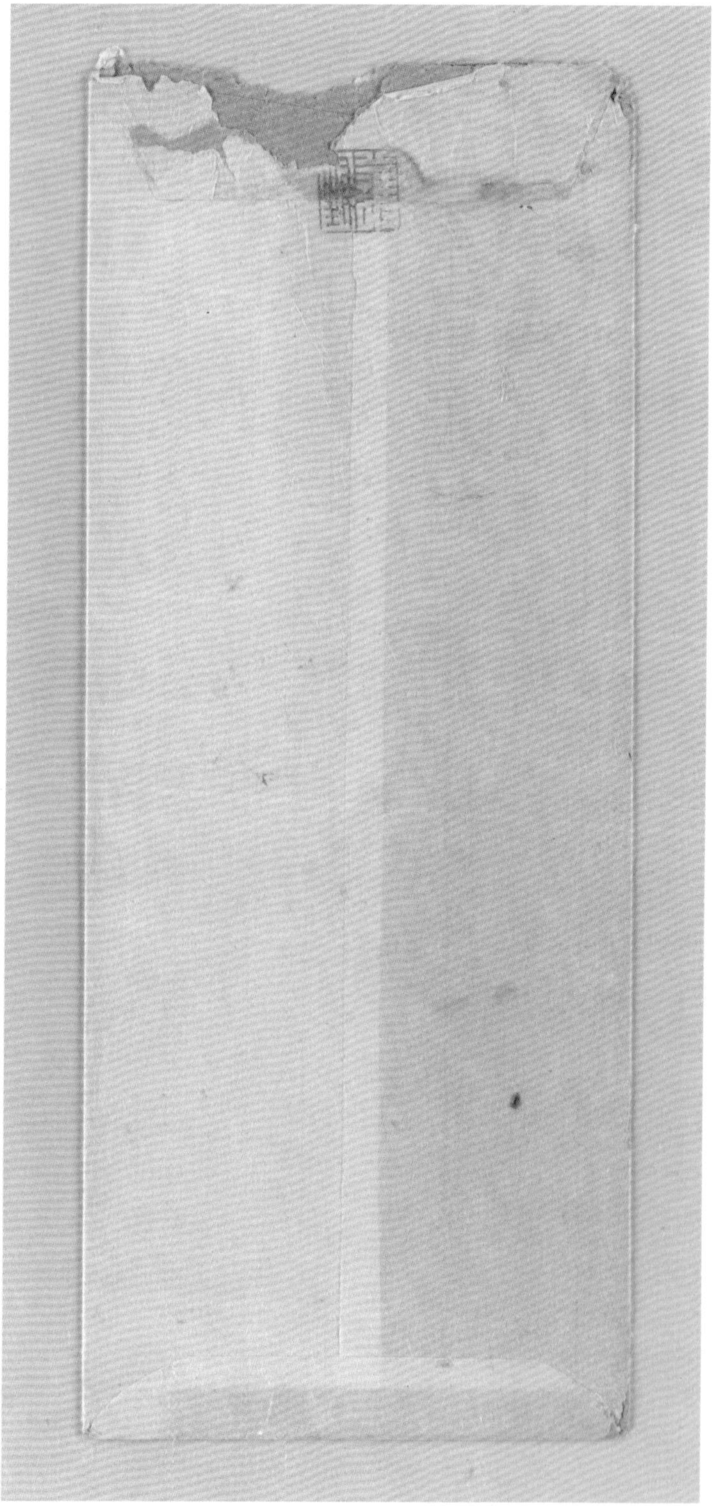

# 卅八　梁思順致林獻堂函四（一九一二年九月二十九日，新曆十一月七日）

獻堂先生惠鑒：昨奉　手示，一切敬悉。知
重闈太夫人康健勝常，　闔府萬福，甚以為慰。家
大人歸國本李亟合家同行，惟因嫺適聘彼都博學之
士數人受理生計學，明秋方可畢業，是以　家慈
留東相伴，待畢業後始歸也。　家大人現寓天津，
前月（陽歷）二十入京，本月朔歸津，滯京十日，都人歡迎舉
（飲冰集張公方碑）
國若狂，上至（自）　大總統、各國務員、各都督，下至政界、新
聞界、軍界、商界、學界，無不歡迎，每日來謁者平均

百人云今將新聞擇寄數葉可窺一斑矣津寓為日
租界榮街十七號然日內或移居北京
先生若欲通信或由嫻轉寄如何不然寄北京李鐵拐
斜街國民公報徐佛蘇先生轉交亦可妥收也耑此敬
承
侍安　梁令嫻謹復　十一月初七日
家慈命筆請　飲冰集張公方碑
重闈太夫人及　闔府安

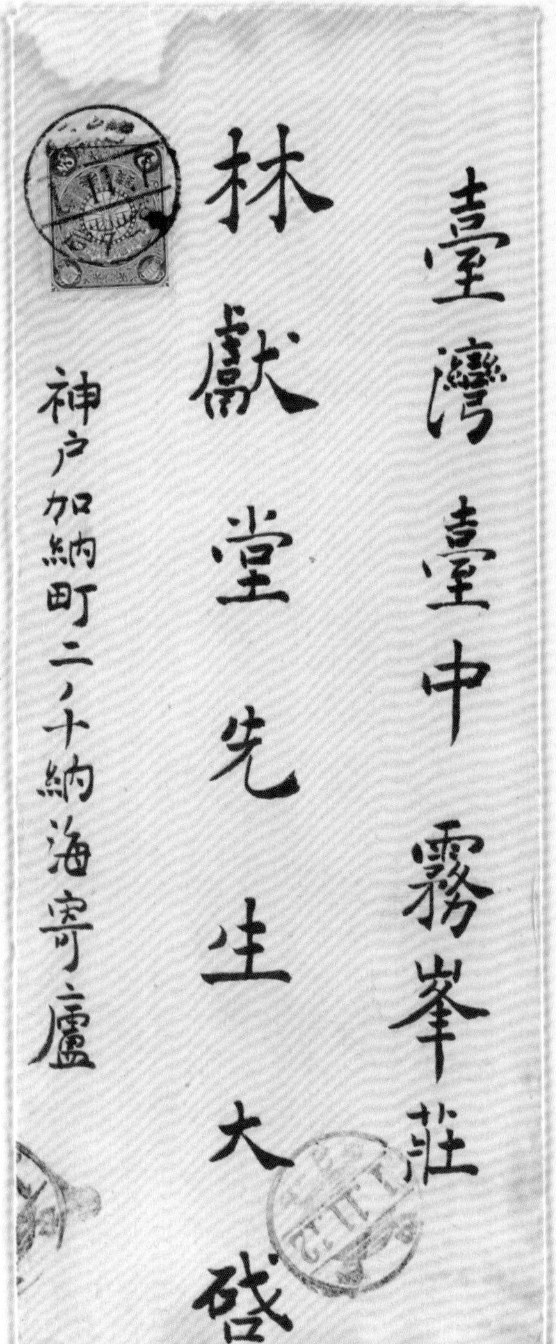
臺灣臺中霧峯莊
林獻堂先生大啓
神户加納町二ノ十納海寄廬

緘
十一月七日付郵
固

# 卅九　林獻堂致梁啟超函九（一九一二年十一月十六日，新曆十二月廿四日）

## 四十　林獻堂致梁啟超函十（一九一二年十二月廿九日，新曆一九一三年二月四日）

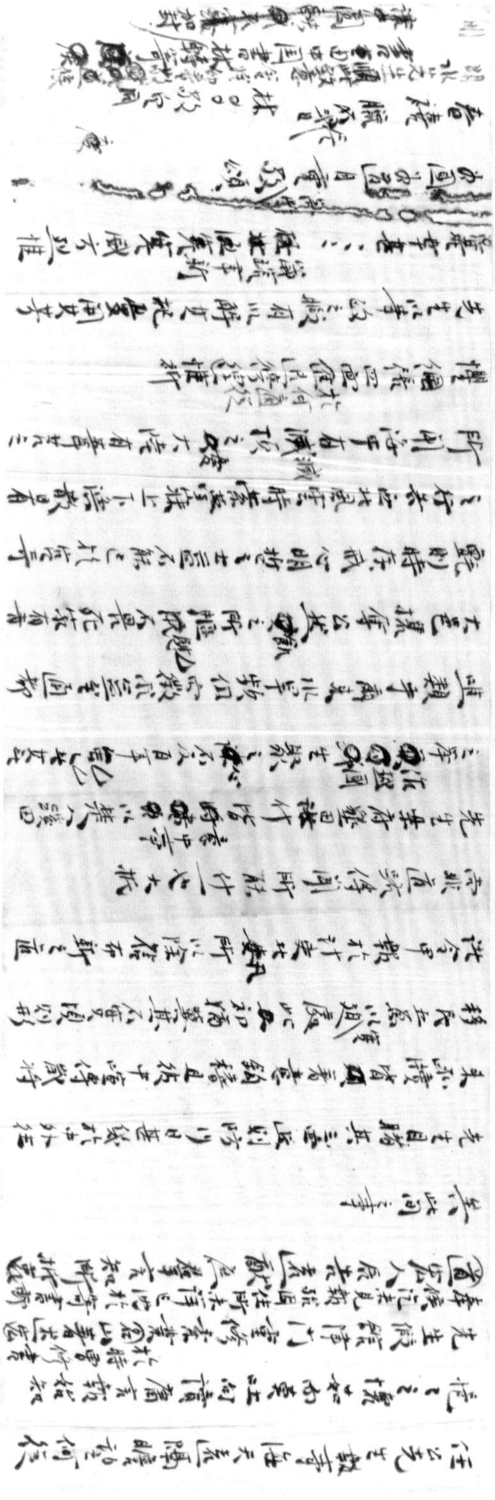

冊一　林獻堂致梁啟超函十一（一九一三年四月廿一日，新曆五月廿六日）

任公先生執事久不奉候多罪〻〻伏審
禔躬康勝譚祉增綏木鐸頻敲（声）警頑冥
於聚庶毛錐欲脫（穎）繫安危於一身
碩德宏才真令人欽仰無已也近閱各報風
声鶴唳大有南北分離之勢此不過狡焉
思逞虽不足為患只恐謠傳不息枝葉一
披危及根本耳
先生素主中央集權之說在當道果能
執之此策乘此時機以謀鞏固庶免亂
黨之飛揚跋扈則前途其有瘳乎
獻居海外鬱〻多年以未能時領
清誨為憾祈已決計屏除一切買棹西
行拜謁之期當在不遠爾時得親
手采而領教益用慰渴慕之忱幸何如之
謹此敬請
大安
蒋菴先生均此問候
○○敬白
癸丑五月廿六日寄

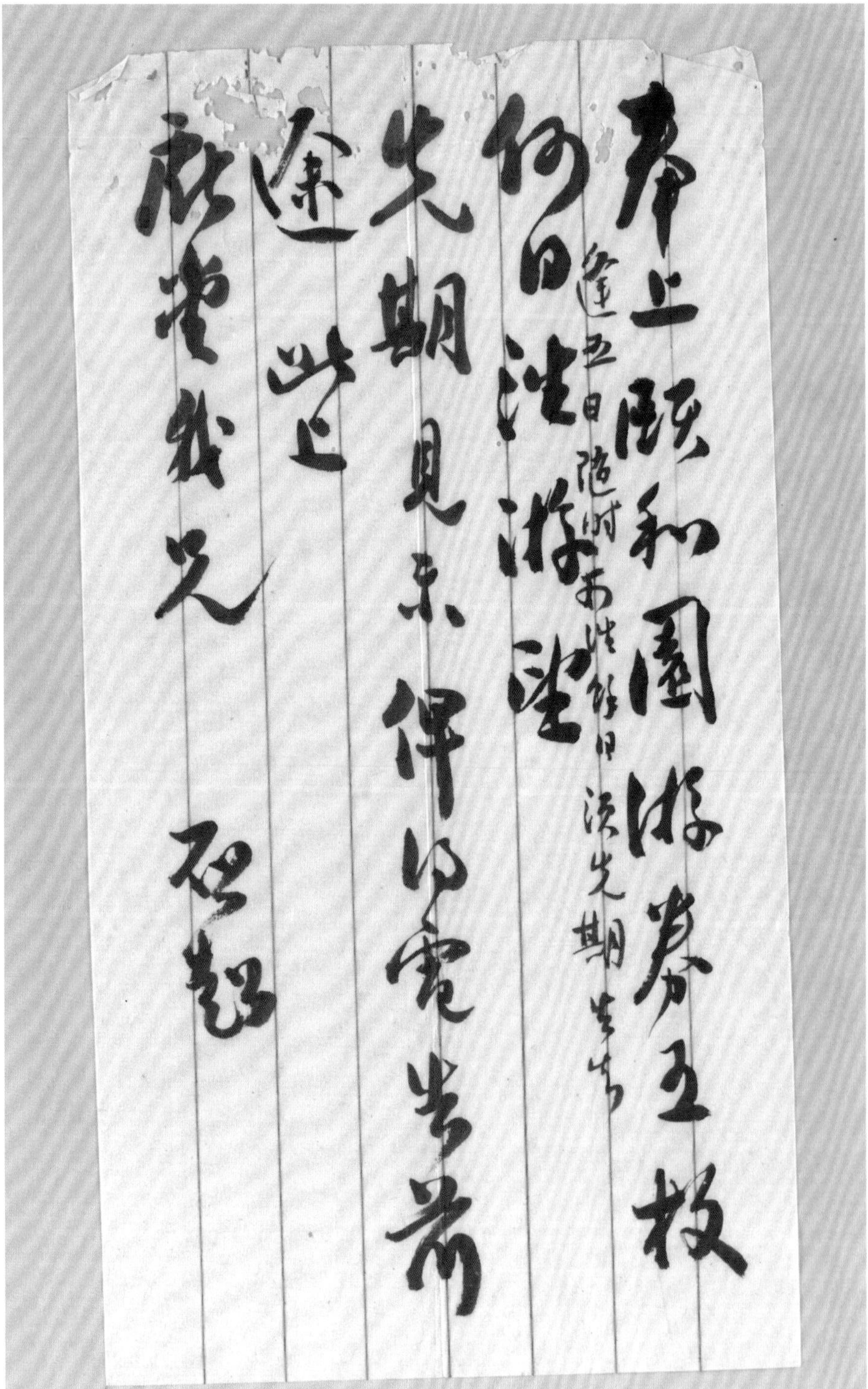

奉上頤和園游券五枚（逢五日隨時可往，餘日須先期告也）何日往游，望先期見示，俾以電告前途。此上
獻堂我兄
啟超

冊二　梁啟超致林獻堂函十九（一九一三年）

金春旅館
林獻堂先生
梁緘

## 冊三　梁啟超致林獻堂函二十（一九一三年十二月廿四日，新曆一九一四年一月十九日）

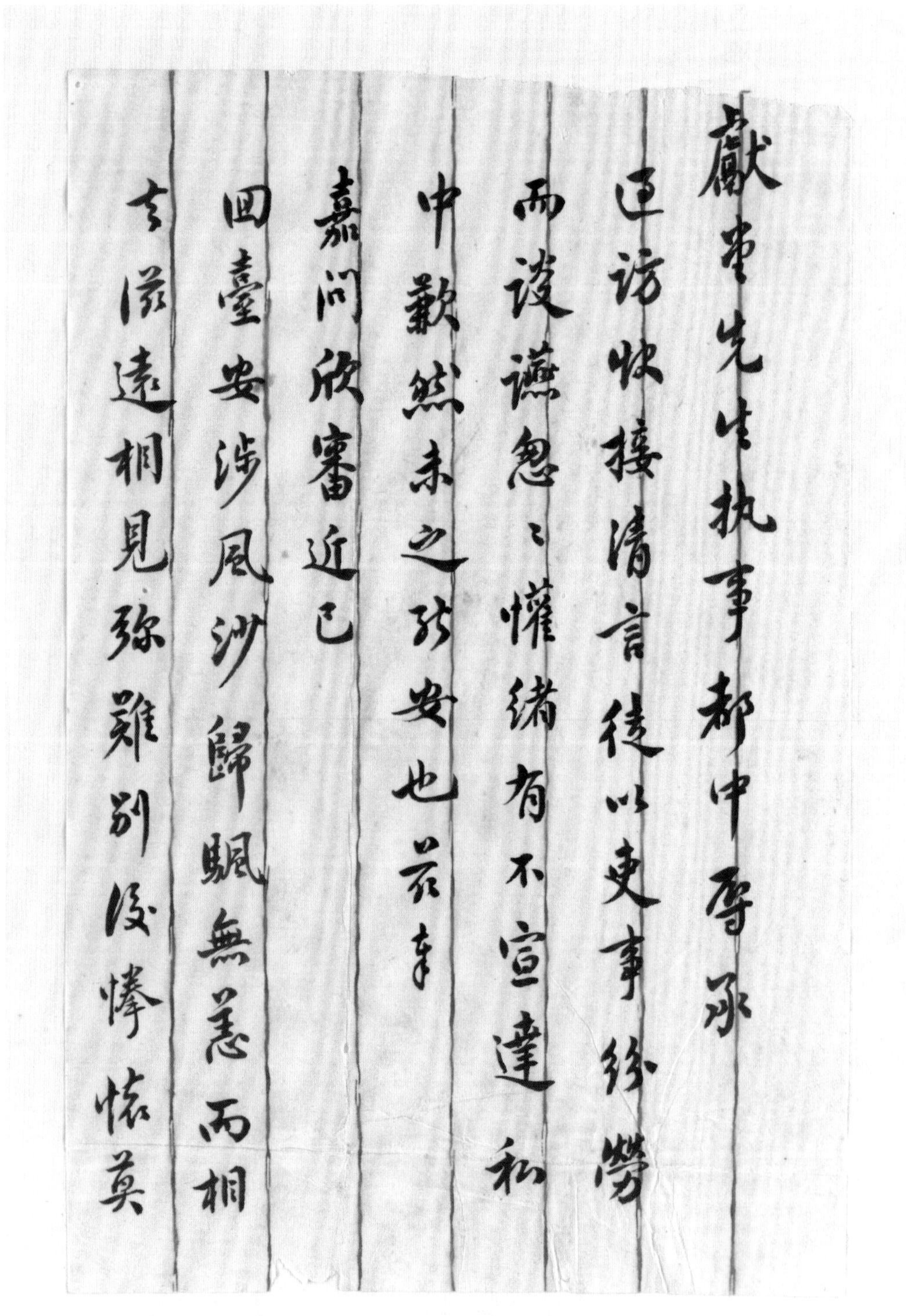
獻堂先生執事：都中辱承
延訪，快接清言，徒以吏事紛勞
而談讌悤悤，懽緒有不宣達，私
中歉然，未之能安也。昨奉
嘉問，欣審近已
回臺，安涉風沙，歸颿無恙。而相
去滋遠，相見殊難，別後悵悵莫

名譽結以今朝野多故救國急
計莫適於理財當道方銳志切
籌究非咄嗟可辦所賴在野之實
業大家相助為理庶普潤及於商
工而國家亦隱受無形之美利耳
執事心存宗國顯譽英英其於實
業之本務智計尤密僕私竊度之

謂如北京電車特可承辦不審
志趣亦以此為可小試否也中夏都
市之觀瞰寄於茲事得
執事為之籌成寧非嘉話耶冬寒
上侍
重闈益慶健壽祈於定省時一
道賤名隆頌神溯
梁啟超 十二月廿四

郵寄臺灣臺中廳霧峯
[redacted]
掛號
梁緘　十二月廿四日

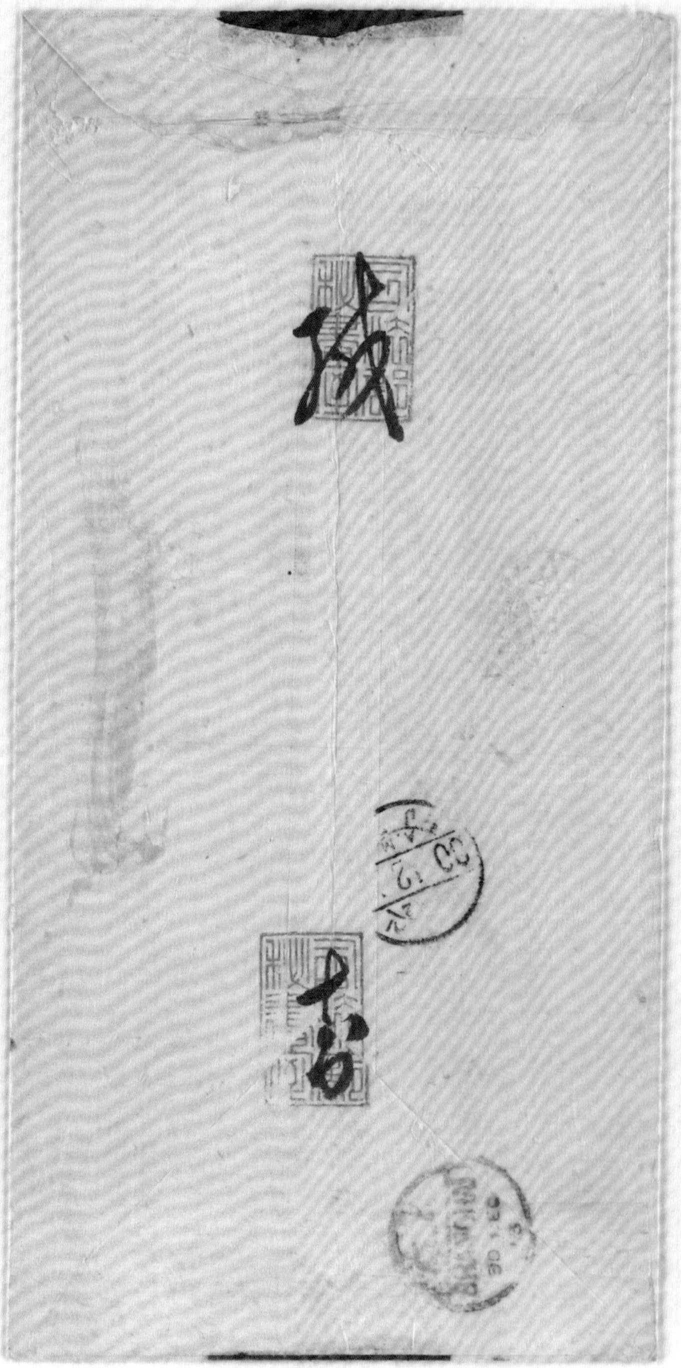

歸而笑也，悵
執事知吾生平有以
宥之。幸古比承
侍奉康福，優游園林，令人健羨。僕
亦中已而作為半年之客，目擬江西
目下之勢，多方進不可，多方退不能，深側
抑鬱，如之何說，較之

可寄跡孤嶼遠屏塵俗以恣情於文
史極之於景物繼後興亡之感亦已
霄壤之分耶今大局之患正自甚
究祇是一私字耳凡著今吾以除
此字出心可病可治惟此病爲難治耳
日以之存之佛之學可説之
徒有安心任運而已遠道寄書耶

報一二不盡縷縷也
惠贈佳蔗並鳴謝快函請
大安　弟湯崴拜
令弟暨舊游諸兄同祈　十八日

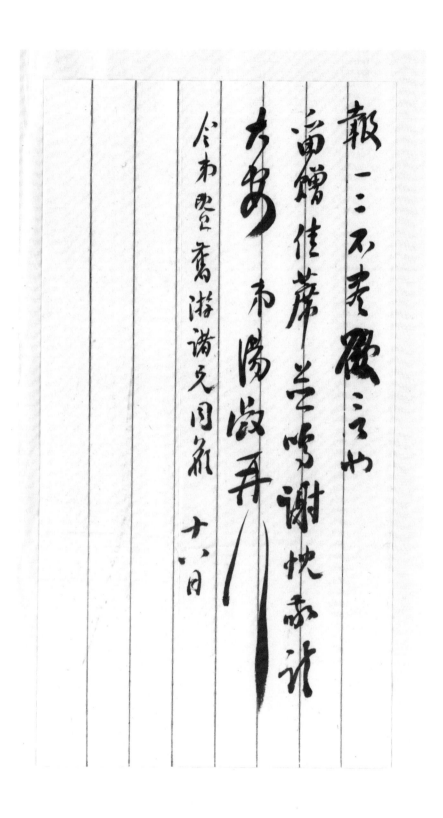

如有 賜玉請依下住所

北京西交民巷

中國銀行

湯ロカ

或北京西城根魏英胡同

湯鷹

湯りり

臺灣　臺中廳　霧峯
北京魏染胡同湯緘

# 書信編校

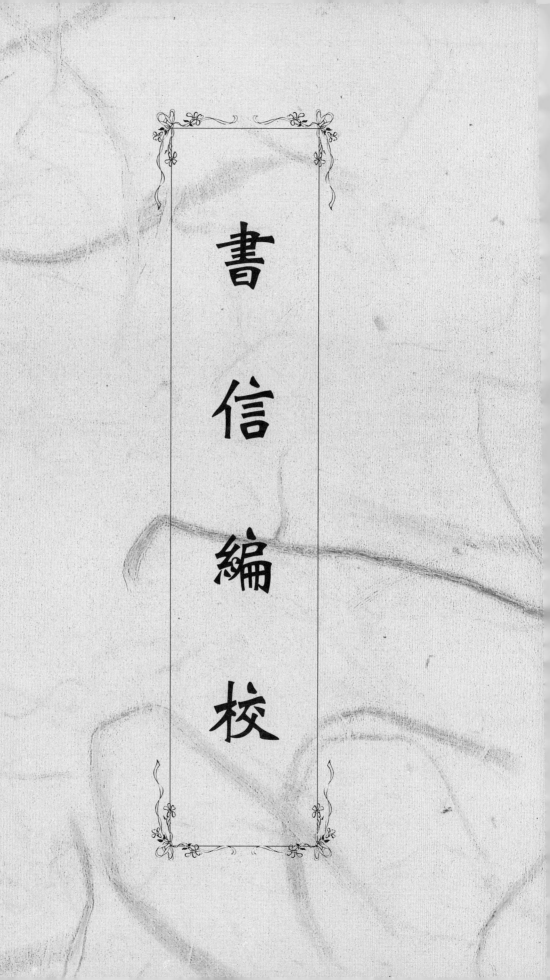

# 序　言

甲午戰敗後，清廷允諾割讓臺澎，舉國譁然。梁啟超代表廣東公車一百九十人上書慨陳時局，堅拒和議，力言臺灣不可割讓。這是梁啟超與臺灣建立關係的開始。臺灣割日之後，中國大陸來臺文人不少，章太炎、辜鴻銘、江亢虎、郁達夫都曾來臺一遊或小住一段時間，而梁啟超來臺，是平生第一次，也是唯獨的一次，其留下的詩詞文特別騰播眾口，我個人也因此整理出版《梁啟超遊臺作品校釋》一書。近年視網破損，視力模糊，重影現象日趨嚴峻，但親睹任公書信時的興奮與激動之情，猶歷歷在目，數月來仍鎮日在電腦前編校此份書信，經常徹夜難眠，隔日復逐字逐句反覆推敲整理。復熟讀《梁啟超致江庸書札》一書，為了更全面熟辨任公字體，我託友人陳思和教授購得《梁啟超未刊書信手迹》，亦因之完成中國文聯出版社印行的張品興所編《梁啟超家書》校勘記[1]，細校出該書部分遺漏或訛誤之字。

這批書信自霧峰林家處，輾轉由黃得時先生珍藏，得時先生既逝之後，復由其家屬捐贈給臺灣文學館。其中多種疑惑，個人仍不得其解，如林氏後人何以未珍藏此批書信？是當年黃得時先生撰寫〈梁任公遊臺考〉時借去未歸還呢？或是尚有其他原因呢？而黃氏之研究又何以僅應用到數封書信而已，其餘書信既未整理亦未陸續撰文討論？當我思及此批書信若非後來珍藏於黃氏家中，則一九九九年臺灣九二一大地震之際，恐亦不存人間；而書信捐贈之後，學界則仍不悉此事，完全未展開研究，如今距離捐贈亦有年矣。當我摩挲原跡，念及這近百年風霜，而墨寶安然無恙，睹此珍品，真愴然涕零，悵然良久。

在談到這批書信之前，有必要重新回顧一段梁、林交遊的一段歷史。一九〇七林獻堂到日本觀光，當時梁啟超因為戊戌變法失敗而流亡日本，由於林獻堂求見，得邂逅於日本奈良旅次，二人遂入室筆談攸關臺人的前途、命運以及抗日運動的路線、策略和手段等議題，梁氏對談中曾寫道：「本是同根，今成異國，滄桑之感，諒有同情……今夕之遇，誠非偶然。」（見葉榮鐘〈林獻堂與梁啟超〉）。一九一〇年春天，林獻堂再度攜長、次二子前往日本東京就學，在即將回臺的途中，又往訪梁啟超於神戶住所，並邀請梁啟超到臺灣訪問，次年（一九一一年）辛亥春，梁啟超偕同女兒（令嫻）應霧峰林家等臺灣遺老之邀來臺，雖僅短短十餘日，卻遺下近百首詩詞（詩八十九首、詞十二首），對遺老、新一代臺籍知識青年發揮了相濡以沫的情感交流及振聾發聵的啟蒙作用。梁氏回日本之後復時有書函致意，閱讀此批書信，尤令人深深感受到其血肉豐滿、鮮活可觸的形象宛如在眼前。

梁啟超來臺期間，與櫟社社員唱和，更親題萊園名勝十二絕，對該社詩人在思想上學問上影響極深，曾勉灌園先生：「不可以文人終身，須要努力研究政治、經濟、社會思想等問題。」而梁氏自己也說：臺灣之行在他的生涯中，是具有相當意義的。此次遊歷，他寫下為數可觀的不朽篇章，這些作品被陳石遺（衍）譽為梁氏詩中最好的作品。梁氏來臺對臺灣詩壇（或對櫟社）之影響可從櫟社一九一二年徵詩得知。櫟社慶祝成立十週年之際，以〈追懷劉壯肅〉一題向全臺各界公開徵詩，題目乃沿用一九一一年梁啟超來訪時之命題，徵得作品數量多達九十首，體裁包括五、七言古體詩，及近體七絕、五律、七律等，作者涵蓋臺灣北、中、南各地詩人，內容豐富而多元。距梁任公來臺之後十年，他的文章〈人生目的〉刊於《臺灣文藝叢誌》三年一號（一九二一年一月十五日），演說詞〈為學與做人〉刊於《臺灣文藝叢誌》五年四號（一九二三年四月二十五日），梁氏文章的被選錄，正可見櫟社對他的崇仰之情未減。

現在這批書信的出現，可說是在《飲冰室全集》或《梁啟超未刊書信手迹》之外，另一寶貴史料，不論是對梁啟超的研究或者是林獻堂的研究，絕對是最值得保存，最值得印行的文獻史料。在九十五、六年的今天（二〇〇六年），得以倖存，其墨色仍光亮煥然，書法俊秀飄逸，堪稱佳品，在感動與欣喜之餘，遂儘速編注以供學術界參研，並誌此中淵源。

本書所錄係一九〇七年至一九一四年間與林獻堂、林幼春等往還之書信。若加上梁思順、湯明水致林獻堂函稿，共四十五通。書札時間大體可考，第三函至第六函，應寫於一九一〇年，第七函至第三十一函，應寫於一九一一年，第卅二函至第四十函，應寫於一九一二年，第四十一函至第四十三函，應寫於一九一三年，另一九〇七、一九〇八、一九一四年各一封，最後一封（第四十五封）湯明水信函推測是一九一三年。其中以一九一一年二十五封最多，足見往返頻繁，後任公回國忙於國事，中台兩地書信往返也較不便，數量漸少。梁啟超所用信箋極講究，為其自製「飲冰集張遷碑字　寫陶句自制箋」、「集張伯敦碑」、「飲冰集張公方碑」、「滄江集張遷碑字」、「飲冰集史晨碑」等等，樣式極多，所用箋紙，頗費選擇及設計，墨蹟則凜凜生風，似欲飛舞以出，誠可謂是文學、美學、文物、書法等藝術之結合。為近代史研究提供了鮮為人知的資訊與材料，另外也為書法藝術研究者提供了藝術欣賞的範冊。

本次影行出版，其行款、大小悉按原式，封面、封底亦附上（可見發信之處、發信之時間、收信時間），先後排序則考其信件內容、封面郵戳以定次第。書札內容或敘詩學、治學之觀念，或涉及中國政情，或抒別後情懷，或為活動所需勸捐，內容不一，莫不見彼此切磋砥礪之情。援就所知稍加註釋，聊供治文史者參考。原信函不註句讀，酌加標點，雖竭力從事，魯魚亥豕不免，識者斧之，俾本書如再版時得以修訂。

許俊雅 謹誌 二〇〇六年九月

1 吳銘能亦藉《梁啟超未刊書信手迹》，完成〈臺北世界書局版《梁任公先生年譜長編初稿》校勘記〉，收入氏著《梁啟超研究叢稿》，臺北：學生書局，二〇〇一年二月初版，頁三二九～三七五。足見梁氏手跡原件之重要。

# 編校說明

一、本書主要收錄梁啟超與林獻堂往來書札，亦以此為書名。然梁、林二人的知交親朋的書札，關係至大，因此一併收錄。凡四十餘封，上起一九〇七年，下迄一九一四年，先後達八年。信函作者除梁、林外，尚有林幼春、洪棄生、林癡仙、湯覺頓、梁思順、林榮初，凡八位。

二、這批書札原件或藏於國家臺灣文學館或國家圖書館，或私人典藏，是學界首次披露的珍貴史料，清晰反映了梁、林二人的情誼，尤其兩岸文化文學的交流，對梁氏的政治活動、詩學思想等提供了彌足珍貴的參考資料。

三、本書信札原無排序，信函亦多僅署日期，編者通讀全函，設法排比整合，編輯成書。分別按日期先後排序，視信函內容，擇引相關資料為附錄。

四、信函作者所署日期或舊曆或新曆，或干支或日治年號，為方便瀏覽，年代換算為西元，新舊曆並呈。

五、本書特將信函原稿排版印製，藉存其真，方便研究。先列原稿，後列釋文。若干信函為草稿，原件已不可得，而其史料珍貴，故全錄之。至若草稿、原件並倖存者，則二者一併收入，亦可相互觀讀比對。

六、各信函原無標題，今以「某人致某人函」酌加標題，其下並標函札數量。

七、釋文對原信函予以重新斷句標點，並略作註釋，以助了解。書札內之敬稱，原空一字或抬頭的，亦均一律空一字，其分行分段悉依原件，方便讀者比對原文。

八、原信函殘缺或難以辨識之字，以□符號標示。

# 目錄

# 一 林幼春致梁啓超函（一九〇七年六月十五日）

海島纍民幼春[1]謹啟

任公先生執事：幼春生年十六罹滄桑之變，淪胥于此十有三年，年廿八矣。每念檻猿囚鶴，輒欲破壁飛去，而舉族百餘，戀於蜀豢，握拳嚼齒，憤無可伸，咄咄終日，如有心疾。當 南海[2]先生受知之年，雲興霞蔚，天下企踵。幼春竊竊私喜，以為祖國中興，我海島之民其有后來其蘇之一日也。佞臣貪祿，釀成牝朝，南海先生與

先生同時去國，斯時心灰望絕，每閱報紙，淚不覺其承睫也。台灣蠻鄙之鄉，聲化素隔，略識文字，已成鳳毛，雖為血氣之倫，實同毛角之族，淪胥已[3]來，務為繭絲之政，其黠者狐媚百端為之倀，以求免於禍，其愚者魚肉唯命鼎俎是甘。加以學校程度甚低，開化無期，生計之途日窘，謀食不易，此島利藪，向以米糖茶栳為四大宗，今其三已奪於政府外商之手。惟農一道，尚足資生，而國賦之外，別有常供，什一之征，不啻四倍，雖至愚者亦知溝壑不免，其稍有知覺者，能不汲汲顧影乎！大抵天演之世，受制外族，大率如此，印度、越南已成前轍，無俟含淚隕血向

先生喋喋也！

先生救國之誠，薄海同欽，再造玄黃，必有成算。如或憫此一方，游轍南指，引繩批竅，為之導迷，則螳斧之微，雖碾骨為塵，尚能為厲也。家叔東游，歸[4]亟云於途次曾拜几席[5]，並有渡台之約，不禁距躍三百，今茲冒瀆，惟先生憐其頑愚，有以教之。割台後之第十三年 六月十五日[6]頓首白。

---

1 林幼春（一八八〇～一九三九），名資修，字南強，晚號老秋。生於福州，四歲時隨雙親返臺，定居臺中霧峯。從小聰慧好學，博覽群書，且好讀新書雜誌，因此學兼新舊，思想開闊。師事三水梁鈍庵先生，詩境益高，曾撰〈諸將〉六首，論臺灣民主國事。乙未劫餘，懼斯文將墜，與叔父癡仙等倡興「櫟社」，發揚漢學，潤敷風雅。後又與蔡惠如等人創立「臺灣文社」，有功臺灣文運。梁啟超對幼春頗為賞識，有「頗聞阿咸最秀拔，磊磊羅胸皆文史」句。

2 康有為（一八五八～一九二七），字長素，改字更生，晚年又字更甡，清學者及政治家，南海人。治經以今文為宗，旁採當時流行的西洋學術思想，自成一家言。光緒二十四年（一八九八），以工部主事贊德宗行新政，失敗後亡命日本，組織保皇黨；民國成立後，謀復辟，迄無成。著有《孔子改制考》、《新學偽經考》、《大同書》、《春秋董氏學》、《春秋筆削大義微言考》、《孟子微》等多種。

3 編者按：「已」，宜作「以」。

4 指林獻堂丁未年初次遊覽日本，途中拜訪梁啟超事。詳見下一則註釋。

5 據同行者甘得中先生之回憶：「某日訪任公先生於橫濱新民叢報館，迄無要領，轉往大同學校晤林儒校長，告以來意。林氏謂：任公不在這裡，請向神戶同文學校問湯覺頓校長。歸途游奈良，寓某旅社。時既薄春，細雨霏霏，余翻閱旅社登記簿，有三位祖國人在焉。曰潘博、陳筥笙，餘一位忘其姓名。知陳氏為新民叢報發行人，必知梁先生現在何處，即詢下女，偕上三樓。至廊下，囑下女持片入請。她云不必。正在談話間，室內突走出一位，問何事？

答以我臺灣人，欲知梁任公行蹤於潘、陳二君。那位又問：你找他何事？余說：素讀他文章，乃懷仰慕，冀一識荊耳。那位乃相揖入座。即曰：我即梁啟超也。聞之喜極。乃云有位先輩，現在二樓，即邀與俱來。又會晤時，潘、陳二氏在旁，各打招呼。翁即出林儒氏之介紹信。繼云：我們處異族統治下，政治受差別，經濟被榨取，法律又不平等。最可悲痛者，尤無過於受愚民教育。處境如斯，不知如何而可？先生答稱：三十年內，中國絕無能力可以救援你們，最好效愛爾蘭人之抗英。在初期愛人如暴動，小則以警察，大則以軍隊，終被壓殺無一倖存。最後乃變計，勾結英朝野，漸得放鬆壓力，繼而獲得參政權，也就得與英人分庭抗禮了。乃舉例說：英國漫畫家繪兩位愛爾蘭人，以一條繩索各執一端，將英首相絞殺。這意味著愛人議員在英國議席不多，但處在兩大黨之間，舉足輕重，勢固得以左右英內閣之運命。你們何不效之。我們聞之，真是妙不可言，自是銘心印腦。繼請先生來臺一遊，梁先生曰：我早有此想，因曾聞後藤新平說：臺灣如何進步，極事鋪張，且云非如李鴻章所謂臺灣人強悍難治也。如果後藤所說，將來或可為我國借鑑。翁繼云：大駕如果光臨，必請日本中央政府顯要為先生介紹。蓋日人深忌我們與祖國人士接觸，先生頷之。當夜之談，余為翻譯，國語既不太高明，而先生廣東腔之國語，亦實難懂。間雜以筆談，先生筆鋒銳利，議論雄偉，見識卓越，固非尋常者所能企及。……先生初落筆則曰：『本是同根，今成異國，滄桑之感，諒有同情……，今夜之遇，誠非偶然……』其傷時懷世之情感，早已動人，幾使我們為之淚下。翁臨別，特請任公將當日筆談之稿底攜回，以便轉示族侄林幼春一閱，任公點首稱善。」

6

函文云：「家叔東游，歸亟云於途次曾拜　几席，並有渡台之約」，復謂「年廿八」、「割台後之第十三年」，可知此信函時間為丁未一九〇七年。

## 二 梁啓超致林獻堂函一（約一九〇八年）

人境廬詩集[1]奉贈。初殺青，尚未布於世也。敬上
獻堂[2]兄長　啟超

1 近代著名詩人黃遵憲（一八四八～一九〇五）與梁啟超是肝膽相照的同鄉忘年交，光緒二十二年（一八九六）黃遵憲邀請梁啟超到滬創辦《時務報》鼓吹變法，是近代「維新派」的著名改革家。戊戌變法期間署湖南按察使，助巡撫陳寶箴推行新政。尋奉命出使日本，未行而政變起，遂罷歸故里。而梁氏亦流落海外。後來二人恢復通訊聯繫，書信往來不斷，其中於一九八二年公諸於世的《黃遵憲致梁啟超書》，便披露了對梁啟超宣傳功業的推崇與文字魅力的傾倒。二人心心相映，可謂歷代文人交往之典範。黃氏工詩，喜以新事物融鑄入詩，有「詩界革命導師」之稱，自定詩集名《人境廬詩草》，另有《日本國志》、《日本雜事詩》。梁啟超此信時間不詳，封面僅約略見得七月十六日寄至臺中，推測年代或為一九〇八年後。因康有為《人境廬詩草・序》寫於光緒三十四年（一九〇八）夏至，而此書「初殺青，尚未布於世」。梁、林於一九〇七年秋相識，迄一九一一年春梁氏遊臺期間，二人偶有書信往返，遊臺之後書信往返遽增。

2 林獻堂（一八八一～一九五六），名大椿，號灌園，臺中霧峰人。林文欽長子，在頂厝五堂兄弟中，排行老三，人稱「阿罩霧三少爺」，梁啟超來函有時亦署「林三老爺獻堂大啟」。曾任霧峰參事、區長。一九一九年加入新民會，並任會長。一九二一年十月十七日文化協會成立，任總理，以後成為臺灣民眾黨顧問，再組臺灣地方自治聯盟，致力於民族運動；盡力於保存漢文化的工作，三十歲參加櫟社，即使在日人統治後期仍不改其維護漢文之決心。戰

後，任臺灣省參議會議員，後又任參政員、臺灣省政府委員。退任後改任臺灣省通志館館長及臺灣省文獻會主任委員，並任彰化銀行董事長。一九四九年九月廿三日赴日後，直至亡故，不再回臺。其著作以《環球遊記》最為膾炙人口。林氏留有自一九二七至一九五四年的日記，允為臺灣史上最重要的私人文獻，《灌園先生日記》由許雪姬整理陸續出版中。

## 三　梁啟超致林獻堂函一（一九一〇年十月八日，新曆十一月九日）

獻堂仁兄足下：兩接
光宇[1]，敬慕逾深，雖重譯通辭，有懷不吐，
然深知
足下品節高尚，懷抱悱惻，竊自欣得一
歲寒良友也，惟別以來，循繹
足下所言，憤結莫可自解，昨輒成一長歌
奉贈[2]，儻亦所謂〈小弁〉之怨耶。故國險艱日甚，
幸民氣大昌，此次得奉速開國會、建設責
任內閣之　明詔，一線生機或將在此，湯君[3]即
以此事入都請命，今幸有成，非久當復東
渡，僕游臺之志，蓄之已久，湯君既返，必當
聯袂奉造，何時首塗，更當相聞，期與
足下作十日譚，共抒胸臆耳。率請
大安
幼春兄並此致候
　　十月初八日[4]期梁啟超頓首

## (一)奉贈獻堂逸民先生兼簡賢從幼春

奉贈

獻堂逸民先生兼簡

賢從幼春[5]

林侯嶔奇將門子，今作老農友
鹿豕。窮秋訪我雙濤園[6]，自陳所
歷淚如泚。自從漢家棄珠崖，煢煢
視息既逾紀。天地無情失覆載，
父母義絕疇怙恃。逝將去汝靡所
逃，謂他人昆莫我以。前年府令築
鐵路，料地考工集輸倕。連畦千
里沒入官，區區券直不余畀。去年大
尹修市政，滌盪穢瑕道如砥。井堙
木刊偏窮邑，老屋十家九家毀。此邦
炎燠土宜蔗，家家樹藝得生理。一從
製糖會社興，攘取吾羭紾諸臂。
虎威狐假尚有然，澤竭魚勞可知
矣。近師王呂作保甲，百室為閭閭十

比。一人犯科十人坐，知而不訐法隨抵。偪仄過於束溼薪，螮蝀橫空孰敢指。頗聞彼都盛學術，橫舍如林塞縣鄙。今宅新邑亦何有，博士倚席堂生杞。偶募學僮肄假名，取備象鞮服驅使。聞政講武皆有禁，所畏群雛生爪觜。居恒凜烈作鸇逐，或亦噢咻市狙喜。吁嗟僇民不可說，盡日踽行荊棘裡。為鬼為蜮避無所，呼牛呼馬應俱唯。羲苗軒裔彼何人？海枯石爛今如此。我聞憯愴不能終，相對瀉淚如鉛水。林侯林侯且莫悲，君看天柱行崩圮。孑遺久視誰能期，萬方同患君先耳。殷頑箕子已為奴，夏胤淳維復不祀。祇今中原一塊肉，手足剝落成人彘。豺狼在邑人命微，蛇龍走陸地機起。彼昏日醉更何知，我生靡樂今方始。篋中亦有龜手藥，能活邦國出九死。余音嘵嘵哀且號，聽我藐藐如充耳。有時孤憤結中腸，逝將一瞑不復視。閬鳳緤馬忽反顧，膴膴吾土吁信美。誰能太上竟忘情，況行正半九十里。丈夫未死未可料，萬一還能振物恥。假如天遺老巖壑，立言亦當百世俟。安能坐視千聖心，遽及余生墮泥滓。以茲勗君還自繩，君當收涕啟粲齒。河梁十月水清淺，霧峯遠接蓬萊紫。行將買棹從君遊，更接清譚挹蘭芷。頗聞阿咸[7]最秀拔，磊磊羅胸皆文史。為言置酒無算爵，待我與之澆塊壘。

宣統二年庚戌九月[8]

梁啟超初稿

---

1 指一九〇七、一九一〇年兩次見面。

2 請見本函(一)。由林獻堂回函可知詩併同信函奉郵，林氏一九一〇年十月信函云：「爾時適接先生初八日所發詩函」。

3 指湯覺頓（一八七八～一九一六），名叡，號荷庵，人稱明水先生，先籍浙江諸暨，父為官廣東，遂移居番禺。自幼勤奮好學，與梁啟超同門於康南海萬木草堂。時值清朝末年，目睹內憂外患，民不聊生，萌發變法強國之感，乃離家北上，戊戌政變後赴日本。一九〇〇年潛回國內，參加唐才常起義。失敗後再度流亡日本，執教於橫濱大同學校漢文教員，並研習經濟學。曾與梁啟超在東京發起組織憲政會，後回國運動開放黨禁。辛亥革命後歸國，出任北洋政府財政部顧問（一九一二）和中國銀行總裁（一九一三），開創現代財政金融事業，以期實現強國富民之理想。然因袁世凱（一八五九～一九一六）專制弄權，國事日非，憤而辭職。比及袁世凱帝制自為，背叛共和，乃反帝制、討袁護國及主參加歐戰，一九一六年四月十二日為廣東軍閥龐濟光部屬顏啟漢暗殺死難。見梁啟超〈番禺湯公墓誌銘〉，《飲冰室文集》第八冊，（臺北：中華書局，一九七二年，頁一五～一六）。湯氏於幣制、財政致力特勤，在日本時與啟超同居神戶須磨，「望橫而居，晨夕過從」（見梁啟超〈雙濤園讀書〉詩之附記），二人思想趨同。梁啟超曾作詩〈荷庵除夕牙痛，作詩調之〉，言語詼諧，別具情趣，可見二人之交情。

4 僅署舊曆月日，然信封郵戳時間明治四十三年（一九一〇）十一月（新曆），知其年份為一九一〇年。本信函有「昨輒成一長歌奉贈」，殆指〈奉贈獻堂逸民先生兼簡賢從幼春〉，此詩詩末署時間「宣統二年庚戌九月」，即一九一〇年九月。信函謂「昨」輒成一長歌，乃泛言，應非實指昨日十月初七。

5 梁氏此時尚未至臺，詩中所述內容，宜是據林幼春信函（見前）。另、本詩之詩題據「飲冰室文集」（中華書局版），作「贈臺灣逸民某兼簡其從子」，首句「林侯」作「某侯」，又「霧峯遠接蓬萊紫」，《飲冰室文集》刪除「霧峯」兩字，作□□。黃得時謂：「這是任公深怕要是知道此詩是寄給林獻堂先生及其從子林幼春先生，一定會對林氏加以壓迫，所以將真姓名刪去，可以窺見梁任公深謀遠慮的一端。」見氏著〈梁任公遊臺考〉，《臺灣文獻》第十六卷第三期，一九六五年九月，頁九。

6 雙濤園，在日本神戶須磨，是華僑麥家的別墅，別墅有座大花園，連著一片直往海濱的松林，海濤聲和松林間的風聲迴盪，梁氏稱之為「雙濤園」。

7 指林幼春。梁啟超〈贈林幼春〉：「南阮北阮多畸士，我識仲容殊絕倫。」以阮籍、阮咸稱譽林獻堂、林幼春叔姪。仲容為阮咸的字，「殊絕倫」一語，意同本詩「最秀拔」，可見梁啟超對幼春之賞識。

8 宣統二年庚戌，即一九一〇年。

# 四　洪棄生致梁啓超函（一九一〇年）

梁先生任公道兄閣下：久聞大名，不勝欽挹，恨昧平生，未達尺素。近日有霧峯林家遠遞尊詩，託敝友來徵和作。自維慌陋，未敢率爾效顰，然筆墨有緣，不免見獵心喜，爰即燈下含毫依韻，不自覺其瓦缶雷鳴也。維閣下曩同康南海激昂為國，自是鄭介公[1]、陳少陽[2]一流，豈尋常詩文之士；惟即以詩文論，亦健筆扛鼎，萬夫之敵。讀來詩，於吾臺痛楚，如睹目前，雖所及止千百之一，要其餘可以類推，無事覼縷。然而彼族苛法，亦殊匪夷所思，如糖蔗一端為利人之舉，閣下所詠，以為奪臺人製造生計，此其害似大矣，不知此其小者也，所損在製糖家，其害不過數百千人，尚有損在種蔗家，其害不啻數千萬人也。又如限制吸煙，自是善政，而此間奉行不善，日日罰鍰、日日笞撻，至有以細故死於杖下者，其他尚待論乎！故鄙詩以「欲說萬千難公使」一語了之也。竊思分狄治烏鬼，未知較此若何？若以史書所載，桑、孔、呂惠卿之徒，其害民害國，萬口同聲，倘以施之此方，吾以為王道平平、王道蕩蕩也。今吾華亦弱極矣，而二三志士必欲以西法變之，亦非萬全，倘實行古法，參用新法，而朝野上下，億眾一心，轉強自非難事，固不必捨己從人，然後得計。惜天心尚未悔禍，人事遂多蹉折，為可歎耳！弟早歲亦負終童氣，今沈溺傖荒，年已四十有五，俯仰塵寰，萬念為灰，故拙作三集，初集曰《譃蹻》、二集曰《披晞》、三集曰《枯爛》，蓋自處於櫟材久矣。閣下前作〈斷藤哀〉，詞麗調高，固勝此作，而論真實之氣，似不及此作也！窮島敻遼，語長紙短，筆不罄臆，他日來遊，尚其訪我於荒陬海涯乎！此請

著安

此書恐為關吏所得，故不具明住址[3]，後當相聞，以便來復。至於姓名，則敝集中，所具張祿、韓翃[4]，已非真面目矣[5]。

## (一)洪棄生〈次韻梁任甫與林家詩〉

海民舊狎庚桑子，滄桑今作祝宗豕。中有風塵骯髒人，埋頭插腳顏常泚。鰲沉已斷地六維，鶉淫竟周星一紀。仰叩蒼蒼闃不聞，獨行踽踽歌靡恃。勃蘇復楚有未能，狐庸事吳不屑以。將與軒皇備應龍，豈為蚩尤作工倕（自注：作上聲）！況他雨澤不霈施，使人炎火長秉畀。虞侯[6]何止守薪蒸，崦嵫且遍徵礪砥。哀嗷鴻雁無澤逃，取子鴟鴞有室毀。箝余蟹足汝戲嬉，攘我牛田彼疆理。警吏穿房長肆威，催科闖戶且攘臂。籍沒田園不可堪（自注：供賦，民本不敢後。自總府有沒田之令，民尚未知。偶有稍後期到者，吏即不收，將該田發官賣），擾傷市獄吏已矣（余前有「入市所見」

詩可考。市如此，獄可知）。保甲橫施何足言，毆撻亂加尤莫比。法律神明中外同，獨至臺灣法妄抵。此間言論不自由，口尚須緘況敢指！阜財無處挹南薰，噍殺時來驚北鄙。曩年屠戮焚山林，至今遍地生荊杞！偶陳一二足心酸，欲說萬千難口使。有時種樹實搖根，恰似從禽輒破觜。我與蜣蘇判薰蕕，彼於燕雀蝨殊悲喜。方今海宇正紛爭，衣裳溷在干戈裏。蘆中有士徒激昂，朝右無人空諾唯。方望十年或轉移，不圖兩紀猶如此。孰填冤石拔愚山，孰灑神灰止禍水。東南裨海既已枯，西北漏天豈無圮。不能軒舞愧龐然，每有跳梁輸蕞爾（自注：原「耳」字，複。古亦有之。此用東坡次正輔韻，改「⿰石亞」作「椏」字之例）。朝鮮已入不羹封，越裳殆絕庭堅祀。矧茲海島土一拳，流沙黑水同司彘。漢家既任珠崖淪，扶餘豈易虯髯起。中土著鞭讓人先，伊川被髮哀吾始。我生十載早埋塵，再墜劫中心早死。既覩時艱足蒿目，每聞時事輒塞耳。有懷中夜即撫膺，如跛尋履眇尋視。能將東學心求真，豈覺西方法獨美。漢唐再世威萬方，湯武一朝興百里。莫嗤鄒衍幻天談，不見種蠡湔國恥！聞君有志欲興華，君倘能行世能俟。要知外學有金沙，須待吾人抉渣滓。翹首東望海泱泱，富士山頭峰齒齒。一二畸人時往來，扶桑氣到南溟紫。我在柴桑採菊英，時哦楚騷搴澤芷。門內無聲地無塵，壁上有圖床有史。安得復遇素心人，閒把南華談畏壘[7]。

1 鄭介公指鄭俠，舉進士。官光州司法參軍。縉薦入京。授安上門監察。見流民為新法所苦，繪「流民圖」上達，後王安石自請致仕。洪棄生有〈福清路過鄭介公故里〉詩：「讀史懷監門，愛君偉丈夫。但請蒼生命，不惜微臣軀。伏闕陳謗書，如聞君疾呼。意氣過石介，豈為激烈乎？一朝君命下，貶謫在江湖。高風自千古，臣心足不孤。後人思古誼，立碑在前途。曰俠誠義俠，名字不模糊。嶺頭有松柏，路畔有葦蒲。我過君故里，想見流民圖。」此指鄭俠關心民間疾苦，敢為民請命。不過鄭俠流民圖內容是否事實，有異說，此牽涉保守與改革之爭。

2 陳東（一〇八六～一一二七），字少陽，宋鎮江丹陽（今江蘇鎮江）人。俶儻負氣，以貢入太學。欽宗即位，上書論蔡京等六人為六賊，請誅以謝天下。李綱罷，復率諸生伏宣德門上書，從者數萬，於是詔綱復領行營，除東太學錄。東再請誅蔡氏，辭官以去。南渡後會李綱去相，東上書乞留綱，不報，乃與布衣歐陽澈同被高宗斬於市。後高宗悔悟，追贈秘閣修撰。有《靖炎兩朝聞見錄》及《少陽集》傳世。《宋史》卷四百五十五有傳。

3 洪棄生詩文及其為人頗富民族氣節，當時為日人所忌。其時監控之嚴密，由以下諸事可知。一九〇九年四月三日櫟社在臺中集會，傅錫祺有〈櫟社雅集〉七絕四首，其中第四首之後自注：「廳內之山田孝使及鷹取田亦願加盟為社友」。《鶴亭詩集（上）》，頁十。據傅氏在《櫟社沿革志略》中記載：此會除社員十六人，詩友六人參加外，另有臺中廳長，及其部屬鷹取、山田兩人，和通譯一人與會。日本官員與會的表面理由是「願加盟為社友」，其實是行監視、探察之實，此在另一櫟社成員張麗俊日記中亦有生動的記載。《水竹居主人日記》一九一一年十二月十六日記載：「晴天在家閒遊田畔，……特務新屈氏奉支廳長之命，來查我櫟社友支廳管內幾人？……詢罷回去。」而傅錫祺在〈中嘉南聯合吟會第一回大會賦呈會友諸公，時壬戌元夜也〉詩「言服不譏成聖世」句下，也曾自注云：「往時集會，當局監查頗嚴，者番表面頗與自由。」壬戌，一九二二年。見《鶴亭詩集（上）》頁一〇六。到了四〇年代，林獻堂欲重振櫟社，當他開始發起漢詩習作，及邀人加入櫟社時，負責監視林獻堂的特務即到林宅問林獻堂是否還要以一新會為名義再活動，以連絡臺灣之青年？見《灌園先生日記》一九四一年二月二十八日。

4 張祿，戰國時魏人范睢逃難時的改名。善口辯，以遠交近攻的策略遊說秦昭王，昭王悅，後官拜秦相，封應侯。韓翱是唐朝韋皋的改名。

5 此信函與〈次韻梁任甫與林家詩〉並寄梁啟超，時間是一九一〇年。

6 編者按：「侯」，《洪棄生先生遺書》作「侯」，誤。

7 洪棄生與霧峯林家詩人林癡仙、林幼春叔侄情誼甚篤，一九一〇年曾應林家之邀，作此七古長詩一篇，並附信函一封，寄給在日本的梁啟超，見注五。

# 五　林獻堂致梁啓超函一（一九一〇年十月，新曆十一月）

任公先生閣下：

此番遊日之計畫曰攜兒遊學[1]，亦由切於親炙　几席，戴盆之人見星而喜，矧望雲霓耶！所恨者心有餘悲，言不盡意，泥犁既望，解脫為難。頂禮慈雲，終覺莫由。皈臺旋里而後，咄咄累日，鑄顏莫遂，苦卓彌深；惟有日頌嘉猷，宵形夢寐，祝斯人之早出，冀他日之來蘇，庶徐甲重生[2]，長作傳薪之弟耳。

本月望日，敝鄉諸親友集於荒園，修汐社之緒，爾時適接先生初八日[3]所發詩函，讀者作色，累歎重欷。既又知大駕將來，則復歡喜無量。惟先生於滿君為民請命，告旋之急，有以慰瞻望之心也。

幼春自去歲杪居外艱以來，多愁善病，神氣沮喪，是日得書，精神百倍，詩思漸佳，勉索枯腸，敬和大作。茲先令其錄和丘滄海〈秋感〉八首，以求郢斤。（並附呈堂兄痴仙敬和大作一闋[4]，非敢班門弄斧，聊作伴函奉上，以求郢斤，則受教多矣。）倘推屋烏之愛，有以教之，幸甚。翹企海天，曷生思慕。朔雲日惡。叩頌崇安，諸作垂照，並候駕臨。

十月〇〇日　晚生林獻堂拜上

舍姪幼春謹附箋末叩安

## ㈠林幼春〈秋感敬和邱文仙根主政原韻〉詩（一九一〇年）

百隊鈴聲突騎過，窮秋撫髀嘆蹉跎。栽桑海底成陰久，相馬人間買骨多。
拔地三峰生華岳，落天九曲走黃河。男兒不逐風塵起，彈鋏燈前作短歌。

西風幾度燕辭歸，精爽年年趁汝飛。直北關山有人在，滿城風雨賞心違。
哀音四野鴻求食，爪蹟平皐虎擇肥。哭向秋原嫌未痛，閉門枯坐血沾衣。

潮頭萬弩轂黃間，颯爽英姿不可攀。天地有時開劫運，風雲從古鎖愁顏。
孤魂化鶴猶吾土，一釣連鰲失舊山。欲問騎鯨東海客，少游下澤許投閒。
（自注：延平洞）

琅璫堦下赭衣囚，獨有臧洪報本州。峽外金牛通棧道，驛中白馬弔清流。
廿年痛淚雙痕血，九日黃花兩鬢秋。大甲溪邊山月小，戰雲濃湧海西頭。
（自注：弔大甲溪吳驤死事諸君）

馬角烏頭結客遲，血光狼藉對於期。荊卿去後人皆哭，項籍歸來眾已離。
年少欲關天下計，英雄何害婦人姿。君看博浪功成日，千古傷心破產時。

寧南門外玉鉤斜，白草煙蕪接海涯。蜀國兒童祠杜宇，吳宮麋鹿怨夫差。
河山無恙神猶王，秋士多悲髮易華。彈指興亡三百載，樵歌傳遍後庭花。
（自注：台南寧南門外諸王妃嬪墳幕在焉）

求書禹域舊同文，授冊東藩未策勳。天道好生成養虎，虜情難測易翻雲。
水犀踏浪三千甲，鐵騎嘶風十萬軍。試向扶餘尋古碣，張髯名字至今聞。

飛白山齋欲署蕭，鬢絲禪榻感商飆。沈沈雷鼓諸天暝，漠漠鯤溟大地遙。
海日氣蒸三里霧，孤舟圍合萬重潮。丈夫未葬江魚腹，鐵石肝腸不易銷。

## (二)林癡仙〈次韻寄贈梁任公先生啟超〉詩（一九一〇年）

歌風空憶漢天子，大地煙塵竄蛇豕。淒絕遺山野史亭，有淚如鉛和筆泚。憶歲戊戌秋八月，南海入朝正綱紀。改弦更張清廟瑟，聖人側席心腹恃。蜀亮秦猛今再生，太阿何妨柄授以。同升弟子盡豪傑，教胄曰夔共工倕。良朋一德致中興，大快民心民權畀。豈知皇天未悔禍，狂瀾忽撼中流砥。一摘再摘黃臺瓜，鴟鴞鴟鴞我室毀。間道匆匆衣帶詔，鉤黨銀鐺付六理。宮中堯舜復垂簾，誤召黃巾聯指臂。七雄旗鼓叩關來，瑤水西巡事去矣。金繒傾國救目前，岌岌朝庭南宋比。當日誰人秉國鈞，食參之肉罪難抵。回鑾以來局一變，稍稍維新轉針指。司農仰屋杼軸空，起視敵人又窮鄙。十羊九牧政多門，何救乾坤墜荊杞。逐臣星散海西東，死灰復燃天所使。國魂一縷續能長，誰肯煎膠奇鳳觜？頃歲成王已嗣立，委裘而朝萬方喜。相王攝政今周公，整頓河山及表裡。百廢俱舉須得材，環顧盈廷厭諾唯。頗聞金雞議放赦，故劍重求行自此。新會先生南海徒，環球尋遍佳山水。三載攀龍哭鼎湖，待呼養晦下邳圯。南海著書亦健在，師生復位早晚耳。震旦能者大有人，豈與箕子同斬祀。睡獅一醒據地吼，虎豹帖伏如狗彘。由來良醫遇扁鵲，病入膏肓術能起。九萬鵬程候好風，驚天事業從今始。嗟余不幸投荒裔，塚中枯骨生猶死。泥犁鬼趣苦可知，何足重陳污君耳。獨嘆仁人君子心，四海一家不歧視。慚愧俱為軒頊裔，西子不潔已非美。手種齋前白楊樹，愁來酹酒歌蒿里。隴西家聲自我墜，盡傾東海難洗恥。仰瞻高鳥思奮飛，毛羽未豐猶有俟。安得巨靈伸長臂，憑空拔之出塵滓。烏頭變白更無期，髮種種矣馬加齒。恭聞高軒將遠過，蓬萊雲氣東來紫。雙雙鳧舄未朝天，遊戲十洲采芳芷。七寶莊嚴定有人，長篇我獨賡詩史。他年杜集附嚴詩，知有畸人逃畏壘。

1 一九一〇年春，林獻堂率長子攀龍（十歲）、次子猶龍（九歲）往日本東京就學。林癡仙有〈喜遷鶯（獻堂送其二子留學東京，填此闋贈行）〉云：「男兒努力，第一是、須念寸陰尺壁！株守生涯，穴居天地，終古昂頭何日？世上伊涼換譜，萬事拘墟不得；最堪惜，惜磨牛步步，不離陳迹。　眉白，吾小陸，濯足滄浪，明日蓬山客。老鳳將雛，小龍抱寶，萬里乘風快極。桃李移根上苑，容易成陰結實；目先拭，看雙珠還浦，光能照國。」《無悶草堂詩存》，頁一七一。

2 《神仙傳・老子》卷一：「老子有客徐甲，少賃於老子，約日雇百錢，計欠甲七百二十錢。甲見老子出關游行，速索償不可得，乃倩人作辭，詣關令尹喜，以言老子。而為作辭者亦不知甲已隨老子二百餘年矣，惟計甲所應直之多，許以女嫁甲。甲見女美，尤喜，遂通辭於尹。喜得辭一驚，乃見老子。老子問甲曰：『汝久應死，吾昔賃汝，為官卑家貧，無有使役，故以太玄清生符與汝，所以至今日，汝何以言吾？吾語汝到安息國，固當以黃金計直還汝，汝何以不能忍？』乃使甲張口向地，其太玄真符立出於地，丹書文字如新，甲成一具枯骨矣。喜知老子神人，能復使甲生，乃為甲叩頭請命，乞為老子出錢還之。老子復以太元符投之，甲立更生。」

3 即梁啟超一九一〇十月八日的書信，該信於十月十五日寄達霧峰林獻堂。

4 林幼春、林癡仙和作，請見函後(一)、(二)。

# 六　梁啓超致林獻堂函三（一九一〇年十一月廿二日，新曆十二月廿三日）

獻堂尊兄足下：奉
復示及癡仙君[1]大什，浣誦再
四，不能舍去，何
蘭玉之多才耶！次韻之作[2]，坡、谷
而還，健者殊寡。尊作警策
典重，情深文明，求諸中原思同
麟鳳，矧在邊徼，知　平昔所蘊
獨深矣。見獵心喜，尚思再賡屬
和，不審力能逮否耳，蓄意以
冬間渡海過從　湯君久滯
京邑，歸始浹旬，而資政院正開，
宗邦父老昆弟常有所見諮，
日夕疲於文字之役，今迫歲暮，
亦稍有人事，擬至春初始乃首
塗，尚欲挈小女同游，俾一增故
國之思，行期既定，當先馳書

奉聞，斯約終必踐耳，匆匆

敬復。即請

文安

賢昆玉並此道念

十一月二十二日[3]啟超頓首

湯叡同叩

1 林癡仙（一八七五～一九一五），字俊堂，又號「無悶道人」。霧峰林家下厝二房林文明第六子。十九歲中秀才，有文采。青年時期，因時局動蕩，無意仕途，寄情詩酒，以文學才華飲譽三臺。甲午戰後，避難泉州，並遊滬杭。光緒戊戌（一八九八）返歸臺島。未幾，倡建「櫟社」，與社友蔡啟運、賴紹堯、陳懷澄等人時相唱和，一時風靡中臺，有「全臺詩界之泰斗」（連橫〈林癡仙哀辭〉）雅稱。一九一四年板垣退助來臺鼓吹創立同化會時，積極參與，一度上京（東京）亟思有所做為而未果，遂抑鬱而終。有《無悶草堂詩存》五卷行世。是近代臺灣詩壇一大名家，倚聲之作亦騰播眾口，梁啟超甚稱揚。

2 指林癡仙〈次韻寄贈梁任公先生啟超〉詩，見五．㈡。

3 信末僅署月日，然據內容觀之，宜是一九一〇年。信封郵戳時間亦隱約可見明治四十三年（一九一〇）十二月廿三日（新曆）。梁氏習用舊曆時間。

# 七 梁啓超致林獻堂函四（一九一一年一月十五日，新曆二月十三日）

獻堂兄長足下：久疏問訊，無任懸仰，

伏惟

履茲春陽，定增

蕃福。不佞游臺之約屢負息壤[1]，至用惶仄，今茲本已束裝待發，緣既作此游，輒欲於彼都人士之施政詳細察視，以為警策邦人之資，因乞彼當局者為之介紹，據云今方值議會開會期中，一切高等官咸集江戶，恐不能多所嚮導，是用復稍濡滯，大約行期當在春半耳。願見之誠，惟日為歲，屆時當更一舉十觴以償會面之難也。近作數章[2]錄副呈

教，庶幾

君子同茲懷抱。肅此布達，祈承

大安，即賀

春祺並訊

賢昆玉興居

上元夕[3] 啟超頓首

## (一)梁啟超〈歲暮感懷〉等詩

### 歲暮感懷[4]

歲云徂矣夜冥冥，自照寒燈問影行？何限恨埋千億劫[5]，有情天老一周星。侵顛霜雪[6]搖搖白，撩夢家山歷歷青。今古茲晨同一概，未應詞客獨飄零[7]。

鼎湖雞犬不能仙，慟抱[8]龍髯歲再遷。禹域大同勞昨夢，堯臺深恨閟重泉。杯弓蛇影從何說[9]，馬腳烏頭不計年？忍望海西長白路，崇陵草勁雪漫天。

紫陌雞鳴第一聲，明朝冠蓋盛春明。家家柏葉宜年酒，處處駝蹄七寶羹。聞道天門開詄蕩，盡容卿輩答升平。官家閒事誰能管，行看煙花正滿城[10]。

故園歲莫（暮）足風悲，吹入千門萬戶中。是處無衣搜杼軸，幾人鬻子算租庸。近聞誅斂空羅雀，倘肯哀鳴念澤鴻。欲寫流民圖獻事，狺狺虎豹守天宮。[11]

風雨吾盧舊嘯歌，故人天末意如何？急難風義今人少。驚世[12]文章古恨多，力盡當年從爛石，淚還天上莫為[13]何。由來力命相回薄，伓向空山照[14]薜蘿。

入骨酸風盡日吹，那堪念亂更傷離。摩挲塊壘還勝酒，料理香花為祭詩[15]。運化細推初[16]有味，癡頑未賣漫從時，勞勞歌哭連昏曉[17]，明鏡明朝知我誰。

**辛亥元日**

難得新年竟放晴，起看海上日華生。松心裛露呈深秀，柳眼迎陽作小明。已率群兒介親壽[18]，更邀鄰叟拜王正，人時應逐天心轉，自占雲霞望治平。

**二日雨三日陰霾**[19]

入春三日覺春深，春抱漫漫自滿襟。容我懵騰行坐臥，從渠翻覆雨晴陰。擁爐永夕成微醉，袖手看雲得短吟。落盡檐花無一語，百年此意費推尋[20]。

## 元夕

忽驚今夕是元夕，也趁群兒去蹋歌。歡意久隨燈影炧。故鄉應是月明多，素娥靈藥傷遙夜。鐵鎖星橋隔大河，亦有酒杯酬令節，不成沈醉欲如何[21]。

## 十六日　先帝三年喪畢，宮中釋服[22]

魚鳥長號草木悲，橋陵弓墮忽三稘。徵經合有禫除禮。論史終無補恨時[23]。柱折久憂天北墜，運移空視[24]日西馳。遺臣未敢修私祭，獨對寒潮淚暗滋[25]。

1 戰國時，秦武王使甘茂約魏以伐韓，茂恐武王悔，與其於息壤盟約。後遂以息壤指信守盟約而不渝。

2 請見七·㈠。一九一〇年梁啟超遊台前在日本所作〈歲暮感懷〉詩稿與櫟社詩人林痴仙次韻詩稿在一九九九年臺灣文學特展時曾展出，惜學界仍未留意此新出現之史料。

3 僅署舊曆上元夕，即一月十五日晚。信封郵戳時間明治四十四年（一九一一）二月十五日（須磨），知其為一九一一一年。

4 《飲冰室文集》（臺灣中華書局，一九六〇年五月）作「庚戌歲暮感懷」。寫於宣統二年末，一九一一年一月。由女兒梁思順代鈔寄。陳衍《石遺室詩話》云：「任公有〈臘不盡二日遺懷〉云云，〈元日放晴二日雨三日陰霾〉云云，〈庚戌歲暮感懷〉云云，〈奉懷南海先生星加坡兼請東渡〉云云，以上十首，所謂遠託異國，昔人所悲，蘇子卿之河梁耶？蔡文姬之〈笳拍〉耶？沈初明之〈通天臺〉之表耶？庾子山〈哀江南〉之賦耶？」可謂感懷身世，悲慨沉哀之作。林癡仙有和作，請見下一函札。

5 《飲冰室文集》（臺灣中華書局，一九六〇年五月）作「萬種恨埋無量劫」。

6 「侵顛霜雪」，《飲冰室文集》（臺灣中華書局，一九六〇年五月）作「催人鬢雪」。

7 《飲冰室文集》（臺灣中華書局，一九六〇年五月）作「只應長醉不成醒」。

8 「慟抱」，《飲冰室文集》（臺灣中華書局，一九六〇年五月）作「一慟」。

9 「從何說」，《飲冰室文集》（臺灣中華書局，一九六〇年五月）作「今何世」。

10 《飲冰室文集》（臺灣中華書局，一九六〇年五月）作「萬一黃河意外清」。

11 《飲冰室文集》（臺灣中華書局，一九六〇年五月）作「金穴如山非國富，流民休亦怨天公」。

12 「驚世」，《飲冰室文集》（臺灣中華書局，一九六〇年五月）作「傷世」。

13 「成」，《飲冰室文集》（臺灣中華書局，一九六〇年五月）作「為」。

14 「怀向空山照」，《飲冰室文集》（臺灣中華書局，一九六〇年五月）作「山鬼何從覓」。

15 「摩挲塊壘還勝酒，料理香花為祭詩」，《飲冰室文集》（臺灣中華書局，一九六〇年五月）作「九州無地容伸腳，一盞和花且祭詩」。

16 「初」，《飲冰室文集》（臺灣中華書局，一九六〇年五月）作「知」。

17 「勞勞歌哭連昏曉」，《飲冰室文集》（臺灣中華書局，一九六〇年五月）作「勞人歌哭為昏曉為」。

18 「兒」，梁啟超著，夏曉虹輯《〈飲冰室合集〉集外文》中冊作「八」，誤。北京大學出版社，二〇〇五年出版。

19 《飲冰室文集》（臺灣中華書局，一九六〇年五月）作「元日放晴，二日雨，三日陰霾」。詩收於宣統元年（一九〇九）正月，疑誤。據手稿排序，其前後皆是辛亥年（一九一一）之作。

20 「此意費推尋」，《飲冰室文集》（臺灣中華書局，一九六〇年五月）作「誰識此時心」。

21 此詩異文較多，茲據《飲冰室文集》（臺灣中華書局，一九六〇年五月）作「不知今夕是何夕，強趁兒童一蹋歌。舊夢久隨燈影燼。故鄉應是月明多，素娥靈樂知春否。鐵鎖星橋奈夜何，天上皇靈應不遠，忍從珠斗望山河。」

22 《飲冰室文集》（臺灣中華書局，一九六〇年五月）作「十六日誌慟」。

23 「論史終無補恨時」，《飲冰室文集》（臺灣中華書局，一九六〇年五月）作「戀闕微聞歌舞詞」。

24 「運移空視」，《飲冰室文集》（臺灣中華書局，一九六〇年五月）作「陸沉驚逐」。

25 「獨對寒潮淚暗滋」，《飲冰室文集》（臺灣中華書局，一九六〇年五月）作「血洒桑田海不知」。

# 八 林癡仙致林獻堂函一（一九一一年二月廿九日，新曆三月廿九日）

**次韻和任公先生歲暮感懷六首**

多君身世託沉冥，松柏經霜不改形。絕境已窮東海水，歸心終仰北辰星。春回方丈三仙綠，煙起齊州九點青。天意會[1]隨新歲轉，未應鸞鳳久飄零。

穆王阿母總登仙，西望瑤池節序遷。新月依依升古塞，殘陽黯黯入悲泉。上清羽衛歸何日？下界風雲急往年。誰念歲星淪謫久，夢中夜夜聽鈞天。

清廟朱絃改舊聲，彈冠幾輩慶休明。十年棄妾悲分鏡，三日新娘學作羹。儘道臧孫知柳下，未聞魏倩薦陳平。輸他七葉金貂貴，騎馬揚鞭紫禁城。

民心猶似草從風，齊望丹霄日再中。仁政噢咻須有術，太平粉飾究何庸。天寒凍殺山頭雀，歲歉飢啼澤畔鴻。安得才人宣室召，頻將水旱奏深宮。
絕代雄心寄短歌，懷人望遠恨如何。龍華會上因緣在，廣柳車中涕淚多。入地豈能埋紫氣，登天須共挽銀河。故山猿鶴休哀怨，早晚春風到綠蘿[2]。
不聽瑤臺仙管吹，帝鄉我亦半生離。江山劫換同情淚，風月神交幾首詩。墜溷花無超脫日，驚弓鳥有奮飛時。清塵濁水分頭處，此恨千秋訴與誰。

近日頃有與會，如約和任公詩，自覺哀感頑豔，然不及原唱之自然，蓋為韻所拘也。弟與幼姪有和作否?六首中難押之韻不過數字，閑中何不撚鬚一詠?詩之工拙都可不論，同心異國隔海唱酬，此日之因緣即他時之佳話也。晤幼姪、伊若望以此意轉達。手此順問
獻弟近好
二月九日[3]癡仙書

1 編校者按：「會」，林癡仙《無悶草堂詩存》作「命」。見臺灣文獻叢刊本，頁一三〇。

2 編校者按：此二句，林癡仙《無悶草堂詩存》作「故山猿鶴相見晚，又是春風到綠蘿」。同前注，頁一三一。

3 編校者按：日大正六年（一九一七）十一月二十九日（農曆十月十五日）櫟社成立十五週年，萊園詩會成立十年，於萊園舉行紀念會。則萊園詩會三週年紀念宜為一九一〇年，未悉詩箋何以印為明治四十年（一九〇七）？或預留日後仍可續用，後復觀林癡仙〈念奴嬌〉、〈浣溪紗〉和作，所用詩箋即是在空下月日寫上日期。只是始料未及的是明治只到四十五年。因梁林二人相識時間為一九〇七年秋，而詩箋日期為二月九日，時間點有問題。以其成立時間為農曆十月十五日，三週年則是一九一〇年，而癡仙使用詩箋年度宜是一九一一年春。印證梁詩有「辛亥元旦」、「十六日先帝三年喪畢，宮中釋服」詩題，光緒帝於一九〇八年十月廿一日（新曆十一月十四日）薨。而此組詩收入《無悶草堂詩存》四卷，時間亦是辛亥年，因此癡仙和作的時間，即訂為辛亥年二月廿九日（新曆三月廿九日）前數日，此時梁啟超已來臺，正停宿臺北日之丸旅社，三月四日（新曆四月二日）赴臺中，出席櫟社歡迎會。

## 九　湯明水致林獻堂函一（一九一一年三月十九日，新曆四月十七日）

獻公兄長有道：別來忽忽又將及旬，懷思可任，每
念此行，猥承
厚意稠疊，雖平原十日之游，當不是過，然相累
無所不至，不知所謝，亦不敢言謝也。舟中握手後，依
時舉帆，途中安善，昨已抵家。舍中自家慈以次，
均為平吉，梁府亦然。惟滄江先生[1]因在海中，偶感
風寒，忽有小恙，寢非兩日矣。醫者言略有虛火，不為
害也，請勿相念。滄公屬僕先為致謝，當更有函寄
再啟者。家慈知僕脩書
左右命寄問
重闈太夫人萬福。所賜奇香，至感厚禮，請並
代稟為荷
幼春令姪處，亦煩為僕致候，匆迫萬狀，無
暇更拾紙也。坿及
公並寄舟中所作竹枝詞如干首，乞
督納。滄公作詩至多，當有五律詩十餘首，今未盡

成，容後奉寄。僕則搜索枯腸不得一字，利慾薰心一酷至此，無惑乎古人有雞鳴而起之誚也。呵呵！卸裝匆匆，不及多陳，聊布謝意，惟諒之。南海非久可至，北中大老對於二公[2]皆有延攬之意，此得之京友之言，亦一可考之消息。第請秘密耳。敬請

大安，並叩（臺北臺中均有函書致謝，皆寄報館託轉。致諸君者，如以南、癡仙、幼春諸公處則滄公因病未能作書，如有詢者請以此意先達為荷）

弟湯叡再拜

重闈太夫人福安，潭第納福　三月十九日[3]

令弟階堂兄同候

## (一)梁啟超臺灣竹枝詞

從報章中見臺灣山歌若干首，雖勞人思婦之所作為，偶一諷詠，若不勝谷風、小弁之怨者，乃譜之為竹枝詞，為遺民寫憂云爾。

郎家在在三重浦，妾家在在白石湖。[4]路頭相望無幾步，郎試回頭見妾無。

韭菜花開心一枝，花正黃時葉正肥，願郎摘花連葉摘，到歸心頭肯不離。（首句，直用原文）

相思樹底說相思，思郎恨郎郎不知，樹頭結得相思子，可是郎行思妾時。（全島所至植相思樹。）

手握柴刀入柴山，柴心未斷做柴攀，郎自薄情出手易，柴枝離樹何時還。（首二句，直用原文。）

郎搥大鼓妾打鑼，稽首西天馬祖婆，今生夠受相思苦，乞取他生無折磨。（臺人最迷信所謂『天上聖母』者，亦稱為媽祖婆，謂其神來自福建。每歲三月，迎賽若狂）

綠陰陰處打檳榔，蘸得蒟醬待勸郎，願郎到口莫嫌澀，箇中甘苦郎細嘗。

芋芒花開直勝筆，梧桐翦尾西照日，郎如霧裡向陽花，妾似風前葉蕭瑟。（首二句直用原文。）

教郎早來郎恰晚，教郎大步郎寬寬，滿擬待郎十年好，五年未滿愁心肝。（全首皆用原文，點竄數字。）

蕉葉長大難遮陽，蔗花雖好不禁霜，蕉肥蔗老有人食，欲寄郎行愁路長。（首句用原文。）

郎行贈妾猩猩木，妾贈郎行蝴蝶蘭。猩紅血淚有時盡，蝶翅低垂那得乾。

讚岐丸舟中
梁啟超戲筆

1 滄江，梁啟超筆名。其自製信箋有「滄江集張遷碑字」。《梁啟超知交手札》有多封信即稱之滄公。海桑吟吟稿亦署「新會梁滄江先生著」。一九一五年十二月廿八日給女兒梁思順之家書，有云「廿五日來稟外封有滄江等字樣，大大不妥。」（見《梁啟超家書》，頁二一六）〈中國前途之希望與國民責任〉一文刊宣統二年（一九一〇）《國風報》，即以滄江和明水（湯覺頓）兩人一問一答的方式寫成。明水提出種種論證指出中國隨時有滅亡的危險，而滄江則逐條反駁，謂中國絕無可亡之理。兩人的問答一層轉進一層，最後說到了中外的歷史，中國的國民性，直到明水完全為滄江所說服才告結束。

2 指康、梁二人。

3 此信僅署月日，就內容觀之，指一九一一年三月十一日別萊園，十三日同啟超乘讚崎丸離臺，啟超舟中受風寒，由湯明水先生先致函問候。內文有「別來忽忽又將及旬」、「平原十日之游」，均指一九一一年三月游臺事。信封亦有明治四十四年（一九一一）四月十八日（須磨），四月廿八日（台中。）

4 詩壇小卒〈梁啟超臺北雜詠拾遺〉：「按任公之竹枝詞，乃由『相褒歌』點竄成章者，二十年前，此種歌辭，風靡全島，尤以茶山為盛。」並謂錄者誤錄為「郎家在在三重浦，妾家在在白石湖」，三重埔即指臺北橋西邊，現時之三重鎮也。（今已改制三重市）《臺北文物》四卷四期，一九五六年二月一日。

## 十　梁啓超致林獻堂函五（一九一一年三月廿三日，新曆四月廿一日）

獻堂三兄大鑒：小極乃勞 電問，感

故人相念無已也，久已霍然，前書具陳，

計先達。連日頗動填詞之興，課餘輒為

之，已得十餘闋，今復寫二闋[1]寄上，行時匆匆，

竟無一詩留別，聊以此自償，望

寄各報錄之，即以謝

諸君子惓惓無已之情也。浣溪沙調稱最

難填，向來大家猶不敢輕易著筆，弟可

謂初生之犢不畏虎也。然此闋似頗極沈

雄，殆所謂聲哀厲而彌長者。

公試讀之何如？

癡仙能屬和[2]更所望也。別緘乞代致

敬承

大安　　啟超頓首[3]

**浣溪沙**

**臺灣歸舟晚望**[4]

老地荒天闕古哀，海門落日浪崔嵬，憑舷切莫首重回。 費淚山河和夢遠，彫年風雨挾愁來，不成拋卻又徘徊。

啟超初稿

**念奴嬌（基隆留別，和玉田客中別友人韻[5]）**

司動傷別，況天涯春盡，番番風雨！行也安歸留不得，渡斷似聞鈴語。西北樓高，東南地坼，萬恨憑誰補？扁舟去後，殘蟾應戀江樹。 為問枝上啼紅，千山鵑老，顏色能如故。草草東流屯村壁字，平地幾回今古。碧漲量愁，玉璫緘淚，影事君看取。落潮今夜，酒醒夢墜何處？

**臺北故撫署，今為日本總督府，過此感賦**[6]

幾處榱題敞舊椽，斷碑陊剝草成

煙。傷心最有韓元吉，凝碧池頭聽管絃。

## (一)林癡仙致林獻堂函二

### 念奴嬌

#### 次基隆留別韻

孤帆去也，恨簫聲吹到。滿江絲雨。春盡細腰宮畔路，憔悴露桃無語。燕燕飛來，巢痕已掃，何計銜泥補？回頭更望，別情應繞雲樹。 珍重錦瑟華年，幾番傷別，鏡裏顏非故。舊日才人廝養婦，失足已成千古。一曲青溪，小姑獨自，蘭佩還留取；佇聞好語，分香青瑣深處。

### 浣溪紗

#### 次臺灣歸舟晚望韻

落日蒼茫賦七哀，六鼇猶自駕崔嵬；流波到海幾時回？ 芳草總成今日恨，錦帆空記昔人來，夢中影事重低徊。

昨在報紙閱任公此二闋，又依韻和之，即寄

吾弟與幼姪一覽，倘以為佳，可並蝶戀花[7]之作，令工書者鈔寄任公，此呈

獻弟吟案

兄癡仙手書[8]

1 即〈浣溪沙・臺灣歸舟晚望〉、〈念奴嬌　基隆留別，和玉田客中別友人韻〉。

2 林癡仙和作見十・㈠。唯題目與《無悶草堂詩存》小異，分別作〈念奴嬌（和任公留別韻）〉及〈浣溪紗（次任公「歸舟晚眺」韻）〉

3 此信寄達臺中的時間是明治四十四年（一九一一）五月三日（新曆）。梁氏離台返回日本後所寫。雖未署舊曆時間，然觀之另封信謂：「昨書及詩計達」，此信舊曆三月廿四日，據此可知本封信時間乃舊曆三月廿三日。

4 梁氏一九一一年舊曆三月十三日（新曆四月十一日）於臨去時，寫信給《國風報》編輯部同仁謂：「頃行矣！同舟所滿載者哀憤也。」於基隆填詞三闋，流露其依依情意。梁作乃是從臺灣返回大陸，舟中觸景生情，面對山河破碎，不禁感慨萬千。

5 玉田，張炎之號。張炎此詞作〈壺中天・客中寄友〉：「西秦倦旅。是幾年不聽，西湖風雨。我託長鑱垂短髮，心事時看天語。吟篋空隨，征衣休換，薜荔猶堪補。山能招隱，一瓢閒煙樹。　方歎舊國人稀，花間忽見，傾蓋渾如故。客裡不須談世事，野老安知今古。海上盟鷗，門深款竹，風月平分取。陶然一醉，此時愁在何處。」見唐圭璋編《全宋詞》，明倫出版社，頁3496-3497。

6 《飲冰室合集》詩題作〈臺北節署，劉壯肅所營，今為日本總督府〉。

7 請見梁氏一九一一年舊曆三月廿五日（新曆四月廿三日）致林獻堂信函。癡仙和作見十・㈠。知梁氏離臺返日後，填詞雅與濃厚，癡仙亦雅好此道，一一和之。

8 此詩稿用萊園詩會三週年紀念詩箋，日期明治四十四年舊四月十四日，新曆即一九一一年五月十二日。梁氏信函寄達的時間明治四十四年五月三日（新曆），函中望獻堂「寄各報錄之」，癡仙亦謂「昨在報紙閱任公此二闋，又依韻

和之」，可知詞作刊登時間五月十一日，但未悉何報？疑為《臺灣新聞》，櫟社詩人陳瑚、連雅堂都曾任職於此報漢文部，林癡仙、張麗俊平時讀此報。陳瑚與林癡仙情誼甚篤，一九〇六年曾與連橫因對「擊缽吟」的看法不同，與櫟社的陳瑚（當時任《台中日報》（簡稱「中報」，即《臺灣新聞》）記者）、林幼春等在《臺灣新聞》、《台南新報》打筆仗，震動詩界，林癡仙出而調和。《水竹居主人日記》一九〇六年舊九月初五日（新十月廿二日）云：「在家鈔中部日報，係陳滄玉所作，排斥台南日報主筆連雅堂，號天縱子，作臺灣詩界革新議書後，故滄玉作一篇惡偽新學以排斥之。……晚飯後，又錄林南強與某生論《台南新報》臺灣詩界革新議。」（張麗俊《水竹居主人日記》（一），許雪姬、洪秋芬編纂．解讀，二〇〇〇年十一月，頁一二八、一二九）。至於《臺灣日日新報》亦有可能，林癡仙詞作〈淡江留別．調寄浣溪紗〉、〈贈李校書寶桂二闋〉都曾分別於三三九四、三五二八號，林癡仙對該報並不陌生。

# 十一　梁啟超致林獻堂函六（一九一一年三月廿四日，新曆四月廿二日）

獻堂我兄足下：昨書及詩計達[1]。僕小極數日，今霍然矣，幸勿為念。茲游誠快平生[2]，顧終以匆匆未得劇譚為恨耳。

公嘗問我以學詩及治學之道，僕未有以對也，臥病中輒復念此，今竊欲有言。

公質至美，凡百皆可期大成，豈惟詩者，即以詩論。吾見公所作雖少，顧已知其神骨甚清，是即天之所以相厚也，在加以學力而已，古人言多讀、多作、多商量。此雖庸言，然道實盡於是。惟學不可誤其途，大抵必讀專集，毋讀選本；必學大家，毋學近人；先學古體，成就後乃及近體，此其不二法門也。以杜為皈依，始於杜，終於杜，凡古近體悉宗焉。而古體則從昌黎入手，次之以東坡、山谷，然後溯源於陳思、阮、陶、鮑、謝則大成矣。近體則從義山入手，亦次之以坡、谷，而蕩之以放翁、遺山。其五律更溯源於王、孟，則大成矣，此外諸家雖不讀可也。太白難學香山禁學。語此雖似望洋，實則三年苦功足矣，後此不勞而日進，此似博而實約也。今請公最初一年勿為近體，惟取杜、韓兩集古體悉讀之，以成誦為期。初時勿作可也，一月以後，興至則為之，惟當刻意摹韓，若臨帖然；三月以後，韓集略皆上口，杜亦約三之一，則當求多作，月必十首以上，仍專效韓。若無題目，則宜多詠史，借以寄所懷；半年以後，杜集略卒業，則宜蘇、黃並讀，學韓久恐生氣稍窒；學蘇、黃則放矣，如是古體已能自成家數；一年以後，則兼學近體，仍勿廢古，少陵、玉谿並讀；又數月後，乃學黃，又次乃學蘇，學蘇、黃時以陸為附課足矣。以
公之質，若能循此塗轍，三年以後不成名家，吾不信也。雖然，此獨就詩言詩耳，道又有存乎詩之外者，昔賢所謂詞林根柢也，此非積學無以致之，今
公每日晷刻，能以用之於問學者，不審幾何，為
公之計，宜將此有限之晷刻，用其三之二於他學，學詩則最多毋過三之一。治學宜分專精、涉獵二途，非有所專精，則不能實有之於己；非有所涉獵，則無以博達而旁通也。涉獵

固無事指定，專精之書則宜先以四史、通鑑，乃及孟、荀、莊、列、管、韓諸子；謂宜先熟精漢書，次後漢、次三國、次史記、次通鑑，當研朱點之，字字勿放過，此其所需時日已不少矣。

讀書必須窗明几淨、神志清澈，宜有定課，勿作輟，宜常用筆記。

公宜在萊園潔一室，每日以定時入此室，既入，則百事勿問也，必所定之課既畢，乃出焉。每日能得四點鐘以上則大善矣。

抑　公所當學，又豈止此？吾前所言政治、法律、經濟、及泰西[3]史諸學，又公所必當有事也。但此當俟公來此與吾同居數月後，乃有下手之法，今姑舍是。惟望

公且如吾前所定課程先行之耳。

吾自游臺後，深知我
公一身關係於三百萬臺民之將
來者甚大，且吾方有事於祖國，
不得不廣求友助，然
公又其重要之一人也。
公若常以此兩重大責任懸於心目，
則所以自養其才器者，必有在。又
豈僅以雕蟲小技自安乎哉！以
公之年、以　公之質，固無不可任之事
也。
承　相愛非比泛常，不敢有所
撝讓隱晦，輒盡貢其愚，想不
以唐突為罪耶。因風尚希
見復，惟
善時自衛　不備
重闈太夫人萬福
啟超　頓首　　三月廿四日[4]

癡仙、幼春處，尚欲有書論詩，病新起，成此書已憊甚，故俟異日，幸先為道意。

1 「昨書及詩」指新曆五月三日信，即今昨連寄兩信。詩作見前〈臺北故撫署，今為日本總督府，過此感賦〉。

2 張麗俊《水竹居主人日記》（第三冊）一九一一年四月二日（中曆三月四日）載：「晴天，前記諸友並在瑞軒茗談，十二時飯罷，遂並穿禮衣往臺中驛候迎清國舊臣梁任公啟超氏也。此舉候迎者本島紳士詩人計三十餘名，及下車並隨到丸山旅館投名刺行禮，然後仍歸瑞軒。近五時，諸社友並諸紳士及梁任公隨員湯覺頓等三十餘人，俱在物產陳列館前寫真。寫罷，又並入瑞軒，臨櫟社晚宴……燕飲之間，社友癡仙君起而述：「此日之會，得諸貴賓光顧，實敝社之光榮。」少頃，梁任公亦起而答詞曰：「臺灣之風土民情，我本欲來領略，恨無知己之人，今與獻堂君相契，故得與諸君晤面；又逢貴櫟社開會，殊屬幸遇。但今夜酒席中俱文雅之人，只好談風月，國家政治不必提及。」道罷，俱拍掌稱快。少頃，又談及推敲，甚為有趣，僉曰：「請先生命題。」公曰：「追懷劉壯肅公，不拘體、不限韻」（壯肅公乃舊政府欽差劉銘傳，二十年前在東大墩築城建考棚，立聖廟，號臺灣府臺灣縣，開科取士一番。）燕飲至十時罷。才敏捷先提七律多人，予亦呈一律。」（許雪姬等編纂解說：《水竹居主人日記》第三冊，頁三五～三七，中央研究院近代史研究所發行。）

3 早期對西方國家的稱呼。葉榮鐘〈林獻堂與梁啟超〉：「他到霧峯的第二天，諄諄勸告灌老及林幼春先生，叫他們不可以『文人終身』，必須努力研究政治經濟以及社會思想等學問。同時舉筆開列日本書籍三十餘種，以後又陸續增列，計達一百七十餘種，都是東西方的名著。」書目亦有謂一百五十餘種、近兩百種者。

4 信封郵戳時間：明治四十四年（一九一一）四月二十幾日（日期漫漶不清，可能是二十二日），信抵台中時間則是新曆五月四日。信末日期為舊曆三月廿四日。

# 十二　梁啓超致林獻堂函七（一九一一年三月晦，新曆四月廿三日）

獻堂我兄大鑒：歸後連上兩書[1]，想次第達覽。日來病新瘥，未暇諸課，仍日日吟詠自遣，又得詩數章，皆感臺事作也，因悉屬長篇，未能鈔寄，他日即出，乃奉呈耳，又為詞數章[2]，先寫呈，此詞頗自得意，字字皆為臺灣人寫以事也。詞之為道專取詩人比興之旨，故意內而言外，美人芳草皆所寄託也。公試細讀之，當能察其用意所存。

癡仙好此道，請出示之，並索其屬和也[3]。歸後未得公，吾甚念之，請 隨意復我，吾輩言語既不甚能相通，音信正

達意之具也，此請
大安
重闈太夫人乞　叱名請
安　　啟超頓首　三月晦[4]

**蝶戀花**
**臺游感春**

倚徧遍黃昏人瘦削，愁覓墜歡，舊日閑池閣。記得燕來風動幕，是誰偷覷秋千索？　一雨做成新夢惡，夢裏羅衾，恰似郎情薄。早識護鈴成漫約，餘英悔不春前落。

別路屏山天樣遠，苦怨斑騅，不放人留戀。波底題紅流片片，憑君量取愁深淺。　恨雨蠻煙朝暮捲，便到春回，蕉萃羞重見。何況夢中時鳥變，東風已共游絲倦。

江上琵琶聲最苦，不分娉婷，錯嫁浮梁賈。昨夜夢雲迷遠浦，推篷又是愁風雨。 休問飛紅誰是主？纔墮天涯，半晌成今古。一角池萍風約住，前身誰信枝頭絮。

歲月堂堂人草草，數盡花風，冷盡春懷抱。鎮日西園鶯不到，斷紅零粉誰知道。 多事庭蕪青未了，和雨和煙，牽惹閑煩惱。誰遣南雲音信杳，一年又見吳蠶老。

依約年時攜手處，謝卻梨花，添卻廉纖雨。雨底蜀魂啼不住，無聊祇勸人歸去。　剗地漫天花作絮，饒得歸來，狼藉春誰主。擔待相思能幾度？輕身願化相思樹。

莫怨江潭搖落久，似說年來，此恨人人有。欲駐朱顏宜倩酒，鏡中爭與花俱瘦。　雨橫風狂今夕又，前夜啼痕，還耐思量否？愁絕流紅潮斷後，情懷無計同禁受。

啟超初稿

## ㈠林癡仙和梁任公〈蝶戀花・臺游感春〉

**蝶戀花「感春」次任公韻　　林癡仙**

羅帶頻寬腰似削，傷別傷春，自掩紅泥閣。盡日玉鉤垂繡幕，一庭絲雨添蕭索。　漸近黃昏風更惡，狼籍殘紅，命比佳人薄。空與東君留後約，已無心管花開落。

咫尺紅牆銀漢遠，舊日枝頭，誤了遊蜂戀。夢隔梨花雲一片，滄溟總比春愁淺。　十二湘簾垂又捲，倚竹竛竮，翠袖無人見。除卻思君心不變，近來已覺梳妝倦。

吟到白頭情最苦，肯抱琵琶，再嫁潯陽賈。日落春潮歸別浦，斷雲脈脈含殘雨。　寂寞欲留春作主，綠暗西園，一夢成今古。惱殺流鶯聲不住，東風滿眼飄輕絮。

冷落閒庭鋪碧草，數點殘英，倦蝶香猶抱。門外斑騅嘶不到，陸郎廿載長安道。　可是今生緣未了，昨夜燈花，故故將人惱。望斷玉璫緘札杳，寧知綠鬢為君老。

葉底殘花無覓處，一片輕陰，又釀清明雨。百計留春春不住，朝來塞雁先歸去。　斜倚繡簾吹柳絮，念汝因風，飄蕩誰為主？儂亦孤鸞愁裡度，雙棲羨煞青陵樹。

池館寂寥春去久，無主桃花，雨後開還有。相對一杯婪尾酒，舊家姊妹憐消瘦。　倚柱悲吟今夕又，破鏡空持，天許重圓否？石爛海枯千劫後，恩波長記儂曾受

1　此二信函未見。宜是三月廿三、廿四日兩信函，然此二信函寄達台中時間是是五月三日及四日，而本信函較早，四月廿八日即達台中。未知何故。

2　作者隨函附寄〈蝶戀花・臺游感春〉詞。《飲冰室文集》作〈蝶戀花　感春（遊臺灣作）〉。此詞見其遊臺第六信。詞前有文，云「復有詞數闋，託美人芳草以寫哀思，並以寄上，試請讀之，或可喻其言外之意耶。三年不填詞，今又破戒矣。」第四句，《飲冰室文集》作「記得燕來風動幕」。

3 請見十二・(一)。此六首校釋，可參筆者《無悶草堂詩餘校釋》一書，國立編譯館主編，臺北：鼎文書局總經銷，二〇〇六年五月初版，頁九六～一一〇。

4 晦，本舊曆每月的最後一日，唯此信封背署「三月廿五日付郵」。信中云「歸後連上兩書」，故書信時間宜為一九一一年舊曆三月廿五日，新曆四月廿三日。距舊曆三月十三日（新曆四月十一日）乘讚崎丸離臺返日已十二日。船行約五日，則三月十七日可抵日本，距廿五日不過九天，而此信已是第三信，足見梁氏初歸之時，書信極勤。《漢文臺灣日日新報》載「本日（編校者按：即二十三日）梁任公湯覺頓兩氏由內地攝津須磨雙濤園寄函於雪漁、湘沅，陳謝前日遊臺，款洽深情，且囑致意於當時會晤諸賢。」

# 十三　林榮初致梁啓超函（一九一一年三月廿五日，新曆四月廿三日）

任公偉人先生　閣下。聞
大賢之名久矣。懷願見之私，亦久矣。何幸
文旌東指，竟於竹驛遭逢，仰止
光儀，始償奢望。伏思
先生才通古今，學貫中西。作海外之寓公，五洲一士，倡維
新之盛舉，萬古千秋。榮初[1]滄海遺民，竹城末學耳。
目雖染文明，身心自慚　迂腐，意謂
先生必以道岸自高，將同孺悲之見拒，豈知一瞻
雅範，頓蒙
巨眼舒青，方知
先生所以負望重於天下者，皆本於經國之略，而
懷救世之心也。蒙賜墨寶，張之書齋，光芒四射。隨
園與尹相國論書法言，不必專門名家而後為工大，
凡有功德者，有福澤者，有文學者，其生平雖未學
書，而落筆必絕異凡庸。
先生於斯三者，兼而有焉。其可寶可貴，何待言哉。

李君少福，與榮初有八拜之交，昨方航海歸來，一見先生書，恨不得片紙隻字為憾。恐他日入贊黃扉則其文學日進，福澤有徵，其功德正未可量，方將燮理陰陽之不暇，又烏能執筆為之耶。榮初因之有感，謹備絹紙若干，作無厭之請，伏望先生鑒厥微忱，揮以椽筆，則雖拱璧之珍，傳家之寶，不是過也。瀛東漫遊，天緣既假，而我以不幸，莫望停驂，斯山川之失色，雖草木亦不榮，東望扶桑，為之仰企。天邊明月，原無常照遐陬，鯤海雪泥，或者再印鴻爪，私心禱切，餘復何言，不腆附呈，聊伴荒柬，敬請文安，統祈霽照不備。

晚生　林榮初　頓首

辛亥三月念五日[2]謹上

1　林榮初，字震東，號潛園小主人。光緒三年（一八七七）生於竹塹西門內公館，林占梅嫡孫。內公館素好文雅，家中禮聘宿儒名師於潛園、課讀子弟，榮初先後受教於張麟書，張鏡濤等人。乙未割台，日軍進攻新竹，其父尚義避

2

難回泉州祖居地，榮初以十九弱冠之年，獨撐大局，掌理內公館龐大基業，身處鼎革動亂時局，備嚐艱辛。七月，北白川宮能久親王進駐新竹，特意指派竹塹名望家及幹練之士，如富室鄭如蘭，前清舊吏高福，區長馬玉華及素負名望之潛園主人林榮初等四人，迎接親王駐驛潛園，藉此凸顯台民俯首之情，亦由此得見林氏在竹塹的聲譽。日據初期，竹梅吟社重組為竹社，林氏出入其間，不論擊缽吟詩或詩鐘，均落筆成文，常掄元而去，與外公館之鄭幼佩齊名，詩社同仁譽為「內初外幼」。台中櫟社每有雅集，林氏常與鄭毓臣、以庠等共襄盛事。一九一一年，梁啟超遊台時，林氏與櫟社同好與之切磋詩文，梁氏特以詩「江上秋風宋玉悲，長官手自葺茆茨，人生窮達誰能料，蠟淚成堆又一時」贈之（黃旺成《新竹縣文獻會通訊》第七號）。林氏少時與謝介石相交頗深，謝氏出任偽滿洲國外交大臣後，應邀前往東北遊歷，得見神州風光。又與黃郛相與還，得黃氏之助，遍遊大陸各地，自由往返於日本、大陸之間，其歷練感懷益豐，詩境隨之更為開拓。年六十時，由日本返回竹塹定居，總督長谷川清為之邀宴召見，頗受禮遇，一九四四年，病逝。生平詩文散見各處，然未結集刊行。

林榮初曾於新竹驛（新竹火車站）見過梁任公，任公並贈以墨寶。後來榮初寫信道謝，並代替友人李少福請任公揮毫。此信時間辛亥年（一九一一）三月二十五日，亦即梁任公離臺（三月十三日）後兩星期郵寄至日本。

# 十四　梁啓超致林獻堂函八（一九一一年三月廿六日，新曆四月廿四日）

獻堂長兄有道：茲遊所承摯愛，非尺札所能罄其感激，自審非徐孺，何以得此於陳仲舉耶[1]。歸後無端臥病，今晨始能窺園，藥餌尚未屏也。作報濡滯，幸勿為罪。舟中得雜詩如干首，非敢效顰，杜老秦州，聊自寫其勞歌而已，荷庵喜事，輒為迻寫，今傳筒達記室，儻亦茲遊一存念照耶！所懷萬千，新病起，不究，惟若時自衛。

啟超頓首

三月二十六日[2]

1 以陳蕃的禮賢下士來陪襯徐孺。徐孺（九七～一六九），名稚，字孺子，江西豐城人，家貧，躬耕而食，東漢名士，滿腹經綸而淡泊名利，不仕，築室隱居，時稱「南州高士」。東漢名臣陳蕃至豫章為太守，一到當地急尋徐孺子以請教天下大事。當時徐稚已年過五十，當陳蕃派人請他時，專門為他準備一張可活動的床，徐稚來時放下，走後掛起。因此王勃〈滕王閣序〉說「人傑地靈，徐孺下陳蕃之榻。」梁啟超〈萊園雜詠〉亦用徐孺典故：「人物自是徐孺子，山林不數何將軍。」陳蕃是東漢著名政治家，字仲舉，曾任太守、太尉、太傅等職，從政數十年，為官清正廉潔，剛正不阿，世人稱為「不畏強禦陳仲舉」。

2 就此信函內容觀之，「茲游」乃指辛亥三月春游臺事，雖信函未署年份，然據此可知一九一一年。

# 十五 梁啓超致林癡仙幼春函（一九一一年四月四日，新曆五月二日）

癡仙幼春兩兄惠鑒：茲游備承
摯待，感入五中，恨太匆匆，未殫良會，
歸後猶耿耿相憶也。小極經旬，遂稽時
候為罪，屢從獻堂書中致問訊，想
能見之
君家大小阮以詩鳴於海嶠，雖曰不得
志於時者之所為，然茲事實亦為將
來文統所繫，深願更肆力以成名
家也。比者屢承沖挹下問，弟固
末學，方皇皇求師之不暇，何足以有所
語於
兩公者。歸來檢點諸稿，將前後所獲
覩之 大什略為推敲，似略有所見，敢
援麗澤之義，一貢其愚，想
兩公樂聞之乎！竊謂

癡公天分絕高，用筆造語往往有新拔處。其病在出筆太易，每篇中恒有失於剽滑率真者，似宜再從昌黎集下番摹仿工夫，植其峻拔兀奡之氣，或佐以長吉亦無不可，然後取徑山谷，以皈依老杜。東坡非不可學，惟當學其每篇換筆換意處，其剽者切勿效之，此言夫古體也。

癡公近體所見甚少，不敢妄評，然總願稍擺脫蘇陸門戶，或專取徑於小李小杜何如？

幼公字字歐心，格律深嚴，往往有驚心動魄語，是其所長也。然微嫌疏宕之氣少，前所讀和邱仙根諸律[1]，體貌殆逼盛唐，而神韻未至，若遵此道，恐墮入明七子蹊徑。謂宜專宕之以坡、谷，中原諸賢盛學宋詩，雖云取巧，然亦以宋派易為迴腸盪氣之作，較易有入也。

大抵由山谷入杜，確是不二法門，而　癡
公宜先之以韓，　幼公宜先之以蘇或參之陸，韋弦
之佩，殊塗同歸，鄙見如此，不審
兩公以為何如？
杜老句云：愜意關飛動，篇終接混茫。
願　兩公皆於飛動、混茫兩境界各
下苦功，以求達之。
弟之學詩，實始自去年秋冬間耳[2]，
今方彷徨於諸大家門外，一無所入，何
足以為人嚮導者，特以
諸君子之過愛，苟有所見，不敢隱耳。
趙堯生侍御[3]者，當代宗匠也。弟今方從
之學，每成一篇，輒鈔乞繩墨，此老善
誘不倦，每塗乙狼藉，不稍假借也。已
為　兩公介紹於其門，雖未得復章，
料當不拒，望
兩公即鈔所作各十數首，弟當為寄
去，乞其以誨我者相加，或致有益也。
承　愛不為客套語，諸惟

鑒原。敬承　小詞數章寄獻公處，乞屬和

大安　啟超頓首　　四月四日[4]

槐庭仁兄同候

1 見「五・㈠林幼春〈秋感敬和邱文仙根主政原韻〉詩」。

2 作者另封一九一一年四月十三日（舊曆）信函謂：「吾實自去年始學為詩，專肆力於古體，覺漸有所入」去年指一九一〇年。

3 趙熙（一八六七～一九四八），字堯生，號香宋，又署雪王龕，四川榮縣人。光緒十七年，鄉試中舉人。光緒十八年進京殿試為二甲第五十三名進士，朝考列二等，授翰林院庶起士。光緒二十年，趙熙二次入京，應保和殿大考，名列一等，授翰林院國史館編修，出任江西道監察御史。工詩詞，能戲曲小說。其文駢散俱精，詩品高秀，以敏捷稱。郭沫若曾自任部分印費，在上海倡印《香宋詩前集》上下冊，錄詩一千三百餘首。近年四川又出版《香宋詩鈔》，錄詩五百首。《香宋詞》三一三首，於民國七年（一九一八）刻版印行。人謂「香宋詞人，稟過人之資，運靈奇之筆，刻畫山水，備極雋妙，追蹤白石，而生新過之。」巴蜀書社有《趙熙集》。書法字體秀逸挺拔，融諸家為一體，時人稱「榮縣趙字」。梁啟超致林獻堂信函多次提及學詩於趙堯生侍御，並希獻堂諸君函寄詩作請趙氏指導。梁氏有〈寄趙堯生侍御以詩代書〉，《清稗類鈔》文學類二「趙堯生詩肖蜀中山水」載陳石遺語，洪棄生《寄鶴齋詩話》亦云：「近日詩格，有主奧衍微至者……尚有四川榮縣趙堯生熙，詩格在高華微至之間，昔乎余不多見。」一九二二年時，胡先驌即有〈書評：評趙堯生香宋詞〉一作刊《學衡》四期。侍御，御史的別稱。

4 雖未署年，但就信函內容觀之，宜是一九一一年。如內云「茲游備承摯待」、「弟之學詩，實始自去年秋冬間耳」。

# 十六 梁啓超致林獻堂函九（一九一一年四月十三日，新曆五月十一日）

獻堂三兄大鑒：連奉　兩書，敬悉。一是公本好學，今更厲精，豈患不大成耶？吾豫為三百萬族姓祝矣！鄙人游臺詩其古體數章，因無暇自寫，故久未奉寄，今屬家人鈔呈並詞數闋，吾實自去年[1]始學為詩，專肆力於古體，覺漸有所入；其近體則駁雜無家法，殊不足觀也。此次所寄[2]，他無可道，惟於律似尚謹嚴，視去秋贈（去秋作，後半章法凌亂，其詞亦嫌稍繁）公之作[3]覺略進耳。以公相親愛，故不為客氣譚，輒將用筆之法略注一二於卷端，以為相觀而善之資，而乞有以匡其不逮，幸甚！游臺詩詞共得七十餘首[4]，可謂翫物喪志，已櫜筆半月，不復為此矣。匆匆奉復。即承

侍祺

啟超頓首　四月十三日[5]

再者，懷劉壯肅[6]篇及桂園曲，乃至各詞，若公謂可以登報則以寄臺北、臺中亦無妨，藉此與諸故人一結文字緣也。其臺灣雜詩[7]亦可摘登，但懷壯肅篇，若登報則請將黠虜二字，改作復起二字又承詢蠶紙[8]一語，此借用玉谿集「空留暗記如蠶紙」[9]句耳。

## (一)〈游臺灣追懷劉壯肅公〉、〈桂園曲〉、〈暗香〉、〈斗六吏〉、〈公學校〉、〈拆屋行〉、〈墾田令〉、〈西河〉、〈八聲甘州〉

### 游臺灣，追懷劉壯肅公

憶昨甲申之秋方用兵，南斗騷屑桴鼓鳴；海隔倒懸待霖雨，詔起將軍巡邊城。將軍功成狎文忠，高躅久謝塵軒攖；國家多難敢自逸，笑揖猿鶴飆南征。半天波赤馳長鯨，魑魅甘人白晝行；百年驕虜翫處女，將軍飛下萬靈驚。雞籠一戰氣先王，滬尾設險疇能嬰。其時馬江已失利，黑雲漠漠愁孤城；忍饑犯瘴五千士，盡與將軍同死生。手提百城還天子，異事驚倒漢公卿。揭來海雲千里平，杲杲紅日照屯耕；桑麻滿地長兒女，舉子往往劉其名。將軍謀深憂曲突，謂是脆單前可懲；酒泉、樂浪宜置郡，用絕天驕揚漢旌。鑿山治鐵作馳道，俯海列砲屯堅營；宅中議設都護府，坐控南北如建瓴。料民度地正疆界，以利庸調防兼并。鄭渠鄴漳隨地有，下邑亦滿絃歌聲。平蠻直窮鳶墮處，要使鹿豕馴王靈。訏謨事事準官禮，邊功區區卑李程。中朝大官玩厝火，枋鷃豈喻鵬徙溟。司農出納吝銖寸，齊威卹鄰空典型。輪臺已聞罷邊議，況乃盈耳來青蠅。將軍受事亦六稔，謂縻頂踵酬闕廷。軒車一去留不得，藤蔓啼鶯空復情。大潛山下白雲橫，（公有大潛山房文集），下有寒湫蛟可罾。手種菜甲日已長，有時南望微撫膺。任尚豈省班超策，辛湯或妒充國能。長城已壞他豈惜，雨拋鎖甲苔臥槍。夜來風惡鼉涎腥，上相出菹城下盟。燕雲投贈自古有，珠崖棄捐誰輸贏。可憐將軍臥大床，眼中憧憧百鬼獰，噩夢驚起月墮海，鹿耳鯤身山自青。滔滔沉恨閟九京，鴟夷不返餘濤形。涇原更安得一范，西涼空復說三明。衹今劫火又灰冷，東方千騎來輕盈。黠虜竊踵將軍武，竟有豎子名能成。山河錦繡亦增舊，獨惜花鳥長凋零。吁嗟乎。漢家何代無奇英，陳湯無命逢匡衡。賈生得放既云幸，晁錯效忠行當烹。及其摧折已略盡，九牧所至如罄瓶。一朝有事與人遇，乃若持莛撼大楹。君不見將軍嘔心六載功不就，翻以資敵成永寧，天地生才亦匪易，悵望古今徒竛竮。

### 暗香　延平王祠古梅，相傳王時物也

東風正惡，算幾回吹老、南枝殘萼。水淺月黃，長是先春自開落。二百年前舊夢，早冷卻棲香羅幕。但賸得片片倩魂，和雪渡溪彴。　依約，共瘦削，便撩亂鄉愁，驛使難託。鸞箋罷寫，閒殺何郎舊池閣。休摘苔枝碎玉，怕中有歸來遼鶴。萬一向寒夜裡，伴人寂寞。

### 桂園曲

明故寧靖王朱術桂，以永曆十八年奉詔入臺監鄭軍。延平王待以宗藩禮，三世不衰。克塽降，王義不辱，集諸妃王氏、袁氏、荷姑、梅姑、秀姐，詔之曰：「孤不德，將全髮膚以見先帝、先王于地下。若輩可自

為計」。僉泣對曰：「王死國、妾死王，義一也」。遂笄服騈縊於堂。遺民哀焉，合葬諸臺南郡治南門外之桂子山，號五妃墓。即墓立廟，享祀弗替。越二百二十八年，新會梁啟超游臺灣，以道遠未能謁也，述其事以作歌。時清明後五日也。

鶩老花飛桂子山，天高月冷聞珮環。人尋法曲淒涼後，地接蓬萊縹緲間。憶侍王孫竄荊棘，珊瑚寶玦還顏色。萬里依劉落日黃，五湖從范煙波碧。九州南盡有桃源，華表歸來一鶴尊。高帝神靈仍日月，五溪文物自山川。陌上條桑衣鬢綠，賣珠呼婢修蘿屋。（王自墾田百餘甲於萬年縣之竹滬，督諸妃躬課耕桑，歲入輒以犒軍士。）歸來分耦迭添香，好伴君王夜深讀。詔言萬事共悠悠，劫後相依一散愁。天荒地老存三恪，裙布釵荊占一丘。黑風一夜吹滄海，朱顏未換雕闌改。虎臣執梃傳車忙，龍種攀髯弓劍在。金環翟茀拜堂皇，王死官家妾死王。翠瀾永（以下散佚，原文如下：閟千年井，素練紛飛六月霜。昨夜香銷燈自炧，蜀魂紅遍蒼梧野。吹徹參差不見人，雲旗嫋嫋靈來下。百年南雪蝕冬青，靈物深深護碧城。遺老久忘劉氏臘，秋燐猶作鮑家聲。我來再換紅羊劫，景陽冷盡龍鸞血。雨溼清明有夢歸，海枯碣石憑誰說。天涯盡處晚濤哀，刮骨酸風起夜臺。莫唱靈均遺褋曲，九疑帝子不歸來。）

## 斗六吏

警吏陣斗六，數百如合圍。借問此何者？買地勞有司。
赫赫糖會社，云是富國基。種蔗當得由，官價有程期。
小人數畝田，死父之所遺。世守亦百稔，饘粥恒于斯。
願弘一面仁，貸此八口飢。欲語吏先嗔，安取閑言辭。
府令即天語，豈天乃可違。眾雛各有命，何不食肉糜？
出券督畫諾，肘後吏執持。拇印失爛熳，甘結某何誰。
昔買百緡強，今賣不半之。便願不取值，方命還見笞。
一日買十甲，一月千甲奇。入冬北風起，餓莩閴路歧。
會社大煙突，驕作竹筒吹。

## 公學校

道周逢群童，人言是學生。借問何學級？所學何課程？
此間有良校，貴人育其英。島民賤不齒，安得抗顏行。
別有號公學，不以中小名。學年六或四，入者吾隸萌。
所授何讀本？新編三字經。他科皆視此，自鄶寧足評。
莫云斯學陋，履之如登瀛。學塗盡于斯，更進安所營。

貴人豢我輩，本以服使令。豈聞擾牛馬，乃待書在楹。
漢氏厲學官，自取壞長城。秦皇百世雄，談笑事焚阬。

### 拆屋行

麻衣病嫠血濡足，負攜八雛路旁哭。窮臘慘栗天雨霜，身無完裙居無屋。自言近市有數椽，太翁所構垂百年。中停雙槥未滿七，府帖疾下如奔弦。節度愛民脩市政，要使比戶成殷闐。袖出圖樣指且畫，剋期改作無遷延。懸絲十命但恃粥，力殫弗任惟哀憐。吏言稱貸豈無路，敢以巧語干大權。不然官家為汝辦，率比傍舍還租錢。出門十步九回顧，月黑風淒何處路？祇愁又作游民看，明朝捉收官裏去（彼中凡無業者，拘禁作苦）。市中華屋連如雲，哀絲豪竹何紛紛。遊人爭說市政好，不見街頭屋主人。

### 墾田令

府帖昨夜下，言將理原隰。自今限名田，人毋過十甲。
聞官方討蕃，境土日安集。墾草宜待人，官寧親畚鍤。
官云汝母國，齒稠苦地陿。每每此原田，將以世其業。

舊田不汝追，帝賚已稠疊。安得非分求，無厭若馮鋏。
貴人於於來，生事須長鬣。汝能勤四體，自足丐餘汁。
吁嗟討藩軍，巨萬費楮帖。借問安所出，甿隸與鬻妾。
舊田賣已空，新田取難襲。鬻身與官家，救死儻猶及。
悠悠彼何人，哀哀此束溼。

**西河**

**基隆懷古用美成金陵懷古韻**

沈恨地，百年戰伐能記；層層劫燼閟重淵，潛虯（虬）不起？
愁看東海長紅桑，蓬萊雲氣無際。　耿長劍，誰更倚。
虞泉墜日難繫。鼓聲斷處月沈沈，浪淘故壘；返魂槎
客若重來，酬君清淚鉛水。　夕陽一霎見蜃市，又罡
風，吹墮千里。欲問人間何世？看寒流湧出，漢家明
月，消瘦姮娥山河裏。

**八聲甘州**

鄭延平王祠堂，用夢窗游靈巖韻

甚九州盡處起悲風，漢軍落前星。賸百年花鳥，種愁
荒砌，啼血空城。夜半靈來靈去，海氣挾蛟腥。似訴與

亡怨，鈴語聲聲。今日紅羊又換，算學仙遼鶴，有夢都醒。對斜陽無語，彈淚滿冬青。漸東流夜潮去急，蕩舊時明月下寒汀。憑誰問：閟重重恨，樹靡東平。

1 此信寫於一九一一年四月十三日（舊曆），去年指一九一〇年。

2 即〈游臺灣追懷劉壯肅公〉、〈桂園曲〉、〈暗香〉、〈斗六吏〉、〈公學校〉、〈拆屋行〉、〈墾田令〉、〈西河〉、〈八聲甘州〉。

3 即〈贈臺灣逸民兼簡其從子〉（重編本《飲冰室文集》）一詩。此詩作於一九一〇年九月秋末，時梁氏居日本兵庫縣之須磨村。梁啟超寄林獻堂函稿詩題作〈奉贈獻堂逸民先生兼簡賢從幼春〉（見本書原件）。康有為手批梁詩，詩題作〈贈臺灣逸民林獻堂兼簡其從子幼春〉，評云：「此與〈哀朝鮮詞〉皆純乎小雅，哀物悼世，沉鬱雄健，毫髮無遺憾，波瀾獨老成。」見梁啟超撰、康有為批，《影康南海批梁任公詩稿手蹟》，臺北：世界書局印行。

4 作者〈遊台灣書牘‧第六信〉（陰曆三月十四日）謂：「此行乃得詩八十九首，得詞十二首，真可謂玩物喪志，抑亦勞者思歌，人之情歟。擬輯之題曰《海桑吟》，有暇或更自寫一通也。」則合計有一〇一首。本信函謂七十餘首，或梁氏之後有所去取，或是概略言之，並不求確實數字。唯此二信皆有「玩物喪志」之語，對經國濟世之志的梁啟超而言，詩文畢竟是小道，然梁氏終無法毅然拋之，斷卻吟詠，因而畢竟詩歌亦可「陶寫吾心」，遂自我解嘲：「抑亦勞者思歌，人之情歟」

5 信封郵戳時間為明治四十四年（一九一一）五月十二日。

6 劉壯肅，即劉銘傳，字省三，安徽省合肥人，清末軍事家和政治家。劉氏文武兼備，同治年間隨李鴻章平定太平天國、撚亂。光緒十年（一八八四），劉氏兩度擊退法軍，使臺灣轉危為安。後臺灣改設行省，出任首任巡撫。任內針對時勢，推行新政，設西學堂、撫定番人、開拓山林、獎勵農畜、開發礦產等，加強臺灣防務。尤其致力於煤礦、輪船、電信、鐵路等四大建設，奠定臺灣現代化的基礎。清光緒二十一年（一八九五）病逝。謚壯肅。著有《劉壯肅公奏議》、《大潛山房詩集》。

7 作者〈遊台灣書牘‧第六信〉（陰曆三月十四日）謂：「舟中檢點日來所為雜詩，得十餘章，錄以奉覽。」所錄有詩十七首，詞六闋。

8 給蠶產卵的紙，一般為桑樹纖維所製。

9 李義山〈雜曲歌辭‧無愁果有愁曲〉：「東有青龍西白虎，中含福皇包世度。玉壺渭水笑清潭，鑿天不到牽牛處。騏驎踏雲天馬獰，牛山撼碎珊瑚聲。秋娥點滴不成淚，十二玉樓無故釘。推煙唾月拋千里，十番紅桐一行死。白楊別屋鬼迷人，空留暗記如蠶紙。日暮向風牽短絲，血凝血散今誰是。」

# 十七　梁啓超致林獻堂函十（一九一一年四月十八日，新曆五月十六日）

獻堂三兄大鑒：前續寄上所為詩詞鈔本若干首，想已達　記室[1]。今專有一事奉商者，前在臺時，曾商議辦日報於北京、上海，茲事所需資本太多，籌措較難，祇得暫從緩議[2]。惟別商國民常識會一事[3]，自歸來後，屢與諸同志熟商其辦法，略異於前。除印送通俗之小冊子外，欲精心結撰，以辦講義一種。今將改定章程及說略呈覽[4]。弟一年來苦思力索，竊謂為祖國起衰救弊計，舍此末由。即以臺灣諸昆弟論，若能得數百人入此學會，獲此常識，則將來一線生機，即於是焉繫。鄙人不敏，將併兩年之皆力，殫精以治之。報國之誠，將專注於此矣[5]。今徧約內地同志之有譽望者，為發起人向學部存案。茲將重要之姓名，別紙列呈，欲邀公亦為發起人之一，所以為臺人倡也。想公所處之地位，無甚不便耶？乞即 見示。尤有請者，開辦伊始，必需經費，為普及起見，其（初號擬印三萬。）講義等，每冊總須印數萬份，即印刷費一項，亦已不貲，將來雖可向內地募捐，而非俟出至數號以後，不便勸人。弟既越在海外，不能直接與內地士大夫交涉，而此間同人，力皆綿薄，欲驟任此，為道實難。弟辦國風報因無資本，東移西補，往往坐是延閣，不能出版，力竭聲嘶，可為浩歎。（弟辦此事，擬與荷庵等二三人，一切躬親之，其印刷所、發行所等，即設於神戶。前此國風報亦欲如此辦法，但以無資本，不得不委諸上海，極不便也。）今欲辦此事，最少非得有萬數千金不能著手，亦以遲遲未舉者，頗為

大約總有萬金乃能開辦，而將來尚須繼續費，蓋以賣價廉故也，現在所略能籌得者，尚未及三千金。

此故甚矣此物之能令人短氣也。今欲乞公自量己力，更約臺島同志若干人，為捐募五千元內外，以充開辦費，不審能否？知公近年擴充事業，所費頗鉅，流動資金

當亦無多。然勉竭大力，佐以勸募，冀尚克舉耳。非此事關係重大，不敢以奉瀆。非與公相知之深，亦不敢奉瀆。苟弟自力而稍能任此者，猶不敢奉瀆。若公能玉成之，則非惟弟私感，且當為祖國四萬萬同胞頓首以謝也。勸募之舉，本當俟章程印出後，為章程須俟學部批准後乃印，恐當在五月杪耳。其講義則擬以六月初一日出第一號，公若允見助，則請量　公所能自助者幾何，所能募集者約幾何，先示以略數，俾得略有把握，能於舊歷五月內，先惠寄若干，則大幸也。恃　愛之深，不避唐突，質言無文，伏祈　鑒原，即請

侍祺不宣

啟超頓首　四月十八日[6]

擬邀發起人姓名略列：

胡元倓[7]（現任日本留學生總監督）張元濟[8]（前外務部參議）楊度[9]（四品京堂候補）

嚴修[10]（前學部侍郎）朱祖謀[11]（前禮部侍郎）張謇[12]（翰林院修撰，江蘇諮議局長）
湯化龍[13]（湖北諮議局議長）譚延闓[14]（湖南諮議局議長）范源廉[15]（學部侍郎）
陳三立[16]（吏部主事）熊希齡[17]（奉天鹽運使）孫洪伊[18]（請願國會總代表）
馬良[19]（前政聞社社長）
其他尚有多人不備列，惟弟名則不列此內耳。

## (一)國民常識講義說略

國民常識講義說略[19]

### 第一　內容總說

本講義宗旨，在以極短之時日，將世界常識切實灌輸于國民，故凡重要之學說事理，由本會同人認為人人所當知者皆編成各種極精要之書，用通信教授法，按月出版，其目如下：

**論理學**

論理學，西人稱之為學問之學問。無論治何學，皆須從此入門，然後知演繹歸納之為用，而研究法得有所施也。我國今惟有嚴譯穆勒名學一種，然非誨導初學之書。讀者罕能索解。本講義乃用最淺之筆演最新式，使讀者人人領會。

**人文地理學**

凡治社會科學者以地理歷史為根柢。我國之地理書，或皆為學堂教科用，每苦于乾燥無味。本講義專言地理與政治生計之關係，使學者惟感興味。

**泰西史論上**（上古史中世史）

**泰西史論下**（近世史現代史）

國中所有西史，亦皆為學堂教科用，臚列人名年月使人厭倦。本講義全然別出機杼，以論文體行之，插事實于議論之中，凡一現象，務說明其原因結果之關係，其文章縱橫排奡，淵懿樸茂，誠空前之奇著也。

**各國憲政成立史**

此事為中國現在國民應特別詳細研究者，故別為專編。

世界大勢概論

本講義特對最近世界大勢及其將來之走勢說明，使讀者得了然于中國之位置而謀所以自處。

**社會學**

近世學者分學問為自然科學社會科學之二大部門。本編所謂常識者專就社會科學之一部言之耳。政治、法律、生計諸學，皆社會科學之一種，而社會學實總其綱。本講義擷此學之綱要，使學者先了然于學問之系統與夫各種現象相關之理法，庶幾分治各學，無入主出奴，專己守殘之病。

**進化論**

進化為社會現象中之最要者，自達爾文發明此理法後，全世界思想一變，影響于政治生計者極大。本講義為一簡明之小冊，說其大概，使人人共曉。

**國民心理學**

此學術漸已成為獨立一科學，專研究各國國民心理之異同，比較其長短得失，而推論其將來之興衰。誠我國民人人當服之聖藥也。本講義乃節譯法國碩儒盧般氏之名著，雖一小冊，而字字金玉，興味盎然。

**憲政精神論**

此乃一篇小論文也。以國民不解憲政真相者太多，故先為此文導之，然後治國家學政治學乃有所入。雖寥寥小冊，實針針見血之文也。

**國家學**

欲使國民有政治常識，具立憲國民資格，首當先知國家性質目的功用。本講義以極銳達之文章，闡極奧遂之理，殊費苦心，盡人所宜熟讀也。

**政治學**

政治學本未成為一獨立科學，不過合國家論與政策論兩部而成耳。本講義即接續前編為一小冊，泛論政策原理，使讀者得抽象的治觀念也。

**政黨論**

政黨為運用立憲政體所不可缺之物。我國今正相需甚殷，而國人不了解其真相，則政黨終而無由發生，憲政亦終無由圖成，故特著專編論之。

**政治思想論**

此亦一篇小論文也。我國人尊重法律之習慣太薄，苟非大改之則終無以進于法治國，雖頒種種法規，將盡成廢，故首著此短篇，以為治法學者之前驅。

**法學通論上（總論）**

**法學通論下（各論）**

欲治法學者必先續法學通論。而此等名著實難覯。其適于我國之用者，則更無之。本書專為補此缺點而作。結構煞費經營。又使與本編他書相輔而不相複，俾讀者毋至多耗日力。其各論之卷，略于憲法行政法，而詳于其它諸法。因本編組織以憲法行政法列于前期，認為必要科，其他則列于後期，認為隨意科也。

**憲法論**

憲法當于宣統五年以前頒定，國民研究不可一日緩。今國中所有者，惟解釋日本憲法之書，安能適用。本書比較各國以定去取，誠救時之名著也。

**政府與國會論**

此本憲法論中之一分，以其特重要，故著專編。

**行政法論**

我國今以整理行政為最急。人人皆當具行政法之智識，而服公職之人，為尤要。此書亦比較各國，斟酌本國情形而定所采擇也。

**地方制度論**

**自治要鑑論**

此本行政之一部，以其特重要，故別著專篇。

**司法制度論**

為一小冊子，言法院組織，使人人知司法獨立之精神。

**國民生計學原論甲（總論）**

**國民生計學原論乙（生產論）**

**國民生計學原論丙（消費論交易論）**

**國民生計學原論丁（分配論）**

**國民生計學原論戊（生計史及生計學史）**

本會同人，認國民生計學為今日中國教亡最要之學科，非國中多數人講明此學之原理原則，則國將不能競存于大地，而四萬萬人且成餓莩。今國中無一佳本，專人言此學，輒望洋而歎。故精心結撰，以成此書，務使人忘其為繁難之學，庶可以收普及之效。惟丙篇交易一門，以銀行貨幣別有專篇，故稍而簡專。

**銀行論**

**貨幣論**

此二者本生計學原論中之一要件，然以其現象頗複雜，理論頗繁難，故各國學者多專論之。我國今後從事改革，故本編亦論之特詳。

**生計政策概論**

為一簡編之小冊子，綜論各種政策之大概，使國人具此觀念，乃可以權衡各政策之得失。

**致富要術**

前列諸書，皆就國民生計全體立言。此書則言箇人應用此學術，以謀貨殖之法，尤人人所願快睹也。

**財政學甲（總論）**

**財政學乙（政費論）**

**財政學丙（歲入總論）**

**財政學丁（租稅論）**

**財政學戊（公債論）**

**財政學己（理財機關論）**

**財政學庚（地方財政論）**

**財政學辛（財政史及財政學史論）**

中國財政瀕于破產，非有財政上完整之智識，不能語于整頓。且立憲國民以監督財政為一要職，苟非多數人有財政常識，何以舉立憲之實。本講義想據財政學上最新之原理原則而參酌中國習慣及現象，以求立中國財政之方針，盡人皆當熟讀者也。

**社會教育學**

本講義乃介紹最新教育學說之大概，兼學校教育、家庭教育、社會教育三方面言之。

**國民道德論**

**人生職務論**

**讀書法**

**修養法**

**立身要鑑**

**泰西格言衍義**

以上各編皆插入本講義之各號，期涵養國民之德性學識，使日進于高明。

**新時代之新文學**

現今文體蕪雜，國中所出著譯各書，或奧衍而不能下逮，或惡俗使人厭觀。甚者照外國文直譯，拖沓詰屈而不可讀。本會同人病之。當釐定一種雅正平易之文體，應得為思想普及之津筏。此書即發表其所見也。

**近世名人小傳**

各號間附以資觀感。

**雜錄**

凡東西各報之論文，有關于學問者，每號附錄數葉以資參考。

**記事**

各國大事，每號必附數葉頁，以資借鑑。」

**答問**

凡讀本講義者如有疑問者，當舉所知以告。

## 第二　學期區劃

本講義每月出一冊，每冊約二百葉，每葉約九百言，分兩年出完，共二十四冊，總數約五千葉。

本講義為讀者研究之便，區分為四學期，每六個月為一學期。前所列舉各種書，除泰西史論、社會學、法學通論、國民生計學原論、財政學五種，卷帙較繁，應跨亙三學期或四學期，其餘各種，皆以一學期內完結之。就中科學先後之排列，葉數之區劃，頗費苦心。其學期表，于本講義錄第一冊別載之。

## 第三　研究科

前所列各種，苟能精讀之，則于國民必不可缺之常識，亦庶幾矣。其更欲精進者則別設研究科三種以待之。

一　政治生計研究科　講義目列下

比較憲法論、外交要義、近世外交史、中國

三百年來外交史、軍政論、農業政策論、工業政策論、商業政策論、交通政策論、英國概觀、德國概觀、法國概觀、美國概觀、日本概觀、近世諸弱小國概觀。

二　法律研究科　講義目如下

比較行政法、國際法要論、刑法要論、民法要論、商法要論、訴訟法要論。

三　文學教育研究科　講義目如下

教育原理、教育史、教授法、學校管理法、哲學概論、心理學概論、倫理學概論、比較宗教論、世界文明史、近世科學發達史。

右三種研究科前兩種以一年為期，後一種以半年為期，每科出講義錄十二冊，葉數如前，俟本科講義錄出至過半時，即陸續出之。

## 第四　終了畢業試驗及獎勵

凡定閱本講義錄全份者，于本錄完結時，給以修了證書。其並閱研究科講義者，于完結時，給以某研究科修了證書。

本會于本講義錄完結時，舉行通信試驗一次。凡定閱者皆得應試驗，其及格者，給以本會畢業證書。其應各研究科試驗及格者，給以某研究科畢業證書。其試驗成績優良者，由本會審定後，分一二三等給以獎品。

## 第五　購讀本講義錄之利益

一　中年以上之人士為職務所牽，勢難更入學校，讀本講義則與入校得同一之益且或過之。

二　近年各省雖皆有法政學堂、財政學堂等，然組織罕能完備，教習皆非盡得人。本講義錄為補此缺點，頗有所以自勉。

三　學校所講每偏重于學理而略于致用，其以日本學校講義為藍本者不適尤甚。本講義錄對于此點較有別裁。

四　學校所授為專門學識。本講義錄所授為常識，故其補助科目，視學校為多。其各科內容亦較學校所講為有興味。

五　各科之書非無譯本，然佳者寥寥，或書雖佳而學說太舊，且譯筆亦太奧。其他則多射利誤人之作。本講義錄同人，以忠實于學問自誓且擔任者必妙選能文之士，苟能留心讀之，則學問之趣味，必油然而生。

六　讀一佳書，祇能得一科之智識，他科非盡有佳本，則學識將流于偏局。即諸科佳書具備，然各科互相關係之點，各書不無重複，讀之多費時間，又各家學說有異同，讀之易生迷惑。本講義錄乃合諸學科為一有系統之組織，其互相發明者則專詳于一書，其他書恆與之相避，而全部總以一貫之精神行之，無矛盾之語，又于各科聯絡之處，尤三致意，務為讀者謀種種利便。

七　本講義錄每月一冊，僅二百葉，雖至忙之人，每日稍分出極短之晷刻，即可精讀。

八　本講義錄定價至廉，雖極貧乏之人，僅費數金而可以得完滿之常識。

## 國民常識小叢書說略

一　本會所印小冊書籍名曰國民常識小叢書。

二　本小叢書出版無定期，但每月所出最少在三冊以上。

三　本小叢書每冊葉數無定，但最多不滿一百葉以上。

四　本小叢書每冊定價最少不過五分，為多不過三角。

（說明）本會決不為牟利起見，但不能不收薄價以為繼續出版之資。若會費稍充後，更當擇要種印送，不取分文。

五　本小叢書體裁或用文話或用白話，總其平易淺顯，盡人能解，趣味豐富，引人入勝。

六　本小叢書分為左列各門，每門各為一集、卷端各標次第：

一通論　二政治論　三法治論　四行政論　五財政論　六地方自治論。七教育論　八國民生計概論　九國民生計各論　十國民道德論　十一史譚　十二地志　十三世界大勢　十四時事問題　十五自然科學。

七　本小叢書每冊款示同一、備讀者訂裝成帙。

八　本小叢書由編輯課編纂，投稿亦收。但印行與否，由編輯課長定之，其投稿例詳別錄。

## (二)國民常識學會緣起及章程

國民常識學會緣起及章程[20]

國會開設之期，日近一日，兩年以後，吾儕將為完全之立憲國民矣。曩昔政府日誚吾民亦反唇以譏，謂政府程度不足。吾民程度不足。夫立憲國之國民與立憲國之政府，皆應有其相當之程度。我國民謂現政府之程度，無以過於我，不能誚我以不足，誠哉然也。若囂然自謂為已足，則未見其可也。抑政府當局者，亦國民一分子耳。政府程度不足，實由國民程度不足，有以致之。然則欲使將來立憲政體克濟其美，必當以增進國民程度為第一義。此無論持進取主義、持保守主義者之所同認也。夫國民程度，貴於日進，終無可以自滿之時，欲懸格以為程，吁，亦難矣。雖然，懸一最高之格以為程，貺固甚難，懸一最低之格以為程，則非難。所謂最低之格維何，則立憲國民所萬不可缺之常識是已。常識云者，非必有經世家見遠察微之特識也，非必有學問家極深研幾之學識也。此皆天授之姿，專門之業。非盡人所能幾，即缺之亦未足為病。獨至顯著之現象，普通之學理論，為現今各文明國中人以上所能了解者，而國民大多數或尚昧焉。則以立於今日物競天擇之世界，其不受淘汰者僅矣。是故有他國人累經試驗，是非得失昭然共見之事，而我國偶有舉措，群疑競起，謠諑橫生，則常識缺乏之為之也。凡一事必有他事與之相連屬，或有他事與之相衝突，今撏撦仿效，漫無條貫，今日辦一事，而於與相連屬之他事置不問。明日辦一事，而於與相衝突舊習因不革，故雖有美意良法，入吾國則悉為病，皆常識缺乏之為之也。舉國所共患苦之事，而莫能察其受病之所自來，或漠視為等閒，或補苴而滋甚，則常識缺乏之為之也。於無關宏旨之事，不惜竭全力以爭之，及一重大問題出，或噤口而不敢言，或言之而輒謬誤，皆常識缺乏之為之也。今日聞人倡一論而信之，明日聞人倡一相反之論而亦信之。無一毫判斷力，不能自有所守，則常識缺乏之為之也。列強環迫，危若累卵，而舉國惛然罔覺，或偶遇刺激，瞋目攘臂。昌言排外，而漫無實力，一鼓之氣旋癟，束濕之苦愈加，則常識缺乏之為之也。國民生計，瀕於破產，而上下晏然，莫以為意。競言實業，而什九失敗，則常識缺乏之為之也。此不過隨筆舉數端，若欲悉數。更僕難盡。要之中國之所以積弱極於今日者，病根雖多，而必以常識缺乏為之總因。王陽明先生有言：知是行之始，行是知之成。又曰未能知，說甚行，又曰若其不行，只坐不知。今我國人士，其有天授之特識，專門之學識者，豈曰乏人，而其數蓋等於鳳毛麟角。若其他大多數人，大抵於今世立憲國民所萬不可缺之常識，百不具一，此事實之不能為諱者也。夫立憲政治者，民眾政治也。國民大多數而闇於常識，則安所得運用憲政之主體，施獻政而無運用之主體，則其愈於專制者幾何，況即以箇人而論，當此生計競爭至劇之時，無論國中何種人民，莫不直接間接與他國人民相接觸。苟乏今世界之常識，未有不憔瘵以就斃者耶。言念及此，安得不悁悁而悲，栗栗而懼也。今世各國，其汲汲於增進國民常識，莫肯或怠，而所以增進之之道，亦非一途，若學校其最著也。我國教育事業，日益衰落，殊不足以立常識之基礎，姑勿具論，而現在為社會中堅之人，大率年已長大，勢不能就傅伏案，而今後十餘年中，振衰救敝之大業，全恃斯輩，然則在今日而胥謀共結一團體，以常識相灌注相淬厲，其安可以已。同人不揣固陋，創為此會。竊附庸言之謹，曰惟友聲之求，其諸先覺君子，亦有樂於是歟？

章程

第一條　本會以增進國民常識為宗旨，故定名為國民常識學會。

第二條　本會暫設事務所於日本東京△△△△，將來設總會於北京，設支會於各地。

第三條　本會所辦事業如下：

一　編纂淺近小冊之書，以極廉價頒布全國每月三次以上。

二　在各地開講習會、演說會。

人但所編纂各書及所講習演說，不得軼出本會宗旨範圍以外。

第四條　凡國中表同情於本會宗旨者，皆得為本會會員。但新會員必須由舊會員一人介紹。

第五條　凡會員於左方所列職務必須任其一：

一　著述。

二　演講。

三　頒布本會所編之書。

四　汲引會員。

五　維持會費。

第六條　本會設名譽會員，以國中先達提倡本會宗旨，捐助本會經費者充之。

第七條　本會置幹事部職員如下：
一　編輯長一人、編輯員若干人。
二　會計員一人。
三　庶務長一人、庶務員若干人。
四　書記若干人。
第八條　本會會員滿百人以上則設評議部。
凡關於本會維持擴充諸事項、由評議部決之。
第九條　本會經始各費由發起人籌措、凡會員不收會費、特別捐助者聽。
第十條　本會所收捐款及印刷收支等項，每年末以會報報告之。

**附、國民常識叢書體例及編纂章程**

一　本會所印小冊書籍名曰國民常識叢書。
二　本叢書出版無定期，但每月所出最少在三冊以上。
三　本叢書每冊葉數無定，但最多不滿一百葉以上。
四　本叢書每冊定價最少不過五分，為多不過三角。
（說明）本會決不為牟利起見，但不能不收薄價以為繼續出版之資。若會費稍充後，更當擇要種印送，不取分文。
五　本叢書體裁或用文語或用白話，總其平易淺顯，盡人能解，趣味豐富，引人入勝。
六　本叢書分為左列各門，每門各為一集、卷端各標次第：

一通論　二政治論　三法治論　四行政論　五財政論　六地方自治論。七教育論　八國民生計概論　九國民生計各論　十國民道德論　十一史譚　十二地志　十三世界大勢　十四時事問題　十五自然科學。

七　本叢書每冊款示同一、備讀者訂裝成帙。

八　本叢書有為特別體裁所限者，則出臨時增刊。

九　本叢書由本會編輯員編纂，投稿亦收。但印行與否由編輯長定之。其印行者每千字酬金二圓以上五圓以下，辭者聽。

**國民常識叢書第一年份要目豫告**

**通論之部**

國民常識論、國家主義、勸學篇、讀書法、國民之職務、各國國民性比較。

政治論之部

政治與人民、國會與人民、責任內閣制、立憲政體之三要素、中國立憲思想之淵源、人民公權論、政策論、憲政與政黨。

**法制論之部**

中國憲法之大問題一二三四五冊、選舉法論、議院法論、新刑律大意、新幣制釋義、資政院章程釋義、諮議局章程釋義、民法與人民之關係、公司律論綱。

行政論之部附地方自治論

官署之性質、官吏之職務、各國中央官制說略、各國地方官制說略、集權分權論、官治與自治、各國自治模範一二三冊、各國巡警制度一斑、行政裁判論。

**財政論之部**

中國財政現狀、財政與國民生計之關係、租稅原則釋義、租稅系統論、稅源論、各國租稅名義考、釐金論、印花稅論、中國國債考、公債之性質、公債利民說、各國公債辦法考略、外債得失論、預算與憲政之關係、預算釋義、會計法一斑、國庫制度論。

**教育論之部**

近世教育思潮、新興國之教育、中國教育方針論、教師箴言、學生箴言、家庭教育論。

**國民生計概論之部**

國民生計學概論、近世國民生計史略、中國國民生計現狀、國民生計條件、國富開源論、新式企業論、公司須知、產業公會之妙用、貨幣與國民生計之關係、主幣輔幣論、鈔幣論、銀行與國民生計之關係、中央銀行與國民銀行、物價論、貯蓄為國民義務論。

**國民生計各論之部**

各國鐵路政策論、中國鐵路考略、農業新法論、振興中國農業法、各國工業大勢、大工業與小工業、中國工業之前途、近世商業種類說、商業與商法商才論、中央商務交涉考略。

**國民道德論之部**

中外格言類鈔上下冊、王學大意、傳習錄鈔釋、立憲國民之道德、人生目的論、立志與處境、修養論。

**史譚之部**

各國立憲沿革史略、西力東漸史略、日本之預備立憲時代、專制時代之英國、立殊理略傳、拿破崙略傳、比斯麥略傳。

**世界大勢之部**

帝國主義略論、十年來歐洲外交之大勢、列強之東方政策、列強之太平洋政策、英德爭霸記、戰後之俄國、德國四十年間之進步、美國之現在及將來、日本之現在及將來。

**國民常識學會章程**

第一條　本學會宗旨在世界學問，增進國民常識。

第二條　本學會所辦事業如下：

一　編纂書籍。

二　開講演會。

第三條　本學會編輯事業分為三種

一　國民常識講義　用通信教授法，將必要之學科及其補助科，編成講義錄，月出一冊，兩年完結，其內容辦法詳別錄。

二　國民常識小叢書　將各學科中尤要者，撰為淺顯簡易之短篇，每篇印成小冊子，以極廉之價頒布之，每月印三冊以上，其內容辦法詳別錄。

三　國民常識叢書　完備之專書或著或譯出版無定期。

右三種中其第一種于開辦時發行之，其第二種于開辦後三箇月發行之，其第三種于開辦後一年發行之。

第四條　凡國中表同情于本會宗旨者皆得為本會會員。但新會員必須由舊會員一人介紹。

第五條　凡會員于左方所列職務必須任其一：

一　著述。

二　演講。

三　推廣會中所編輯之書籍。

四　汲引會員。

五　維持會費。

第六條　本學會設名譽會員，以國中先進提倡本會宗旨，捐助本會經費者充之。

第七條　本學會由發起人公聘國中學識通博文各素著之一人為主幹，以編輯及其他事務託其總攬。

本學會幹事部即設于主幹所居之地。

第八條　本學會幹事部分為三課

一　編輯課　課長一人、主幹兼任。員若干人，主幹指定，其投稿亦由主幹審擇去取。

二　發行課　課長一人承主幹指揮，員若干人承課長指揮。

三　庶務課　課長兼會計長一人承主幹指揮，員若干人承課長指揮。

第九條　本學會會員滿百人以上則設評議部及關于本會維持擴充諸事項由評議部決之。

第十條　本學會經始各費由發起人籌措，凡會員不收會費，特別捐助者聽。本學會所收捐款及發行課印刷收支等項，每年末以會報報告之。

1 記室，原指掌官文書之官。此指為林獻堂文書起草等庶務的秘書。所寄詩詞若干，請見前信。

2 葉榮鐘編「林獻堂先生紀念集」卷一年譜（三一歲）下附註：「……梁任公來臺目的，對於籌款辦報，有極殷切之期望。然此事在臺灣方面，未能獲得任何資料。對於籌款問題，梁、湯兩先生來臺時，是否曾對灌園先生（獻堂先生）或幼春先生提起而不能如願，或見在臺灣所接觸遺老經濟實力，微不足道，乃取消籌款原念，未曾啟齒，誠難懸揣。蓋灌園、幼春兩先生生前，皆未提及此事也。」今據此函得悉啟超來臺時確實曾與林獻堂商議辦報之事。後擬改由國民常識學會著手，唯此事後來亦作罷。

3 梁氏曾於清宣統二年（一九一〇），在「國風報」（第一年第二號「宣統二年二月」）發表〈說常識〉一文，解釋「常識」的意義和說明其所以不可或缺的原故。梁氏說：「常識者，釋英語Common Sense之義，謂通常之智識也。孔子稱庸德之行庸言之謹。庸即常也，故常識宜稱曰庸識、或曰庸智。但以其義近奧，顧昔東人（按指日本人）所譯之名名之。」繼而講人之自立與常識的關係說：「人之欲自立也則具備常識，其最要矣。為國民之一分子，而於國中必需常識不能具備，則無以自存於其國。為世界人類一分子，而於世界上必需具備之常識不能具備，則無以自存於世界。若此者，有劣敗以歸於淘汰已耳。蓋今日所謂常識者，大率皆由中外古今無量數偉人哲士幾經研究、幾經閱歷、幾經失敗，乃始發明此至簡易、至確實之原理原則以貽我後人，率而循之，雖不中不遠也。而吾既於各種現象，皆識其最要之原理原則，則思慮通達、目光四射、後此隨時隨地遇有新發生之現象、或者相同、或相反者、或相近似者，皆得有所憑藉以下判斷，而所判斷者不致大誤。此常識之用也。」最後感慨：「自科舉既廢，而教育普及之實不舉，人民向學者既已歲減。前此多數人所藉以得本國常識之一二者，今則亡矣。即以學校教育論，而學科之編制不完，教科書之系統不立，欲由此以求世界之常識，又不可得。而政治上社會上一切制度，更無足以為濬發之助者。循此而不變，則此四萬萬人之子孫，雖永遠無一人有常識焉可也。」

4 見所附材料。此次隨函所寄者，殆為梁令嫻代謄之稿。

5 梁氏十一月二十六日致佛蘇、黃與之一書云：「前書言國民常識學會事、今將章程寄上，此事殆全屬慈善性質，竊謂欲救國活，無急於此，一年以來與荷老念茲在茲，苦力不克舉。今以籌得三千金為開辦費（原注：壁泉之力也）可底於成矣。惟當廣募會員擔任頒布所印小冊。故同人意欲先覓多人為發起人，二公勿論，此外如伯蘭、搏沙以及凡公等所知之各同志、皆望為之廣覓、限得信半個月內將姓名開寄，俾得印布，將以正月杪即出書也。（見丁文江編「梁任公先生年譜長編初稿」三二六頁）。可知梁氏疇辦常識學會的主旨是「欲救國活，無急於此」。

6 僅署舊曆月日，然就信函內容觀之（言國民常識學會事）及另封信函云「前有一書言常識學會事，想已達」，此信時間信封郵戳時間明治四十四年（一九一一）六月廿二日（須磨），六月廿八日（台中）。信末日期舊曆五月廿二日。本書函即是「前有一書」，時間宜是明治四十四年（一九一一年）新曆五月。即有關國民常識學會事，本信函為第一封，五月廿二日者為第二封。

7 胡元倓（一八七二～一九四〇），字子靖，號耐庵，行第九，人稱九先生。湖南湘潭人。家學淵源，思想方面服膺王陽明的學說，以「存誠」為立身治事的根本，晚年且自號為「樂誠老人」。光緒二十八年（一九〇二）三月，湖南選派公費游日學生十人，胡元倓順利入選，後和丁文江等一同東渡。到達東京後，入了宏文學院習速成師範，半年的學習和參觀，深刻認識到日本明治維新的成功在於教育的普及，胡氏感觸頗深，並因此以教育救國，培養人才，復興民族為己任。回國後歷經千辛萬苦創辦了明德學堂，當時他出門四處告募，時人有言「人生之大不幸，碰到了鬍子靖」，也有人因此又稱他南武訓或「胡九叫化」，在這個綽號背後其實是人們對胡元倓先生的欽佩，而非嘲笑。

8 張元濟（一八六七～一九五九），號菊生，浙江海鹽人。出生名門望族，書香世家。一八九二年參加科舉考試，中進士，入翰林院任庶起士，後在總理事務衙門任章京。青年時期，是位維新派人物，曾參加康有為等人發起的戊戌變法。政變失敗後，為清廷革職。一八九八年底，他到上海，任南洋公學譯書院院長，因業務關系與商務印書館的創辦人夏瑞芳相識。一九〇二年，應夏瑞芳的邀請，抱著「以扶助教育為己任」的社會責任感進入商務印書館。並主持該館編譯工作，倡議設立編譯所，聘蔡元培為所長，主持編定教科書，並延請夏增佑編《最新中學中國歷史教科書》。後任商務印書館董事長。林慶彰編有《蔡元培、張元濟往來書札》可以參考。

9 楊度（一八七五～一九三一）原名承瓚，字皙子，後改名度，別號虎公、虎禪，又號虎禪師、虎頭陀、釋虎，生於湘潭縣姜佘石塘村。幼年喪父，由伯父楊瑞生（朝陽鎮總兵）培育。清光緒十八年（一八九二）捐監生，光緒二十年，順天府鄉試舉人。光緒二十八年，自費留日，入東京弘文學院旁聽，在日與梁啟超相遇橫濱。感於「國事傷心不可知」，和梁〈少年中國說〉，作〈湖南少年歌〉，發表於《新民叢報》，此時楊梁「二人相與，天下之至好也。」中國同盟會成立，拒絕參加，仍堅持走君主立憲救國道路。宣統三年（一九一一），任皇族內閣統計局長，依附於袁世凱，與汪精衛發起組織「國事共濟會」。袁世凱任內閣總理大臣後，令楊任內閣學部副大臣，後又支持袁世凱稱帝。終其一生種種做為乃是中國近代歷史上極富爭議性的人物。唐浩明有長篇歷史小說《楊度》（上中下三冊），人民文學出版社，二〇〇二年。

10 嚴修（一八六〇～一九二九），字範孫，著名教育家，與張伯苓同為南開系列學校創始人之一，被稱為「南開校父」。出生於天津鹽商家庭，考中翰林，歷任翰林院編修，學部侍郎，貴州省學政職務。在貴州時曾捐資辦學，並奏請朝廷，要求廢除科舉，開辦經濟特科。戊戌政變失敗後，他辭職回鄉，但仍然相信中國必須變法維新，遂大力興辦教育。一九一三年，遍訪歐陸各國，考察教育。一九一八年復與張伯苓同赴美考察大學教育。一九一九年倡議並主持創建南開大學。

11 朱祖謀（一八五七～一九三一），清末詞人。原名孝臧，字藿生，一字古微，號漚尹，又號彊村，浙江省歸安縣人。天資穎異，擅長文學。光緒九年（一八八三）舉進士，改庶吉士，授編修。歷官侍講學士，適值義和團之亂，力言董福祥終不可恃，嗣外兵攻入京師，終致兩宮西狩。迭遷內閣學士，及還蹕後，擢任禮部侍郎，兼吏部侍郎，復出主演東學政。宣統元年（一九一九）清廷設弼德院，授祖謀顧問大臣，不赴。民國成立後，隱居海上，著述以終。所輯唐、宋、金、元百六十三家詞，各取善本校勘，名曰彊村叢書，為唐宋以來詞集之最大結集，亦最完美。

12 張謇（一八五三～一九二六），字季直，生於江蘇通州農民兼小商人家庭。清末狀元，近代立憲派，三江師範、國立東南大學主要創辦人之一。一八九五年他受到甲午戰後導致喪權辱國割地賠款之刺激，認為救亡圖存就必須建設工業，開學堂，辦商務，培植實業人才。為近代實業家、教育家。著作有《張季子九錄》、《張謇日記》。

13 湯化龍（一八七四～一九一八），字濟武，湖北蘄水（今浠水）人。一八九八年補廩膳生，肄業於黃州經古 書院。一九〇四年受聘為山西大學堂國文教習，旋中進士，授刑部主事。一九〇六年留學日本法政大 學習法律，與孟森等組織法政學交通社，並和鄂籍留學生倡設湖北教育會，出版《教育雜誌》。曾與梁啟超等組織進步黨，任理事。「二次革命」爆發，聯名發表「護國討亂」通電，譴責孫、黃。一九一四年任教育總長。袁氏稱帝，湯通電勸其退位，辭去本兼各職，秘密赴滬，參加反袁。一九一六年八月，復任眾議院議長。參與創辦《晨鐘報》。著有《違警律釋義》，另有《蘄水湯先生遺念錄》刊行。

14 譚延闓（一八八〇～一九三〇）幼名寶璐，字組庵安，別號慈畏，亦作旡畏。湖南茶陵縣人。一九〇四年中進士、授翰林院編修，一九〇九年任湖南諮議局議長。一九一一年辛亥革命後任湖南督軍，次年加入國民黨，一九一三年秋，國民黨人發動二次革命討伐袁世凱，曾謀響應。失敗，去職。袁死後，始回湘主政。工書法，擅 詩文，有詩文集行世。

15 范源廉（一八七六～一九二七）字靜生，湖南湘陰人。中國近現代教育創始人之一。一生致力於教育、文化事業，是民國時期著名教育家。一九二三年十一月至一九二四年八月出任北京師範大學校長。一八九八年入梁啟超任總教習的長沙時務學堂，後與蔡鍔等赴日本留學深造。回國後曾任清政府法政學堂主事、學部參事。辛亥革命後，先後四次出任教育總長，曾任北京師範大學校長、中華書局編輯部長、中華教育文化基金會董事長、北京首都圖書館理事及代館長等職，曾參與創辦清華學堂、殖邊學校、南開大學等。主要論著有《說新教育之弊》、《今日世界大戰中之我國教育》等。

16 陳三立（一八五八～一九三七），字伯嚴，號散原，江西義寧州（今修水縣）人。其 父陳寶箴為湖南巡撫，創辦新政，提倡新學，支持變法運動。黃遵憲、梁啟超等相繼來長沙協助。陳三立佐其父，多所籌劃。當時與譚嗣同齊名，有「兩公子」之稱。政變後，父子同被革職。從一九一一年至一九一五年夏，寓居上海期間，曾列名孔教會和張謇發起的中華民國聯合會，又和沈曾植、梁鼎芬、朱祖謀等組織超社、逸社，通過詩作，攻擊革命，傾吐對清王朝留戀之情。因此，受到南社詩人的抨擊。雖然，他卻拒不參加清朝遺老的復辟活動，對民國初年附和袁世凱者及軍閥，均極為不滿。著有《散原精舍詩集》。

17 熊希齡（一八七〇～一九三七），字秉三，字秉三。湖南鳳凰縣人。清光緒年間先中舉人，繼中進士，授翰林院庶吉士。受梁啟超、唐才常影響，主張維新立憲。一八九七年與譚嗣同等在長沙創辦時務學堂；又參與創設南學會，創《湘報》，以推動變法維新。一八九八年戊戌政變後被革職，後經趙爾巽保舉，重被起用。主要從事練兵、辦學、辦報、辦實業和立憲活動。民國成立後，出任要職，歷任財政總長、熱河都統、國務總理兼財政總長，身居首揆，統率百僚，其政績毀譽不一。後因不滿袁世凱獨裁統治，先後辭去財政總長及國務總理之職。

18 孫洪伊（一八七三～一九三六），字伯蘭，北倉人。光緒二十六年（一九〇〇）辦學，光緒三十二年（一九〇六）被推舉為直隸省諮議局議員，三十四年（一九〇八）組織「國會請願同志會」，後數次領銜上書籲請「速開國會」，實行「君主立憲」。一九一二年當選眾議院議員、韜園派領袖。因提案質詢袁世凱篡奪大總統職位遭通輯逃往上海。一九一六年出任段祺瑞政府教育總長，旋改內政總長。一九一七年，孫中山委任為護法軍政府內政總長、駐滬全權代表。世稱「南有大孫（孫中山）北有小孫（孫洪伊）兩孫攜手者也」。

19 馬良（一八四〇～一九三九），中國近代教育家，天主教徒。原名建常，字相伯。江蘇丹徒人。創辦了震旦學院，後離開震旦後，會得教育界知名人士嚴復、袁希濤等，另行籌設「復旦公學」。當時所以要起名為「復旦」，是有「復」我震旦之「旦」的強烈意義。一九一一年，辛亥革命爆發，為避戰火，與師生避居無錫。上海光復後，借徐家匯李公祠為校舍，繼續上課。直到一九一三年，接受教育部長蔡元培的邀請北上就任國立北京大學校長時，方辭去復旦校長之職，由李登輝接任。

20 梁令嫻鈔稿〈國民常識學會章程〉，凡十條，稱「本學會」，梁啟超手謄者稱「本會」，這兩份手稿的內容有些許出入，梁令嫻手抄第十條，「捐助」、「捐款」之「捐」字誤為「損」。此份以下可見梁令嫻手抄細目，如〈國民常識講義說略〉、〈國民常識小叢書說略〉，梁令嫻手抄的這三份，可能是較完整的定稿。黃得時謂：「梁氏致林獻堂先生函，同時也隨函寄來經改定後之『國民常識學會章程』。」（見氏著〈梁任公與國民常識學會——留存在臺灣的一些珍貴資料〉，《東方雜誌》復刊第一卷第三期，一九六七年九月一日），而「國民常識小叢書說略」為最初所擬定的「國民常識叢書」，只加一個「小」字而已。每月印三冊以上。而原擬之「國民常識叢書」在新章程中，改為完備之專書或著或譯出版無定期。而於開辦後一年發行之。刪原第「八 本叢書有為特別體裁所限者，則出臨時增刊。」原九項存八。兩份大同小異。

# 十八　梁啓超致林獻堂函十一（一九一一年五月廿二日，新曆六月十八日）

獻堂三兄大鑒：前有一書[1]言常識學會事，想已達。旬日來因荷公有奉天之行，（應趙次帥[2]之聘）相與商略諸事，未幾而（南海精神至佳，志氣尤盛，國家之福也，告悉並聞）南海先生又至，日夕侍讀，曾無寸暇，久疏箋候為罪，拙作海桑吟[3]經趙侍御改定，謹以奉呈，中所論義法可助學問也，改本弟極寶之，閱後務乞　擲還為感。

敬承　侍祺　　啟超頓首　五月廿二日[4]

## (一)海桑吟之一

海桑吟

新會梁滄江先生著

趙堯生先生熙刪定

**二月二十四日，偕荷庵及嫻兒**

**乘「笠戶丸」游臺灣，二十八日，抵雞籠山舟中雜興**

我生去住本悠悠，偏是逢春愛遠遊。稍惜櫻花時節過（改為：歷劫有心還惜別），一園絳雪望中收（改為：櫻花深處是并州）。（首途時，雙濤園繁櫻正作花，嫻兒以辜負一年花事為憾。）

明知此是傷心地，亦到維舟首重回。十七年中多少事，春帆樓下晚濤哀。

**二十五日，舟泊馬關，泫然哀響**[5]

天風浩浩引飛舲，睡起檣鐘報幾程。天末虹隨殘雨霽，波間鷗帶夕陽明。

萬丈霞標散霧珠。海中湧出日如盂。驕兒拍手勤相問，得似羅浮日觀無？[6]

**與嫻兒觀日出**

天淡雲閑清晝同，彈碁蹴踘各能雄。更誰拈（改為：閑心欲）取春燈謎。領略蘇家舶趠風。

1 即一九一一年舊曆四月十八日函。

2 即趙爾巽（一八四四～一九二七），字次珊，又名次山。奉天鐵嶺人（漢軍旗人）。同治十三年（一八七四）甲戌科進士，任翰林院編修。又先後任安徽、陝西各省按察使，甘肅、新疆、山西布政使。光緒廿八年（一九〇二）十一月，奉命護理山西巡撫，旋於十二月調為湖南巡撫，至翌年始到任。卅年四月，內調署戶部尚書。卅一年四月，復外調出任盛京將軍，並在東北設督練公所，主持新軍訓練，自兼總辦，實際上係由軍事專家蔣方震（百里）負責主持。卅三年七月，奉調湖廣總督。卅四年二月，復調任四川總督。宣統三年（一九一一）三月，繼錫良為東三省總督，並授欽差大臣，兼管三省將軍事。在各地任職期間，頗能扶持教育事業。民國三年，清史館成立，袁世凱聘為館長。袁氏背叛民國，僭位稱帝，尊為「嵩山四友」之一。十四年二月，北京臨時執政府段祺瑞因反對孫中山先生所提召開國民大會，另舉行善後會議，推其為正議長。五月一日，段執政聘為臨時參政院參政，並指定為參政院院長。趙氏自民國三年受任為清史館館長後，即獨自北上主持「清史稿」編纂工作，至民國十六年，全稿粗具，年老力衰，亟思告竣，旋即病故北京，後由柯劭忞完成刊行。

3 在台成詩八十九首、詞十二首，原擬輯之曰「海桑吟」。惜無定本流傳，僅於「飲冰室合集」（中華書局印行）所收「詩」與「詞」及「遊臺灣書牘」中見其七十餘首。連橫編「臺灣詩薈」嘗有「海桑吟」之輯，但與「飲冰室合集」本稍有出入，顯已有所刪略矣。附錄十二為葉榮鐘藏本書影。

4 信封郵戳時間明治四十四年（一九一一）六月廿二日（須磨），六月廿八日（台中）。信末日期五月廿二日（舊曆）。

5 《飲冰室文集》（臺灣中華書局，一九六〇年五月）無「泫然哀響」。

6 《臺灣詩薈》末兩句作「嬌兒問似羅浮否？一片鄉心動鷓鴣」。宜是據趙堯生刪定本。

## 十九 林獻堂致梁啓超函二（約一九一一年五月底六月初，新曆七月初）

任公先生執事：四月杪奉
手教[1]，即與癡仙、幼春謀，欲有所義集，而阻力橫生，蜚言漸布，不得已遂消弭前說，以圖再舉。然區區微誠，加以癡仙、幼春二人十一之助，尚當勉為其半，少作義聲，所恨有力者不如人意，同心者不必有力，使獻堂慚負
先生屬望之殷耳。計此書緩報已將月餘，頃承
賜函，不以為罪，又藉稔
南海先生起居、荷庵先生出處，使東海枯魚添故國前途一線生機之望。並頒示趙公法評諸什，戔戔下士，何敢言文，第萊園觴詠，一夕千秋，從此荊榛莽叢中，長留一段佳話矣。諸詩俟鈔訖，即當郵上。所言之款，當

由舍弟[2]帶去較妥，行期定在八月間也。諸惟
鑒諒，敬叩
大安，不盡。

獻堂頓首[5]

---

1 應指梁啟超四月十八日函。獻堂收到時已是四月杪。

2 指林階堂（一八八四～一九五四），梁啟超閏六月九日致林獻堂信函謂：「階堂何日來？乞先期見示」，由此可見指階堂無疑。林階堂，臺中霧峰人，林允卿次男，一八八四年九月十九日生於霧峰，六歲入書房習漢學。四十歲左右任霧峰庄長。擔任過大安產業株式會社取締役、大東信託株式會社取締役等職。是林獻堂早期民族運動事業最重要的支持者。他創辦東華名產株式會社，將臺灣水果銷往上海、天津（張深切即曾經在上海支店任職）；也任大東信託董事、臺灣民報社顧問、三五產業公司社長、大安產業株式會社董事、五郎合資會社代表，戰後有意成立航空公司，未果。霧峰萊園留有林階堂當年留下的「月明池影一樓靜，風動梅花隔崦香」聯語，「繞屋九曲屏境好心閒人自壽、當門一彎玉泉甘土潤歲常豐」。另可參《臺灣人士鑑》，臺灣新民報社，頁二一〇及《臺灣實業家名鑑》，頁四二九。

3 原信未署日期。信箋上方有「櫟社庚戌春會記念箋」字樣，庚戌為宣統二年（一九一〇）任公遊臺前一年。唯函中述及「萊園觴詠」及趙堯生評改諸什，自應為任公遊臺之後作。信中有「四月杪奉手教」及「計此書緩報已將月餘」，而其弟「行期定在八月間也」等句，推斷此信宜作於宣統三年（一九一一）六月間。梁啟超五月廿二日函提及康南海、荷庵先生。故林獻堂此信謂「又藉稔南海先生起居、荷庵先生出處，使東海枯魚添故國前途一線生機之望。」林獻堂前信（四月杪）未覆，即又收到梁氏之來信，遂二信並覆，推斷此信時間仍宜是五月底，新曆七月初。林獻堂另信云：「西曆七月間奉復之信諒達左右」，疑即此信，若然，則本信函時間為新曆一九一一年七月初。

## 二十 林獻堂致湯明水一（約一九一一年舊曆六月，新曆六、七月）

荷庵先生足下：荒山一別，晦朔屢更，比得
任公信知
足下已受趙制軍之聘，買棹內渡矣。
言念
宏才抱器未遇，今雖小試，然展其驥足亦足
惠此一方，況彼州多事，盤根錯節曷別利器，
他日驤變化，使海外同游，望風遙賀，亦一
快事也。弟身世如斯，別無可望，惟祈二三
君子出其匡時濟世之具，化臭腐為神奇，
則鼴鼠餘生或優蒙飲流之賜也。海天遼闊，
寄書不易，頃因友人黃君旭東渡遼之便，敬
致尺書。黃君者，黨之彥，宿慕
顏色，幸推愛我之愛有以進之，耑此
敬頌
大安　唯
照不備　　弟林獻堂頓首

月 日[1]

1 梁啟超一九一一年五月廿四日致林獻堂函，內文云「旬日來因荷公有奉天之行，應趙次帥之聘」，故本封草稿的時間可能在一九一一年舊曆六月，新曆六、七月間。

## 廿一 林獻堂致梁啓超函二（一九一一年閏六月三日，新曆七月廿八日）

西曆七月間奉復之信諒達
左右。是時適以故稽留台中，旅次搶攘之中凡
所以答
前書之旨者，掛漏實甚；繼復病胃，遂乃養痾
經旬，益疏音問，荒謬之愆，內省滋疚。比
來學會之事，組織之何能次第集事否?登
列賤名，
先生當知其不可，至效指臂之助，此心終
未敢稍懈也。又頃此間報紙鬨傳
二老賜　環[1]，國人聞之，皆喜懼交戰，誠以
未得
手示，未能遽信，且國會未立、責任內閣未固，
梟鸞雜處，恐非
先生所願，是用疑莫能明，閒中乞賜
數行以教之。外另具土物葛布茶席數事，聊
備乘涼解渴之用，伏祈

哂存。耑此，敬布腹心，祇叩
大安。不盡
南海先生前請代達敬慕之忱
荷庵先生近狀順乞告慰

1 梁啟超於明治四十四年（一九一一）閏（六）月九日信函，對此有解釋。發信時間是八月四日。梁氏信函言：「奉七月廿八日手書」，疑即獻堂此信時間為一九一一年七月廿八日。

## 廿二　梁啓超致林獻堂函十二（一九一一年閏六月九日，新曆八月三日）

獻堂三兄大鑒：奉七月廿八日手書，敬承一切，前書亦久已奉到，特緣　南海先生初至[1]，人事蝟集，故久未奉復，致勞遠念，罪甚罪甚。學會事頃由荷公在都，存案非久，當可成立，其出版期則恐須俟陰歷八月也。賜環之說不過報紙上揣測，閑言殊不足據，而祖國情狀非經著實訓練養成人才後，亦實難措手，即有此事而僕輩歸否，正未易自決耳，今閱　餘注謹以奉聞。日來頗有吟詠，今將原稿寄上數紙，請與　癡仙、幼春共是正之，此係原稿，閱後仍乞與前所寄趙侍御改本一併擲還為盼。承惠多珍，深謝！深謝！故人意何書耶，溽暑惟　自重千萬。敬承

大安

癡仙

幼春與公同鑒

啟超頓首　閏月九日[2]

階堂何日來？乞先期見示

1 一九一一年七月二日《漢文臺灣日日新報》〈康有為之來東詳情〉：「此次康有為之來遊，記者往訪者甚眾。本報亦曾略紀一二。蓋康之來日，據所云，乃因已與妻何氏悅日本風景，故欲到日本消夏兼具養奇。謂已于二年前因事抵日，不過勾留兩三天即去。蓋日本政府以已亡命客，不許逗留者。近因梁啟超到東京，縷陳于大隈伯犬養氏之前，始得遂其素志來遊，已與梁之主義全為主張立憲，與孫汶等之革命黨相反。此後夏過秋涼，當往遊日光松局等處云云。茲據某通消息者稱，清國近年屢有將開黨禁消息。其所以未能實行者，乃為慶邸所阻耳康梁之主義，在于鼓吹立憲。孫汶之主義在於傾覆政府。兩者主義，判若逕庭。以此參之，則康可赦，而孫不可赦也。況清國立憲之基礎，尤實成于康梁之手者乎。（蓋清國政體改革實先唱於康梁）當光緒帝時。康梁甚見信任。即今日之攝政王。亦于康梁多表同情。日本外務省。向來對清國事犯。方針頗乏一定。然戊戌政變。則實于清深表友誼（蓋本邦政府其時曾容清國政府之請勿使康孫等寄寓者）故康怫然而去，潛居于英國保護之下。續後南清排貨屢起。說者多傳為保皇會煽動，其或因此傷害感情，亦未可知。今康自英屬來日，外務當局宜改向日方針。更進一步，勸告清國當局特赦該等國事犯，以盡國誼云云。」七月五日報導：「康有為梁啟超兩氏俱蒙特赦。將於十月入北京。」

2 信封郵戳時間明治四十四年（一九一一）八月四日（須磨），八月八日（台中）。信末日期宜閏六月九日。

# 廿三　梁啓超致林獻堂函十三（一九一一年八月二十日，新曆十月十一日）

獻堂我兄大鑒：奉　示及　惠小女諸珍，敬承深謝，拙稿亦已收到，勿念。臺灣風潦偏災，前月報紙屢述情狀，想尊處所受損害不大劇，即順乞　見示以慰懸繫。茲有瀆者，前承　惠贈名茶[1]，南海先生品之謂為清絕，不揣冒昧，意欲更乞見寄少許，俾中借花之獻，想樂許耶。坡老集中，謝惠茶之作最多，亦一段雅故也。秋深漸涼，惟珍攝。即請

侍祺　　啟超頓首　八月二十日[2]

1 據一九一一年舊曆閏六月二日函：「另具土物葛布茶席數事，聊備乘涼解渴之用。」本書第廿一封。

2 僅署月日。唯信封郵戳時間明治四十四年（一九一一）十月十四日（須磨），十月十九日（台中），知其為一九一一年。

# 廿四　梁思順致林夫人函一（一九一一年八月廿三日，新曆十月十四日）

林伯母夫人[1]賜鑒：奉
手示，欣悉
重闈太夫人[2]日益康健、
府上各位皆平安無恙，捧讀之下不勝欣
慰。令嫻[3]久寄異鄉，未歸故土，孺慕之情，
日形夢寐，今春得侍家　君子漫遊臺
灣，始克一瞻故國風俗，加以
府上各位殷勤招待，至今思之，猶覺神往，
惜言語不通，未得暢談為憾，將來若遇
機會，尚請我
伯母東游，一訴別懷耳。蒙
惠珍物，不勝感激，謹此鳴謝。時因東風復
惠，德音乍寒，維珍衛。敬叩
大安，敬請
重闈太夫人福安　世姪女令嫻再拜敬復八月廿三日[4]
老伯及　府上各位均請叱名問安

1 林獻堂夫人楊水心女士。一八九八年先生十八歲成婚。夫人為彰化望族楊晏然長女，精明能幹，但秉性仁厚，克己待人。

2 獻堂祖母羅太夫人。

3 即梁思順（一八九三～一九六六），小名令嫻，梁啟超長女。生於廣東新會，畢業於日本女子師範學校。自幼受父親的薰陶和教育，愛好詩詞音樂。利用家中豐富藏書，編有《藝蘅館詞選》，一九〇八年初版後，深受讀者喜愛，多次再版。梁啟超在世時，思順長期擔任助手，流亡日本期間，思順擔任梁啟超的私人秘書兼日語翻譯。清宣統三年（一九一一），她隨父遊臺灣。集霧峰莊林氏萊園，分韻得「舉」字：「生小寄他邦，故國勞延佇。遠遊得尊親，肯辭山河阻。矧乃賢主人，延客啟別墅。中廚辦豐膳，斗酒呼童煮。自愧非徐孺，乃逢陳仲舉。暮春花正繁，濃陰釀初暑。鵝鴨不相喧，鶯燕自為侶。有時作勞歌，主客益激楚。信美吾山川，奈何傷離黍。回首望故鄉，相去復幾許。」

4 文中云「今春得侍家　君子漫遊臺灣」，今春指一九一一年春。信封郵戳時間即明治四十四年十一月七日（須磨），寫信時間為舊曆八月廿三日。梁思順信函所署時間或為新曆或為舊曆，此信則用舊曆，故云「德音乍寒」。因一九一一年閏六月，故此時新舊曆時間相差較大，而此信寄發時間也較寫信時間晚十幾天（如寫後即寄，應是十月十七日。見上封「梁啟超致林獻堂函，舊曆八月二十日」），不知何故？也因此「梁啟超致林獻堂函（一九一一年九月八日）」雖晚寫，但新曆十月廿三日自日本寄出，十一月三日即寄達臺灣矣。而此信十一月七日才寄出。

# 廿五　梁啓超致林獻堂函十四（一九一一年九月八日，新曆十月廿九日）

獻堂三兄大鑒：奉牋知眷懷殷墟，惻怛逾恒，循誦再四，祇增涕淚。上海各報多事煽動，往往過寔，惟有時事新報[1]尚稱執中，今將此間所有者先寄上，并即飛函該館，俾直寄也。國中亂機本已久伏，而種種秕政，復從而激之，故禍驟發不可收拾，然使革命果足以起衰，則今茲之難或未始非福，顧吾所深憂者不在今日，而在其既成之時，殺機既動，相尋無已，絕非一、二年內之所能熄。而列強眈眈，終不能容我作劉項朱陳[2]之爭，今雖暫作壁上觀[3]，非久而干涉必起，則中國興長已矣！以吾黨[4]今日所榮，惟有速設法摧翻現政府、另立新政府，即開國會與民更始，然後由國會招撫革命，使同為政治上正當之競爭，勿懷抱種族之迷見以長殺機，此則我同志所方黽勉盡力，而成否固未可知者也，但扶危定傾之法，祇此一塗，併力赴之，以冀天相而已。今竊有所私瀆者，弟頻年以來賣文自活，而以所入兼供同志之奔走，本無日不在竭蹶之中，猶幸而不至於凍餒，今茲變起，凡國風報[5]所最風行之地，悉為亂區，報費無著接濟，驟斷室罄甑塵[6]，無所為計，莊子之索於枯魚[7]，淮陰之不能自食[8]，今乃見之，猶復睠此時艱，不忍袖手資遣同志，奔走所需，窘悴更不可言。以吾　兄義俠之懷、相愛之雅，故敢援顏公乞米[9]故事，冒恥求假千數百金暫以相濟，局勢稍定，不敢忘報，想 兄尚能為力。而前所言常識學會事，今非其時，已作罷議矣，非恃愛之極，不敢冒瀆，伏惟 鑒亮，敬請
侍祺 啟超頓首重陽前一日[10]
再者，若承許可，恐逕寄召嫌，則寄至東京中國書林梁德猷收最妙

1 前身為一九〇七年十二月五日在上海創刊的《時事報》和一九〇八年二月廿九日創刊的《輿論日報》。前者主編是汪劍秋，後者主編是狄葆豐。兩報於一九〇九年合併，定名為《輿論時事報》。一九一一年五月十八日改名《時事新報》，由汪宬年任經理。初期得到維新派康、梁的支持，主張君主立憲，辛亥革命後，成為進步黨的報紙，傾向袁世凱政府。後反對袁世凱獨裁、反對洪憲帝制。一九一八年三月四日創辦的副刊「學燈」，在俞頌華等人主持期間，對五四運動時期的新文化運動和社會主義在中國的傳播有所影響。

2 指劉邦、項羽、朱元璋、陳友諒。

3 坐觀成敗，不幫助任何一方。《史記‧項羽本紀》：「諸侯軍救鉅鹿，下者十餘壁，莫敢縱兵。及楚擊秦，諸將皆從壁上觀。」

4 指保皇黨。

5 宣統二年（一九一〇）正月初十日，《國風報》在上海創刊。為旬刊，每期八萬字左右，社址在上海四馬路。該刊

設論說、時評、著譯、調查、記事等欄目，以論說為主。該刊在創刊號廣告中稱「以忠告政府，指導國民，灌輸世界之常識，造成健全之輿論為宗旨」。梁啟超是該刊的主要編輯撰稿人，每期半數以上的文章均出自其手，所有稿件都由梁在日本大體編定後，寄至上海印刷出版。協助梁擔任編撰的主要有湯覺頓、麥孟華等，是《政論》雜誌停刊後，康、梁立憲集團的主要輿論工具。該刊上陸續發表了〈為國會期限問題敬告國人〉、〈國會與義務〉、〈論請願國會當與請願政府並行〉、〈責任內閣與政治家〉、〈立憲國詔旨之種類及其在國法上之地位〉等較有影響的文章，論及國會、內閣、官制、財政、實業、外交等問題，對當時立憲的理論和運動都有一定指導意義。

6 室磬，即室如懸磬，指居室空無所有，非常貧窮。《國語・魯語上》：「室如懸磬，野無青草，何恃而不恐。」磬，古代矩形樂器。甑塵，指甑塵釜魚，甑為炊具。漢朝范冉家境清苦，久不能燒飯，以致炊器積滿塵埃，鍋子生蠹魚。典出《後漢書・獨行傳・范冉傳》。比喻生活極為清寒困苦。

7 《莊子・外物》：「吾失我常與，我無所處，吾得斗升之水然活耳，君乃言此，曾不如早索我於枯魚之肆。」比喻處於困境。

8 漢淮陰侯韓信早年貧賤，挨餓於城下，幸獲漂母（漂洗衣物的老婦）分食，得以倖存。

9 公元七六五年，正值關中大旱，江南水災，農業歉收。顏真卿當時已官拜刑部尚書，知省事，封魯郡公。但「舉家食粥來以數月，今又罄竭」的地步，於是不得不向同事李太保求告「惠及少米，實濟艱勤」。談到困窘的原因，他也直言不諱，因為自己「拙於生事」，除了俸祿，他不會創收、生利，沒有別的生財之道。

10 此信郵戳明治四十四年（一九一一）十月廿八日發自神戶，十一月三日至臺灣。寫信時間宜是一九一一年九月八日（舊曆）。

## 廿六　梁思順致林獻堂函五（一九一一年九月十七日，新曆十一月七日）

獻堂先生賜鑒：別後屢蒙
伯母夫人惠贈珍物，銘感無已，遙想
道躬勝常，譚福無窮為頌。近者家
國多事、四海鼎沸，各地相繼陷落，
風聲鶴唳、草木皆兵，所幸黨
禁已解，黨人稍可效力國家，是
以家　君子于昨日起程北上，冀組
織政黨，世亂方殷，行色匆匆[1]，竟
不及專函辭行，不勝遺憾，命令嫻
代達此意，俟到京少暇，當自作函，
尚乞
先生諒之。家　君此行不致有他虞，
因革黨雖猖獗，而黨中意見相
歧不能一致，必易鎮亂，知關
注念，順以奉聞。前日家　君曾函請
先生籌款，今已有所得，請即作罷，

屢以瑣事奉瀆
清神，感謝之至。手此，敬叻（叩）
道安　　梁令嫻謹上九月十七日[2]
重闈太夫人前叱名請　安
閫譚均此致念
再者，前曾借連雅堂君大作，久欲奉
璧，以事遺忘，茲別封寄上，請轉交為
幸。時事新報已函告上海按日
寄上矣，又及

---

1 《漢文臺灣日日新報》載「梁氏女公子之談片」：「與中會領袖梁啟超氏，優游於日本須磨之間，以消閒歲月久矣。此次革命之亂。彼亦非能終隱而不發也。茲聞該氏以北京形勢益變，時局艱危，宣統幼帝將有蒙塵之議。在京同志，累次飛電促其一行，氏遂決意北歸。以六日起身，出馬關。返北京馴至而為袁世凱內閣之法部副大臣。然本年六月之由美來日，與梁同寓之康有為氏則尚為雌伏之身也。聞某報記者以梁既出廬。關係時局。而康尚寂然。必別有所懷抱者存，爰造廬而訪之。有梁之女公子代為略述意見云：康先生以老體罹僂麻質斯之，受須磨病院鶴前院長療治，久謝絕一切訪客。此次故國革命之亂，嘗述堅守中立意見。余父梁某亦然，父平時所組織與中會，近已改為憲政會。其同志在北京等處者甚多。此次以同志之勸，不能終默。已七日在下關動身，九日到大連，十日抵奉天，與同志相會。新聞之中有稱其秘密行動者，非秘密也。公然振大手而入北京也，刻下故國各地革命軍，皆稱為孫文部下，是大不然。彼等之間，絕無連絡。其中有以革命軍嚴守軍規，善保秩序，為外人所喜。而藉革命之名以欺人者甚多，此即康先生之所云也。」（一九一一年十一月二十日）

2 此信未署年份，據內容觀之，宜是一九一一年。因梁氏於一九一一年九月匆匆歸國。內文復有「前日家 君曾函請先生籌款」，見梁啟超九月八日致林獻堂函。

# 廿七　林獻堂致梁啓超函四（一九一一年九月十八日，新曆十一月八日）

任公先生執事：奉接

大教，請當除舊布新、結合群力，以定民志、杜內訌云云，此誠扶危定傾之第一著要義，其天時人事相推至此，彼舊政府始不足以圖存，即存亦非民福，而凡謀其新者，亦當徹首徹尾秩序整然、毫無私念始克有濟，不然逐利之徒環而伺隙，其險狀何止厝火積薪哉？要之，此番禍福相倚，無論中國興亡皆不能免此一度變亂，亦如積陰既久，自應雷雨大作乃見清明也。

先生成竹在胸，自有布置方法，惟各地議員志士易聯絡否？深以為念。蟄居海嶠，臂助莫伸，鬱鬱何可言狀。今輒於〇日由郵奉餉〇〇，聊備

從者之費，數既不巨，情無可嫌，即有猜嫌，亦非所計矣。有不如意時相報聞，區區之誠，惟

力是視。秋風方厲，惟
起居勝常為祝。祇叩
大安　　　〇〇〇頓首
又茶葉上者頃未上市，少緩旬日，當即有以奉報[1]。

1 此信時間宜為一九一一年舊曆秋月，新曆則在十一月八日。梁氏一九一一年舊曆八月二十日函：「惠贈名茶，南海先生品之謂為清絕，不揣冒昧，意欲更乞見寄少許，俾申借花之獻，想樂許耶。」而獻堂答以「茶葉上者頃未上市，少緩旬日，當即有以奉報。」此信主要是函覆梁啟超舊曆九月八日函之所求：「冒恥求假千數百金暫以相濟，局勢稍定，不敢忘報。」梁氏此信抵臺灣時間是新曆十一月三日，林獻堂收信即照辦。待林氏由郵奉餉至須磨時，梁氏已返中國，由女兒梁思順先回函致謝，信見「梁思順致林獻堂函（一九一一年十一月十五日）」，內云「奉西十一月八日手示及千金，一切敬悉。」

# 廿八　梁思順致林獻堂函二（一九一一年九月廿五日，新曆十一月十五日）

獻堂先生大鑒：奉西十一月八日
手示及千金[1]，一切敬悉。
先生厚意不勝感激，款當暫為寄存，待寄稟
家　君以取進止，然後奉復，因家　君遠行，令嫻不
能作主也。前日曾肅一牋，想早登
記室[2]，適接　家君手諭，知已安抵奉天矣，聞事
尚可為，惟都中景象日日變遷，數日之間必致
破裂，今已成為無政府狀態，斯為可憂云。日來
重闈太夫人及
闔譚想皆納福，請叱名道念。時事新報已託上海
本局直寄，未知收到否？為念。肅此敬復，謹劬（叩）
大安並頌　梁令嫻敬白十一月十五日[3]
潭福不一

1 請見林獻堂致梁啟超函（一九一一年新曆十一月八日）及注一。梁啟超舊曆九月八日去函後，隨即匆促歸國，於十

九日抵大連（見一九一一年九月十九日家書），其後廿一、廿二日家書所述，大抵為梁思順此信函所本。此次潛歸，但消息仍走漏，不久（舊曆九月底前）旋返日本（另見返日本後九月晦致林獻堂之信函），一直到一九一二年十月方又歸國，定居天津。從家書時間可見此一情形，自一九一一年九月廿二日後，中間皆無家書，直到一九一二年十月五日方見家書。

2 即九月十七日函。

3 信封郵戳時間：明治四十四年（一九一一年）十一月十六日（日本），十一月廿二日（臺灣）。梁思順信末時間所署同郵戳皆為新曆。

# 廿九　梁啓超致林獻堂函十五

（一九一一年九月晦，新曆十一月二十日）

獻堂三兄大鑒：弟旬日前薄游奉天[1]，昨日歸寓，奉手示及千金之餽，感激無量，相知之厚如我兄，非惟不敢卻，抑亦不敢言謝，今世事方殷，得此略供奔走疏坿之費，它日能有所成，斯受　賜多矣。頃獨立之幟殆靡全國，破壞之功不在禹下，而秩敘既紊，統一難期，志士仁人殷憂方始，各省同志今共努力於茲事，狂熱稍過，聽受自易，以近狀度之仍是樂觀多於悲觀也。弟頃著一長文，付印將成，成當奉寄袁氏，彌縫殘局，欲攬人望，乃以弟承乏閣僚一席，在彼固不得

已，在我則安可以不自重，已電辭之[2]，想 兄亦早能料及矣。弟頃尚沉幾觀變。一兩月內或暫不它適，知念併聞，敬請

侍祺不宣

九月晦[3] 啟超報

1 奉天即瀋陽。梁啟超於一九一一年九月由日本歸國，十九日天草丸號駛抵大連，適湯覺頓來，謂梁氏擬運動的吳祿貞已於數日前被袁世凱暗殺，北京形勢對梁不利，促梁即返日本。二十日為旅順之游，夜乘汽車往奉天，住日租界內。原擬入經掌握政局之願落空，且聞革命黨人藍天蔚欲對其不利，乃於廿三日折返大連，乘原船回日本。此時作者有〈歸舟見月〉、〈舟抵大連望旅順〉、〈由大連夜乘汽車至奉天〉、〈由奉天卻至大連道中作〉等詩。

2 八月武昌革命起，九月梁啟超潛赴奉天，原期運動新軍，控制京師，實行「和袁慰革，逼滿服漢」之大計，以吳祿貞遽罹橫禍，諸事未諧，復還日本。尋清以袁世凱組閣，邀任副法律大臣，辭不就。時發表〈新中國建設問題〉，主虛君共和論，以南北和議成不行。《漢文臺灣日日新報》「梁氏在門司一夜話」：「梁啟超同湯架生羅子山外一名，經十七日午后七扣鐘抵門司，梁變名為陳熙，船入港時某記者往訪，梁頗蹤跡自晦，為記者所認，知不可瞞，乃握手入靜所敘談，以湯氏為日語通譯，記者訪以袁世凱組織內閣之事，梁曰，某到奉天，非有特別目的，徒以故國政變，新報紛傳，未可遽窺真相，故一到滿洲查訪北京情形，世人多誤解予，不知予之為視察而行，非別有所計畫也。袁世凱入京，余以十四日在大連閱新報號外始知，袁此次上京，胸中必有成竹，惟當此時局艱危，不知若何收拾？據北京近報，袁已組織新內閣擬予為法部副大臣，此予所不與知者，假令袁果以予為該大臣，予亦不甘受也，余惟喜袁之入京，而向來之親貴政治，遂為一變，至以袁為組織憲政內閣，因此一革命之蜂起而更造一純然立憲政體之基礎，是可喜者，若至彼之奉戴朝廷，布立憲政治，與夫革命之顛覆朝廷，而布共和政治，此固各人所執一是意見，其將來成敗，要非今日所可坐論者，余以政府基礎，尚未確固，故仍返日本若袁之前任軍機大臣，與今

3

日之組織新內閣前為舊政時代，今為新政時代，究未免終屬初試，至革命之行動，全欲反政府期望，破北京平和，事體紛紜，斷未可容易遽見終局也云」

此信函謝林獻堂千金之餽，林獻堂去函時間一九一一年西曆十一月八日，其時（舊曆九月中）梁啟超匆促歸國，至九月底回日本。其間已由女兒梁思順先去函說明，啟超回日本之後復專函再次致謝。信封郵戳時間是明治四十四年（一九一一年）十一月二十日。封背寫著「辛亥舊拾月初八日接」。林獻堂收到信之時間是新曆十一月廿八日。

# 三十　林獻堂致梁啓超函五（一九一一年十月十日前後，新曆十一月底十二月初）

任公先生執事：承知

大駕近赴奉天、旋返神戶[1]，不應袁氏之聘，此中必有權衡，又云別有長文，自必痛快淋漓、震盪聾瞽。誠以各地首事之人苟能開誠布公、共相策勵，則此舉直所謂數節而後迎刃而解，失此不做則冥冥氛祲將長，此終古矣。閱各處報紙，頗謂袁氏組織新內閣，一方面收羅才傑之士，一方面漸確立憲政基礎，然此不過謬為求悅於民，以潛消革命風雲之氣，中外知機之士，皆知此舉非滿廷真意，使一旦兵革既靖，彼袁內閣且不自保、能保其咄嗟之憲法乎？今議者紛紛，復謂實權不在袁氏，即皇室親貴亦四分五裂、各豎旗幟，此直伏機未發耳，苟吳楚之間旦夕無事，則宮庭咫尺方有蕭墻之憂，所可慮者，漢水既颺，義師再挫；黨人內訌、失其中堅，而張勳[2]、馮國璋[3]之徒復出死力以捍衛垂傾之廈，此其影響甚大，非早圖補救，將有灰心短氣者矣。大抵隨聲附和、真志士少而偽志士多，形見勢絀，彼不難於幡然改計。頃者廈門之舉，起事諸人半屬市井無賴，此誠僕之隱憂，亦志士之所固恥也，且號稱舉義而急難無赴敵之師、唇齒無轉輸之濟；私其所有、觀望一方；事成則可以圖功、事敗欲急於避禍者，比比皆是，若十旬以內率此不變、統一之機關不立、指臂之號令不伸，則當公私交困、鷸蚌兩傷之際，必有乘其後而起者，其險狀曷可思議！

先生救國之誠，通國共諒，登高而呼必有響應，敢在下風伏候

德音，無任飢渴之懷，惟祈

賜砭狂惑。別寄茶葉數箱，並乞查收[4]。祇請

大安　不宣

1 依據信件內容，如「不應袁氏之聘」、「別有長文」，此信函宜是覆梁啟超一九一一年九月晦之信，林獻堂收到該信時間是新曆十一月廿八日。如是，此信時間蓋為十一月底十二月初。

2 張勳（一八四四～一九二三）字少軒，清末江西奉新人。官至江南提督，署兩江總督，民國六年，在長江巡閱使任內，率軍入北京，迎清遜帝溥儀復位，旋即失敗。

3 馮國璋（一八五九～一九一九），字華符，又作華甫，直隸河間（今河北）人。畢業於北洋武備學堂，在淮軍中嶄露頭角。後協助袁世凱在小站練兵，與王士珍、段祺瑞合稱「北洋三傑」。此後歷任第一軍總統、直隸都督、江蘇督軍。袁世凱死後，成為直系首領，曾當選副總統。一九一七年張勳復辟失敗後，於八月任代理大總統。次年被段祺瑞脅迫而下台，先後輾轉於河北故里與京津兩地。

4 林獻堂致梁啟超函（一九一一年西曆十一月八日）答以「茶葉上者頃未上市，少緩旬日，當即有以奉報。」由信函內容觀之，果於十一月底前後奉上。同時由此可推敲此批函稿時間。

# 卌一　梁啓超致林獻堂函十六（一九一一年十二月廿五日，一九一二年新曆二月十二日）

獻堂三兄惠鑒：獻歲啟春，天迴物換。

遙想

足下奉頤

重闈，益增多祉。故國形勢日非，舊朝既叢眾怨，理無倖存，而南部新造之邦，泯棼更甚於昔。羅蘭夫人[1]有言：自由！自由！天下幾許罪惡假汝之名以行！昔常憂之，今乃真見矣。恐須俟人心厭亂之時，始有天下澄清之望，僕以孤介久為眾的，今亦惟遵養時晦，從事著述以待後機之至而已。元遺山[2]詩云：風波舊憶橫身過，世事今歸袖手看。此可為浩歎也，惟區區之志，終無灰冷，聊足質於

友生已耳。久暌深念，裁書敘心，敬賀

新禧。即承

侍茀不莊　啟超頓首　小女思順隨叩[3]

1 羅蘭夫人（一七五四～一七九三）為巴黎雕刻家的女兒，法國政治家羅蘭（Rolandde la Platiere）之妻。才華出眾，勇敢高潔，熟知盧梭及其他十八世紀法國哲學家的民主思想，後被捕入獄，在監禁期間，著有回憶錄請後代子孫公斷。臨刑時留下名言：「O Liberte, que de crimes on commet en ton nom!（自由！自由！多少罪惡假汝之名以行）」一九〇二年，梁啟超在《新民叢報》發表《羅蘭夫人傳》。在重新闡釋的這個文本中，羅蘭夫人從一個幸福的家庭女性成長為活躍的吉倫特黨的精神領袖，尤其彰顯了羅蘭夫人的政治理想和為法國大革命獻身的先驅精神。據夏曉虹《覺世與傳世——梁啟超的文學道路》序文：「筆者于第五章論述梁啟超的新體傳記文時，原先直接引錄了《羅蘭夫人傳》中『河出伏流』一節文字，以為梁文中『有些議論甚至是作為全傳的核心思想提出的』之範例。而參與『梁啟超研究班』的松尾洋二先生，則在其提交的《梁啟超與史傳》一文中指出：『夏曉虹所引用的地方，是羅蘭夫人傳的高潮之處，同時也是全傳的核心部份，反映了傳記的中心思想。但是，夏曉虹未曾提到這裡的內容其實是梁啟超翻譯德富蘆花所編傳記而來的。』松尾的文章以翔實的史料梳理出梁啟超如何取材于《（世界古今）名婦鑒》的《法國革命之花》，其有所刪改而隱去翻譯痕跡的《羅蘭夫人傳》後來又如何流傳到朝鮮，出現了朝文譯本，并由此鉤稽出一條近代東亞精神的歷史交流渠道。」北京：中華書局，二〇〇六年一月北京第一次印刷。

2 元好問（一一九〇～一二五七）字裕之，號遺山，金秀容（今山西省忻縣）人。系出元魏，七歲能詩，興定三年進士，官至尚書省左司員外郎，金亡不仕。古文繼承韓柳，結構嚴密。詩主風骨，反對浮艷。其論詩絕句三十首在文學批評史上頗有地位。編有《中州集》。著有《遺山集》、《續夷堅志》。

3 此信郵戳時間：明治四十五年（一九一二）二月十二日。此信未署時間，如以梁氏慣用舊曆時間推敲，宜是一九一一年十二月。

# 卅二　梁思順致林獻堂函三（約一九一二年一月，新曆二月）

賀

闔譚新禧

梁思順襝衽拜

家慈命筆致

賀恕不另札[1]

1 據內容觀之，此信宜在一九一二年新曆二月新禧之際。

## 卅二　林獻堂致梁啓超函六（約一九一二年一月，新曆二月）

任公先生執事：旬月來，未嘗以片紙
塵瀆
左右，非敢疏也，直以大局紛紛，方紆籌
策，鄉曲之談，不足為輕重，徒亂人意
耳。越此改歲，忽蒙先頒
德音，惠我無疆，益增愧恧，捧讀
盛旨，遵養時晦，以待後機云云[1]。竊謂
當斯世而有
先生，彼蒼決非無意，雖暫閉戶著
書，終有童蒙求我之日。惟慮民氣方
張，國基未固，藏人首謀獨立，滿、蒙
諸族，必有繼而起者，以鞭長莫及
之勢，迫狡焉思啟之雄，枝葉既披，
危及根本，朽索不馭，瓦解將成，
則後有聖智，恐難為力已。
神機洞照，八表靡遺，所望別有

懸解，以釋杞憂。此間蹋天蹐地，無一事可相告語，繭絲之政，言之彌添不快，惟祝東山霖雨，早澤蒼生，庶同此坤輿，猶得望雲霓而大慰也。紙短情長，諸惟裁察。恭叩春祺，並頌潭府百祿

家祖母　以下概寄聲問候。

母

獻堂頓首

1　見「梁啟超致林獻堂函十七（一九一二年新曆二月十二日）」：「今亦惟遵養時晦，從事著述以待後機之至而已。」可知林氏此信回覆時間即此新歲迎春之際，故原信雖未署日期，但據內容訂為民國元年（一九一二）二月間所寫。

## 卅四　林獻堂致梁啓超函七（約一九一二年三月，新曆四、五月間）

任公先生執事：暌絕以來，倏已經歲，
高山仰止，曷云能忘。嘗竊自惟，向者
未嘗奉
教之先，如聞麟鳳之名，以為當斯世
終莫之見也，何圖天假之緣，丁未[1]東遊，
造次遂謁
先生於旅次。爾時之快，直乃雲霧睹
青天，何區區之足瑞哉！自爾以來，數承
清訓，往歲辱臨，又不以為不可教，欲
誘而進之門墻之列，
大雅含宏，愛人無已，雖駑駘，安敢不
自策勵。徒以羈絆為能自脫，苟安旦
夕，假息窮壤，從遊之願既未易償，而
業不加修、德無稍進，益愧負宿昔
懃懃接納之意矣。故國至今未定，比

聞河西隴坻皆有異謀，黨人內訌之聲騰於中外，此真負荷者之深憂也。先生雖在遠，必有借箸之謀，補牢之計，閒中願賜數行，以慰懸旌。春夏之交，雨暘無時，惟起居珍攝。書不盡意，敬叩
大安
獻堂頓首[2]

1 指清德宗光緒三十三年（一九〇七）丁未秋，林獻堂攜任求見，二人邂逅於日本奈良旅次，言語不通，入室筆談，大抵攸關臺人的前途、命運以及抗日運動的路線、策略和手段等議題，梁氏對談中曾寫道：「本是同根，今成異國，滄桑之感，諒有同情……今夕之遇，誠非偶然。」

2 原信後未署日期，函中有「往歲辱臨」之句，按任公遊臺在宣統三年（一九一一）三月，「先生雖在遠」一句，知其尚在日本（梁氏一九一二年十月歸國，定居天津），又有「春夏之交」句，故訂為民國元年（一九一二）四、五月間所作。

## 卅五 林獻堂致梁啓超函八（一九一二年五月十二日，新曆六月廿六日）

任公先生執事：奉
大教並《立國大方針》[1]一冊，再三讀竟，如神
醫之說病，視垣一方，癥結之處無不洞
中，然後徐喻以禍福之機、趨避之道，使
諱疾者無所暱情，待斃者復有生望，真
民國前途之不死藥也。今舊邦維新，政黨
林立，多歧亡羊，臧穀兩病，項城雖攝盟主
之席，而尺柄未操，群情猜懼，蓋亦困於因
應者矣。連雞不棲，自古而然，況於民氣方
張，國情未達時，其害鮮有不如此者。
先生早唱曲突徙薪之計，國中積學深思
之士，復有氣求而聲應者，此書一出，殆一線
之曙光，而砥柱狂瀾，方待
歸輿之駕耳。獻堂從遊之願，期以三年，越
嘶風，悲憤何極。惟祝
民國之前途，發展於

先生之宿志，海天萬里，時聞好音，則雖身墜泥犁[2]，猶當西望軒眉，以成一笑。雅堂之去，初無所聞。不腆赆行六百[3]，少勞從者，幸勿齒冷。書不能達易，惟為國為道，萬萬自愛。敬叩旅安，不宣。

荷庵先生均此致意，恕不另函。

獻堂頓首

六月廿六日[4]

1 梁啟超〈中國立國大方針〉，一九一二年四月作。

2 胡語音譯。地獄。

3 不腆，不豐厚，贈人禮物的謙詞。赆行，贈禮給即將遠行的人。鄭喜夫《民國連雅堂先生橫年譜》一九一二年條下云：「三月，先生將遠遊祖國大陸，……而林獻堂先生帶六百日圓贈梁啟超。」（頁七七）其原始出處據黃得時〈梁任公遊臺考〉，今查黃文確實如此，而黃文之說詞宜是根據此信而來。

4 本函雖署有月日，但無年份。信中對梁氏贈送其近著《立國大方針》表示謝意，查梁著《中國立國大方針》一書，完成於民國元年元月，今收入於《飲冰室文集》第二十八（中華書局出版）。文中復有「雅堂之去」（一九一二至一九一四年，連橫第四度赴中國大陸，以三年時間遊歷上海、杭州、南京、蘇州、揚州、北京、張家口、武昌、漢陽、瀋陽、長春、吉林等地，同時蒐集臺灣通史材料），據此推斷，此信應寫於民國元年（一九一二）。

# 卅六　梁啓超致林獻堂函十七（一九一二年八月十八日，新曆九月廿八日）

獻堂尊兄足下：前承委譔
太伯母壽言，以人事倥傯，久未脫稿，
（明日登舟）
負罪千萬，頃歸期已定，倚裝成
篇，深愧蕪淺，不足揄揚
盛美耳。別有薄儀奉　祝，到
京後當直寄上，伏惟屆辰叱名稱
觴以慶，期頤肅此敬復。即請
侍祺　　啟超頓首　中秋後三日[1]

1　信封郵戳可見大正一年，此信時間宜是一九一二年舊曆八月十八日。〈林太恭人壽序〉後於本月完成，如信中所言「別有薄儀奉　祝，到京後當直寄上」，壽序宜亦此時並寄。

# 卌七　梁啓超致林獻堂函十八（一九一二年八月，新曆九、十月間）

## 林太恭人壽序

歲丙午[1]，余始獲交臺灣林子獻堂。時余逋居日本既九年，而臺之改版且十二年矣。獻堂溫而重，氣靜穆而志毅果，皦然有古君子之風。竊計其世德之必有所受。既而展閥族，知為剛愍公從子，愈益起敬。越五年，余如臺觀風，獻堂館余於其萊園。萊園者獻堂尊甫允卿孝廉所築以頤　母者也。　母羅太恭人年八十矣。而強健尚如六十許。余既升堂修謁，肅瞻懿範，獻堂兄弟侍側，時時作孺子容，曾孫之環膝而嬉者若雁行也。盎然春氣，充於閭庭。余去國逾紀，習聞自故鄉來者道，宗邦禮俗日媮，彝倫泯焉，憮然不堪其憂。及踐林子之庭，而感不絕於余心也。獻堂復為余言　太恭人之初來嬪也，王考景山公率剛愍治兵於外，世以比王濟叔姪，而　太恭人與剛愍之母戴太夫人治家於內。識者亦以擬鐘郝云。景山公即世，　孝廉公年未弱冠，　太恭人則以慈母而兼教師，漸以學而致之用。故　孝廉公起將種為名儒。洎甲申之役，法軍壓境，　孝廉率群子弟為國捍城。大吏倚之，以奏膚功，昔田子泰挈宗族講禮徐無山中，而能從容靖烏丸之難。以今方古，未云多讓。於餉糈皆不仰縣官。　太恭人裂帛為旗，拔釵助饟，世人盛道　孝廉公之殊伐，而不知居者之勞，　太恭人實專之也。於戲，以一婦人能效忠致果於國家，若　太恭人者，可以風矣。今獻堂兄弟秉　懿訓以自淑，醇行型於鄉里，俠聲著於海隅，身為逸民，而拳拳父母之邦，未嘗去懷。仲尼稱明德達人，子輿歎故家喬木。余既重獻堂之義，而臨睨舊鄉，乃益欷歔而不能禁也。秋九月為　太恭人九秩開一設帨之辰，獻堂馳書督余一言為壽。余以為　太恭人之急公而持大體，與獻堂之承志善養，舉足以厲末俗，乃敬序而歸之。若乃岡陵祝禱之恆辭，請以俟諸佳客爾。

壬子[2]八月。　世再姪新會梁啟超拜撰

1 中華書局版《飲冰室文集》卷四十四亦收入。據此壽序梁任公獲識林獻堂先生當在丙午年，此年為光緒三十二年，明治三十九年。然據林獻堂先生致梁任公第四信與《林獻堂先生紀念集》、《臺灣總督府警察沿革志》所載，梁、林初會是在丁未年，較壽序之丙午遲一年。「歲丙午」或恐梁任公之誤記。

2 壬子年，即民國元年（一九一二）。

## 卅八　梁思順致林獻堂函四（一九一二年九月廿九日，新曆十一月七日）

獻堂先生惠鑒：昨奉　手示，一切敬悉，知
重闈太夫人康健勝常、　闔府萬福，甚以為慰。　家
大人歸國[1]，本應合家同行，惟因嫻適聘彼都博學之
士數人受理生計學[2]，明秋方可畢業，是以　家慈
留東相伴，待畢業後始歸也[3]，　家大人現寓天津[4]，
前月陽歷二十入京，本月朔歸津，滯京十日，都人歡迎，舉
國若狂，上自大總統、各國務員、各都督、下至政界、新
聞界、軍界、商界、學界，無不歡迎，每日來謁者平均
百人云，今將新聞擇寄數葉，可窺一斑矣。津寓為日
租借榮街十七號，然日內或移居北京，
先生若欲通信，或由嫻轉寄如何？不然寄北京李鐵拐
斜街國民公報[5]徐佛蘇[6]先生轉交，亦可安收也。耑此敬
承
侍安　　梁令嫻謹復十一月初七日[7]
　家慈命筆請
重闈太夫人及　闔府安

1 梁啟超於一九一二年十月歸國。

2 即今之「經濟學」，清朝末年即以「富國策」定之。當時同文館開設經濟學課，定名為「富國策」，以英國人福西特（H.Fawcett，一八三三～一八八四年，舊譯法斯德）的《政治經濟學提要》為教材。此書中譯本即以《富國策》為書名，於清光緒六年（一八八〇）出版。一八八六年英國傑文茲《政治經濟學入門》出版，中文譯本取名《富國養民策》，書中將經濟學譯作「富國養民學」。一九〇一年嚴復在《原富》中譯經濟學為「計學」。一九〇二年梁啟超在《生計學學說沿革小史》中改計學為「生計學」。

3 據張品興編《梁啟超家書》一九一二年上半年時談及思順求學、歸國事，五月四日函：「計半月後當見汝曹，喜遲不可言。」（天津：中國文聯出版社，二〇〇〇年一月，頁一四八）其歸國時間宜在五月二十日前後，不必待至秋月間。

4 可互見張品興編《梁啟超家書》（天津：中國文聯出版社，二〇〇〇年一月，頁三四至三六）及《梁啟超未刊書信手迹》（北京：中華書局出版，一九九四年十一月，頁五七至六三）「一九一二年十一月一日」梁啟超給女兒梁思順家書。書函云：「今日居然返天津矣。在京十二日，……吾一身實為北京之中心，各人皆環繞吾旁，如眾星之拱北辰。……每夜非兩點鐘客不散，每晨七點鐘客已麕集。」梁思順此函所云情境宜據此家書轉述。

5 中國近代的立憲派團體，國會請願同志會的機關報。一九一〇年七月創刊於北京。日出對開兩張。名譽社長孫伯蘭，社長文實權，編輯徐佛蘇、黃與之等。以促進君主立憲，提前召開國會為宗旨，經常發表梁啟超、黃遠生等人的文章。一九一〇年十一月，清政府宣布縮短立憲預備期限，國會請願同志會改組為帝國憲政會，一九一一年五月又改為憲友會，並將《國民公報》移與徐佛蘇個人主辦。移交後的《國民公報》，言論主張接近梁啟超等人的進步黨和研究系。一九一九年十月廿四日以所刊評論違反出版法，被北洋政府查封。

6 號佛公，筆名心齋、文福興等。湖南長沙人。清光緒三十年（一九〇四年）參加華興會，因起義事洩露，逃亡日本，由革命轉向保皇，成為《新民叢報》的撰稿人。光緒三十三年（一九〇七年）加入梁啟超等在東京成立的政聞社，參與出版《政論》雜誌工作，鼓吹君主立憲。次年春政聞社本部遷往上海，任常務員。清宣統三年（一九一一）任憲友會常務幹事，並接辦北京立憲派報紙《國民公報》，辛亥革命後，該報成為進步黨的喉舌，他仍擔任主編，反對南京臨時政府，受到革命黨人的痛斥。後曾任北平民國大學代理校長等。

7 信封郵戳時間：大正一年（一九一二年）十一月七日（神戶），十一月十二日（臺灣）。封背亦寫明付郵時間十一月七日。

# 卅九　林獻堂致梁啓超函九（一九一二年十一月十六日，新曆十二月廿四日）

任公先生執事：向者

文旌[1]啟行之日再承

華翰，錫以

大文至切銘感，爾後溯洄中心，仰止

高山，箋敬未通，芳塞尤懼。本月十〇號，忽由郵遞來庸言報[2]一冊，再三捧讀之下，既稱館舍、如見

門墻；載聆德音、若親

几席，喜抃之懷，非筆墨所能狀也。竊惟當今禹域風氣日開、報館林立，雖主持清議類尚不乏其人，而蟬噪鴉鳴、附和雷同者抑亦隨在而有，得

先生出震黃鐘之響、作師子之音；引繩批根、出規入矩；樹言論之鵠、杜捭闔之

門，斯不獨群言有所折衷，將秉鈞衡者，亦知所輕重矣。朔雲日惡、瞻眺低徊；

攝冀無由、捫舌是戒，惟希時賜

教言，少平其鬱伊之氣。直北嚴塞，千萬

珍重。謹叩

大安　某　頓首敬白

新壬子[3]十二月廿四號

1 有文彩的旌旗，是古代貴族、官吏出行時前導的儀仗。後用為對文人出行的敬辭。此處應指梁啟超於九月由日本返國，備受各界歡迎。一九一二年十一月創辦《庸言》於天津，以政論為主，初為半月刊，一九一四年改為月刊，由黃遠庸主持編輯工作。

2

3 壬子，民國元年（一九一二年）。「新壬子」三字疑為後人所加。

# 四十　林獻堂致梁啓超函十（一九一二年十二月廿九日，新曆一九一三年二月四日）

任公先生執事：海天遠隔，瞻望何從；
悒悒之懷，茹而莫吐。向讀庸言報，始知
先生假館津門、重修素業，於時曾修書（名山著述，宏
道宏人，辰告遠猷，庶群言知所折衷）
奉候，訖未見報，殆因住所未詳，已沈於寄書郵
矣。此間之事
先生目睹其三，近則防川日甚，幾於中外往
來函牘皆著意鉤稽，且彼中喧傳，歲將
移民上萬以實迫處，此初猶冀其不實，頃則形
諸令甲、報於計吏者，凡所以除舊布新之道，
尚非道路傳聞所能什一也。大抵
先生某府墾田諸什皆意中事，以楚人溪田
之舉，作越國生聚之心，不及百年，雖之其無
類乎。爾來水旱頻仍而徵求益矣，通都
大邑，攘奪公然；飢之所驅，愍不畏死。家有青
氈，則時存戒心；明哲之士，益不能已於宮奇

之行。若西北風雲，時索夢寐；上下渙散，日有所聞；海中有滅頂之憂，大陸有葦苡之懼，惘悵四面，於何適從？惟祈先生以筆政之暇，有以解其杞憂、開其芳基，幸甚！幸甚！歲琯聿新，塞威方烈，惟為國為道自重。敬頌

春禧　臘辰三日[1]　林○○敬白同

明水先生順此致意舍姪幼春敬候

書由中國書林加封轉寄

1　此信時間依舊曆為壬子（一九一二）十二月三日，新曆則為癸丑年（一九一三）二月四日。

# 卌一 林獻堂致梁啓超函十一（一九一三年四月廿一日，新曆五月廿六日）

任公先生執事：久不奉候，多罪多罪！伏審禔躬康勝、潭祉增綏；木鐸聲敲，警頑冥於眾庶；毛錐穎脫，繫安危於一身，碩德宏才，真令人欽仰無已也。近閱各報，風聲鶴唳，大有南北分離之勢，此不過狡焉思逞，雖不足為患，只恐謠傳不息，枝葉一披，危及根本耳。

先生素主中央集權之說，在當道果能執定此策，乘此時機以謀鞏固，庶免亂黨之飛揚跋扈，則前途其有瘳乎？獻堂蟄居海外，鬱鬱多年，以未能時領清誨為憾，茲已決計屏除一切，買棹西行，拜謁之期當在不遠爾[1]，時得親丰采而領教益，用慰渴慕之忱，幸何如之。

謹此敬清

大安

荷庵先生均此問候

〇〇敬白　　癸丑[2]五月廿六日寄

1 林獻堂於一九一三年三月十九日赴中國大陸。《櫟社沿革志略》載：「灌園、旭東將遊大陸，同人以三月十九日（古曆二月二十二日），會於詹厝園癡仙之無悶草堂為祖餞之雅集。來會者主人外，有悔之、升三、伊若、少舲、聯玉、槐庭、南強、雲從、鶴亭等，合主賓計十有二人。會時作「眼鏡」、「塵」、「移樹髮」、「眉」、「泥」等詩。有寫真以作紀念；中有童子，槐庭長公子培煦也。」（編著者按：如古曆為二月二十二日，則新曆宜是三月二十九日；如新曆日期正確，則古曆宜為二月十二日，未知何者為是。）林癡仙有詞相贈，〈湘春夜月（用黃雪舟韻，送獻堂西遊中國，時南北方倡分立）〉：「望江南，憑闌飛去騷魂。苦恨螢雨蠻煙，樓外晝常昏。逕買片帆西渡，任故園花柳，惜別殘春；羨結交四海，元龍未老，豪氣猶存。　前程細數，黃梅節近，人在吳門。伍相荒祠，聽不得、玉簫嗚咽，吹起風雲。人情叵測，看荳萁、煎到同根。池水皺，算干卿底事？傷時熱淚，空濕襟痕。」

2 癸丑年，即民國二年（一九一三）。

# 冊二　梁啓超致林獻堂函十九（一九一三年）

奉上頤和園游券五枚，（逢五日隨時可往，餘日須先期告知）何日往游，望先期見示，俾得電告前途。此上

獻堂我兄　啟超[1]

1 一九一三年春林獻堂遊中國在北京訪問梁氏，由其介紹，得認識中國要路之大官及政客。當時林獻堂住金臺旅館，由此信觀之，梁啟超其時甚為繁忙，但仍不忘盡禮接待。

## 卅三　梁啓超致林獻堂函二十（一九一三年十二月廿四日，新曆一九一四年一月十九日）

獻堂先生執事：都中辱承過訪，快接清言，徒以吏事紛勞而談讌忽忽，懽緒有不宣達，私中歉然，未之能安也。茲奉嘉問，欣審近已回臺，安涉風沙，歸颿（帆）無恙，而相去滋遠，相見彌難，別後惓眷懷莫名縈結，即今朝野多歧，救國急計莫逾於理財，當道方銳志切籌，究非咄嗟可辦，所賴在野各實業大家，相助為理，庶普潤及於商工，而國家亦隱受無形之美利耳。執事心存宗國，顯譽英英，其於實業之本務，智計尤密，僕私窺度之，謂如北京電車疑可承辦，不審

志趣亦以此為可小試否也?中夏都市之觀美寄於茲事,得執事為之刱成,寧非嘉話耶。冬寒,

上侍

重闈益慶健壽,祈於定省時一

道賤名 臨穎神溯 梁啟超十二月廿四日[1]

1 由信封「司法部」及「都中辱承過訪」句觀之,此信時間宜是一九一三年,然梁啟超習用舊曆,如以新曆換算,則為一九一四年一月了。國家文化資料庫詮釋錯誤,誤為一九一四年十二月二十四日。

## 卌四　梁啓超致林獻堂函廿一（一九一四年一月廿四日，新曆二月十八日）

頃奉　手教，驚悉
尊慈大故，執事仁孝性成，哀痛何以為懷？但念執事平昔孝養備至，且
令祖母高年在堂，尤望節哀順變，曲慰老人之意。道遠未能走弔，諸希　心諒為幸。電車一舉　尊處既難承辦，當更思之乎。手此弔唁
敬叩
禮安　　啟超頓首　廿四日[1]

1 信封署「司法部」，信箋為「司法部秘書室用箋」。一九一三年九月梁啟超出任司法總長，一九一四年二月改任幣制局總裁。而從信封上顯示的日期，宜是一月廿四日寄自北京，廿九日至上海，再由上海海行寄至臺灣。此信時間宜是一九一四年一月廿四日。

# 冊五　湯明水致林獻堂函二（年月不詳）

獻堂先生執事：曩者
趨從□教，值賤冗紛絮，未極過從之
樂，至今悵惘。旋奉
手教連連，未及裁復，慚悚可量。僕性
本陳孏，今遂為簿書期會所困[1]，每日
勉強了卻公事外，自□私□，以及書
疏酬酢之禮便盡廢棄，才短如此
殊可笑也。惟
執事知其生平有以
宥之，□□比承
侍奉康福，併游園林，令人健羨。僕
不得已而作京華之客，目睹江河
日下之勢，欲進不可，欲退不能，潦倒
抑鬱，如何可說。較之
公寄跡孤嶼，遠屏塵俗，得恣情於文
史，極意於景物，雖復興亡之感，不已

霄壤之分耶？今大局之患正自無它，祇患一私字耳，凡萬害皆從此字出也。百病可治，惟此病為難治，孔曰如之何？如之何？佛言無可說、無可說。徒有委心任運而已。遠道寄書聊報一二，不盡微言也。

留贈佳萧，並鳴謝忱，敬請

大安　弟湯叡再拜

令弟暨舊游諸兄同候　十八日[2]

如有賜書，請依下住所

北京西交民巷

中國銀行

湯○○

或北京西城根魏英胡同

湯寓

湯○○

1 湯氏於辛亥革命後歸國，一九一三年九月任中國銀行總裁。一九一六年四月死難，見〈梁啟超致林獻堂函二〉注

2　年月不詳。據文中所述中國動亂情形及湯明水任職中國銀行的時間，疑為一九一三年。二。

# 梁啟超與林獻堂往來書札研究

許俊雅

## 一、前言

新發現的這一批書札，以梁啟超（一八七三～一九二九）與林獻堂（一八八〇～一九五六）往來書札為主，然梁、林二人的知交親朋的書札，關係至大，因此一併收錄，凡四十餘封。上起一九〇七年，下迄一九一四年，先後達八年。信函作者除梁、林外，尚有林幼春（一八八〇～一九三九）、洪棄生（一八六七～一九二九，以農曆言則為一八六六年）、林癡仙（一八七五～一九一五）、湯覺頓（一八七八～一九一六）、梁思順（一八九三～一九六六）、林榮初（一八七七～一九四四），凡八位。信札原無排序，信函亦多僅署日期，筆者通讀全函，設法排比整合，編輯成書，史料難得，清晰反映了梁、林二人的情誼，尤其對兩岸文化文學的交流，對梁氏的政治活動、詩學思想等提供了彌足珍貴的參考資料。

據《林獻堂先生年譜》可知梁林二氏締交始末，實由獻堂族姪林幼春對任公道德文章，備極傾倒，居恆稱道其人，以未獲識君為恨，引起獻堂留意。二氏在丁未年（一九〇七）訂交，如果觀察臺灣對晚清知識份子或對梁任公的認知途徑，大抵可從甲午戰敗後，清廷允諾割讓臺澎，舉國譁然開始。康、梁聯合十八省一千二百餘名舉人「公車上書」[1]，慨陳時局，力言臺灣不可割讓。這是梁啟超與臺灣建立關係之始。後來他在日本創辦《清議報》鼓吹變法圖強，發刊三年中，該報與臺灣一些人士有關聯，如鄭鵬雲、丘逢甲及署名臺灣旅客的詩文不少，在「外國近事」欄中，亦報導臺灣消息。從中日甲午戰爭至戊戌政變，梁啟超已是臺灣知識菁英亟欲認識的風雲人物。章炳麟（一八六九～一九三六）於明治三十一年（一八九八）十二月四日避禍抵臺北，主編《台灣日日新報》漢文欄時，發表了一些同情康有為（一八五八～一九二七）、梁啟超的變法，抨擊慈禧太后為首的清政府的文章，也都在臺灣流通，不僅是研究章氏早期思想相當重要的資料，也可了解康、梁在臺灣被認識的經過。

從林癡仙在一九〇六年三月三十日的日記中的購書清單，可以理解臺灣知識分子對於世界新知的渴求慾望，及對晚清（文學）思潮並不陌生。書單中包括「晚清時事、報紙、小說：《廿年目睹怪現象》、《血史》、《戊戌政變記》、第三年《新民叢報》……世界史地：《漢譯西洋通史》、《世界近世史》、《漢文日俄戰記》、《中西偉人傳》、《新大陸遊記》、《歐洲十一國遊記》；科學讀物：《漢譯酒井物理學教科書》、《日清對譯算數教科書》、《漢文論理學講義》；其他：《東語讀本》一冊及漢文地球儀一個。」[1] 購買漢文地球儀，正是呈現其世界地理觀，《戊戌政變記》、第三年《新民叢報》表示對康、梁的仰慕。

梁氏與近代臺灣悲愴歷史的幾度邂逅，確實讓人感懷不已，他一生和臺灣歷史的交會，可概括為關鍵性的三次：第一次如前述，康、梁堅拒和議，反對割臺，聲動中外。第二次是清德宗光緒三十三年（一九〇七）丁未六月，林獻堂與之邂逅於日本奈良旅次，二人入室筆談攸關臺人的前途、命運以及抗日運動的路線、策略和手段等議題，梁氏曾寫道：「本是同根，今成異國，滄桑之感，諒有同情……今夕之遇，誠非偶然。」第三次則是清宣統三年（一九一一）辛亥春，梁氏應霧峰林家等臺灣遺老之邀來臺，雖僅短短十餘日，卻遺下近百首詩詞，對遺老、新一代臺籍知識青年發揮了相濡以沫的情感交流及振聾發聵的啟蒙作用。當梁氏將來臺時，此消息早由林獻堂函告《台灣日日新報》，該報當年新曆三月二十八日「編輯日錄」即說：

> 頃接林獻堂氏來函，謂梁任公欲至臺島觀光。二十四日經搭笠戶丸出發。同行者湯覺頓君及其令愛。擬於二十七日即馳往歡迎，並邀集該地有志者盡地主之誼，而表欣慕之心云云。聞此外，尚有專函達知洪以南、李漢如兩氏，藉重其周旋。

這則消息登出，臺灣文士莫不以滿腔熱忱期待梁啟超的來臨。其後也如梁啟超〈遊臺第三信〉所說：「遺老之相待，有加無已。」

# 二、梁啓超訪臺始末

## （一）訪臺緣由

梁啟超曾自述「遊臺蓄志五年」[3]，致林獻堂信函亦云：「僕遊臺之志，蓄之已久，湯君既返，必當聯袂奉造，何時首塗，更當相聞，期與足下作十日譚，共抒胸臆耳。」及其為事所耽擱，又致函林獻堂表明心跡：「今迫歲暮，亦稍有人事，擬至春初始乃首塗，尚欲挈小女同游，俾一增故國之思，行期既定，當先馳書奉聞，斯約終必踐耳。」之後另函復云：「緣既作此游，輒欲於彼都人士之施政詳細察視，以為警策邦人之資。」[4]從這幾封書信，可以理解來臺之由如「共抒胸臆」、「一增故國之思」、「施政詳細察視」以「警策邦人之資」，此外，梁啟超離臺後的二人書信往還，也透露了另兩件事：募款籌報及為國民常識會勸募。對於視察臺灣實情，在〈遊臺第一信〉有所披露（文長不錄），可知梁啟超來臺，是對於日本統治臺灣僅十餘年，卻可以有近二十倍於清領時期的年歲收入感到好奇，並且對於臺灣的許多行政制度、農事絕盛、幣制穩定、租稅周密等等之所以成功的因素感到好奇，因此產生親自訪臺的念頭[5]。

募款籌報一事，根據丁文江（一八八七～一九三六）編的《梁任公先生年譜長編初稿》卷十六，明治四十年（光緒三十三年，一九〇七年）十二月廿九日任公致徐佛蘇（1879～1943）書信可知，梁氏欲藉由訪臺的機會，親往籌募資金，作為籌辦《北京日報》和《上海日報》的經費。關於籌畫開辦江漢公報和江漢公學的經費曾云：「其開辦費現雖無著，尚有臺灣林君（按、指林獻堂）者，亦熱心故國，而崇拜吾黨，弟擬親往運動之，當有所得。」[6]又《林獻堂先生紀念集》卷一「年譜」中亦載，明治四十年林獻堂於日本結識梁啟超後，同年十二月二十三日侯雪舫（一八七一～一九四二）（為任公擬定江漢公報之負責人）致任公一書亦有「先生臺灣之行如何，念之」。[7]同日任公致康南海書中亦有「又欲往臺灣籌款，奈何奈何」之語[8]。宣統三年（一九一一），即梁啟超遊臺前，在二月十三日給徐佛蘇的信中也提到籌款之事，曰：「……僕頃欲籌十萬金，辦兩報館，（原注：以七萬辦滬報，以三萬辦京報）今雖未有眉目，然可希望者數處，日間將為臺灣之遊，亦為此事，……。」[9]由此可知，梁啟超遊臺此行對臺灣經濟抱著非常熱切的期待，對籌款之事亦是身負重任[10]。

至於為國民常識會勸募一事，起先梁啟超於清宣統二年（一九一〇）二月，在「國風報」（第一年第二號）發表〈說常識〉一文，解釋「常識」的意義和說明其所以不可或缺的原故。是年十一月發起組織「國民常識學會」。當時，籌備已臻成熟，除三千金開辦費已經籌得外，並已向商務印書館張菊生氏接洽印刷事，未底於成。梁氏十一月二十六日致佛蘇、黃與之一書云：「前書言國民常識學會事，今將章程寄上，此事殆全屬慈善性質，竊謂欲救國活，無急於此，一年以來與荷老念茲在茲，苦力不克舉。今以籌得三千金為開辦費（原注：璧泉之力也）可底於成矣。惟當廣募會員擔任頒布所印小冊。故同人意欲先覓多人為發起人，二公勿論，此外如伯蘭、搏沙以及凡公等所知之各同志，皆望為之廣覓，限得信半個月內將姓名開寄，俾得印布，將以正月杪即出書也。」[11]。可知梁氏疇辦常識學會的主旨是「欲救國活，無急於此」。後來在翌年游臺時，梁氏曾將國民常識學會的緣起與章程交與林獻堂，表明欲倡辦之心意。梁啟超回日本後致林獻堂的書信中，亦有具體之說明：

> 惟別商國民常識學會一事，自歸來後，屢與諸同志熟商其辦法，略異於前。除印送通俗之小冊子外，欲精心結撰，以辦講義一種。今將改定章程及說略呈覽。弟一年來苦思力索，竊謂為祖國起衰救敝計，舍此末由。即以臺灣諸昆弟論，若能得數百人入此學會，獲此常識，則將來一線生機，即於是焉繫。鄙人不敏，將併兩年之皆力，殫精以治之。報國之誠，將專注於此矣。今徧約內地同志之有譽望者，為發起人向學部存案。茲將重要之姓名，別紙列呈，欲邀　公亦為發起人之一，所以為臺人倡也。[12]

復據林獻堂先生寄給梁任公信件，內有『阻力橫生，蜚言漸布』以及『所恨、有力者不如人意、同心者不必有力』等語，可知當時對於勸募入會之事，確受種種阻礙，以致不能達到目的。其中細節究如何，今灌園先生日記自一九二七年起，之前事情已無法多了解，只能期待他日有新的史料。

## （二）早春來遊舊河山

梁啟超訪臺對當時臺灣各界造成不小的迴響[13]，全島都有歡迎梁啟超的詩文吟唱、集會活動，尤其是與櫟社詩友的唱酬。先是梁啟超和女公子令嫻一行於宣統三年（明治四十四年）二月二十四日乘笠戶丸由神戶啟程，二十八日抵基隆。首途時，繁櫻正盛開，令嫻以辜負一年花事，大有依依不捨之感，任公有詩云：「我生去住本悠悠，偏是逢春愛遠遊。歷劫有心還惜別，櫻花深處是并州。」[14]二十五日舟泊馬關，他撫今追昔，萬感交加，賦詩云「明知此是傷心地，亦到維舟首重回。十七年中多少事，春帆樓下晚濤哀。」既抵基隆，「警吏來盤詰，幾為所窘，幸首途前先至東京乞取介紹書，否則將臨河而返矣。臺灣乃禁止我國人上陸，其苛不讓美、澳。吾居此十年而無所知，真夢夢也。」[15]他來到臺北，見臺北故城在日據下已搗毀，日漸殘破，賦詩表達了山河破碎的憂傷之情：「清角吹寒日又昏，井幹烽櫓也無痕。客心冷似秦時月，遙夜還臨麗正門。」他感歎寫下〈臺北節署，劉壯肅所營，今為日本總督府矣〉：「幾處榱題敞舊椽，斷碑陊剝草成煙。傷心最有韓南澗，凝碧池頭聽管弦。」陰曆三月三日，遺老百餘輩設歡迎會於臺北故城之薈芳樓，敬賦長句奉謝：「側身天地遠無歸，王粲生涯似落暉。花鳥向人成脈脈，海雲終古自飛飛。尊前相見難啼笑，華表歸來有是非。萬死一詢諸父老，豈緣漢節始沾衣？」陰曆三月四日，梁氏搭火車南下臺中，中部各界士紳三十餘人在臺中火車站等候迎接。梁氏抵達住進丸山旅館後，下午五時與櫟社社員及中部士紳合影留念，晚上並由櫟社設宴款待。張麗俊（一八六八～一九四一）《水竹居主人日記》詳述當天晚上的宴會情形是：

燕飲之間，社友癡仙君起而述：「此日之會，得諸貴賓光顧，實敝社之光榮。」少頃，梁任公亦起而答詞曰：「臺灣之風土民情，我本欲來領略，恨無知己之人，今與獻堂君相契，故得與諸君晤面；又逢貴櫟社開會，殊屬幸遇，但今夜酒席中俱文雅之人，只好談風月，國家政治不必提及。」道罷，俱拍掌稱快。少頃，又談及推敲，甚為有趣，僉曰：請先生命題。公曰：追懷劉壯肅公，不拘體，不限韻，燕飲至十時罷。才敏捷者先提七律多人，予亦呈一律[16]。

從這段描述可確定：梁氏訪臺，主要是由林獻堂居間安排，當天晚上則是以櫟社的名義設宴款待梁氏，故由林癡仙致詞歡迎。而梁氏發言所透露的訊息頗耐人尋味，由於擔心觸及政治話題，引起日本官方的干涉，他特別提醒在座諸人：今夕「只好談風月，國家政治不必提及」[17]據葉榮鐘（一九〇〇～一九七八）〈梁任公與臺灣〉一文說：梁氏出席在臺北的歡迎會時，日本特工在暗中監視，散會後並偵騎四出，到處質問參加者為何出席？在臺中的公開歡迎會上也有一位父老詢及任公政治問題，梁氏不得不顧左右而言他。[18]甘得中也道及當時情景：「是會也，日官民無一參加，而偵探特務則四伏矣，翁（即林獻堂）毫不畏縮，起述歡迎辭，繼而任公致辭謝，兼作一小時之講演，因隔窗有耳，辭意委婉，非細味之，不能知其底蘊……。」[19]因此梁啟超以詩代言的方式，表達當時與遺老們相見的心情。在當時情境下，梁氏不得不小心翼翼[20]。在〈遊臺第五信〉他說「昨日乃集百餘輩，大設歡迎會於臺北故城之薈芳樓。吾席間演說之辭，真不知如何而可。屬耳在垣，笑顰皆罪耳。」當日情境可想見矣。

為了彰顯這是一個非政治性的文人集會，梁氏乃應眾人之請出詩題：「追懷劉壯肅公」。據《水竹居主人日記》說：「才敏捷者先提七律多人，予亦提一律。」櫟社在次年舉辦十周年大會時，又以此一詩題向全臺各地詩人公開徵詩，所得作品俱收入《櫟社十周年大會詩稿》中。全部內容共收錄三個詩題〈洗硯〉、〈新荷〉、〈鈔詩〉，百餘首作品。梁啟超說「又逢貴櫟社開會，殊屬幸遇」，考察櫟社此次詩會的集會時間，從梁氏到達臺中的前一天開始可知。四月一日晚上櫟社舉行第一次的擊缽吟會，以「洗硯」為題。四月二日梁氏到達臺中當天，晚宴後眾人請梁氏出題：「追懷劉壯肅」，即席賦詩，因並非擊缽吟，既不限體、不限韻，亦未規定當夜繳交作品[21]。四月三日下午櫟社再以「新荷」為題，開擊缽吟會。晚上則由吳鸞旂作東，再次設宴招待梁啟超。晚宴結束後，同仁回瑞軒開第三次的擊缽吟會，詩題是「鈔詩」。

梁啟超在臺詩詞之作不少，如〈拆屋行〉、〈墾田令〉、〈公學校〉、〈斗六吏〉等等，對臺灣在日本殖民統治下的慘況，有所揭露，筆者於《臺灣寫實詩作之抗日精神研究》已多所述及。梁啟超本擬南遊，後因接康南海電報，不得已提前返回日本，遂有遙弔南臺灣之作。梁啟超因居霧峯林家，與櫟社諸人多所酬唱，林幼春有《奉和原韻呈任公先生》之作：

憂患餘生識此人，夷吾江左更無論。十年魂夢居門下，二老風流照海濱。一笑戲言三戶在，相看清淚兩行新。楚囚忍死非無意，終擬南冠對角巾。

詩中「楚囚」一聯，勝國之悲，興復之志，溢於筆墨。任公青眼相加，譽之為「海南才子」，並以詩贈之：

南阮北阮多畸士，我識仲容殊絕倫。才氣堪絕大漠，生涯誰遣臥彰濱。嘔心詞賦歌當哭，沉恨江山久更新。我本哀時最蕭瑟，亦逢庾信一沾巾。

林癡仙稱幼春「千金一字不輕下，文成每有驚人語」，亦是任公詩中所說「嘔心詞賦歌當哭」之意，幼春詩作每有驚人之語，亦有真摯情感，寫到傷心處，真是以歌當哭。詩才特高，又逢滄桑，任公乃以子山、稼軒目之，可見真賞。而梁啟超對林癡仙同樣讚譽有加。詩卒〈梁啟超遊台記〉記載一次擊缽詩題「蔡文姬」，櫟社諸君推梁啟超為詞宗，「差不多選了一半，忽見他把一首詩塞進衣袋裡，大家以為是任公自己的，為了避嫌所以收將起來，都不以為意。待他點選時，竟從第一名寫起，依次寫下去，而沒有首名的。大家正在莫名其妙，只見他從衣袋裡掏出剛才那首來，作為掄元。原來是林癡仙的。它能夠掄元，是後面的『去別家山歸別子，臨歧碎盡美人心』。」[22]林癡仙〈贈任公〉原詩：「腳底煙雲大九州，南來又作御風遊。姓名端禮門前石，兒女蓬萊海上舟。天地無情飄斷梗，江上有恨缺金甌。一杯酒話人間事，猶喜英雄未白頭。」梁啟超有回贈〈次韻酬林癡仙見贈〉詩：「十年魂夢斷中州，一往沉冥得此遊。顧我不才成落瓠，對君無語似虛舟。過江人物仍王謝，望眼山川接越甌。且莫秋風怨遲暮，夕陽正在海西頭。」（末二句《臺灣詩薈》作「相對莫生遲暮感，夕陽猶在海西頭。」）此詩真蹟見林陳琅（一九一四～二〇〇三）《先考林俊堂公遺蹟彙纂》書前所附之資料，唯此書未正式梓行出版，林陳琅先生亦已過世。今所見影本模糊不清，故筆者此書未附上。但字裡行間仍可見是梁氏真蹟。至於癡仙佚失的梁氏之作，《先考林俊堂公遺蹟彙纂》曾手抄一份資料，其言曰：「梁任公……且將令嫒陪侍船上照題贈，亦為祖母大禮服極彩大幅畫像題眉，贊曰『曹大家能文，周絡秀有子。閱彼多艱，濟茲世美。彤管之輝，匪惟閭里。敬述懿徽，用告國史』宣統三年三月　愚姪梁啟超（此幅痛已遺失）。」梁啟超又曾贈癡仙一張照片，親題字：「笠戶丸中造像，小女令嫻隨侍。寄贈癡仙詞長。啟超」。離臺後不久（一九一一年四月四日）梁啟超致林癡仙林幼春函談論詩學諸問題，皆可觀知他與霧峰林家交遊之情誼。

## 三、幾個相關問題

梁啟超來臺是當時大事，也是文學界要事，但是後人傳述此事時，經常可以讀到很多不同說法的版本，記載不一，即使是當事人或參與盛事者之說也因時間久遠，憑恃記憶未必可靠。對此歷史盛事，後人說法多所懸揣，但透過這一批書信，理應可釐清幾個具體問題，備見其史料之價值。茲分述如下：

### 第一，梁、林二人語言近似，尚能通達？

國家臺灣文學館「文學文物數位典藏」，有一九九四年四月十五日訪黃開基的一段錄音，黃氏認為梁啟超、康有為都是隸籍廣東近潮洲府，是閩、客雜居之地，梁啟超來臺與霧峰林家語言上尚可通。唯此說甚不明確，疑點重重。考核所見史料，皆謂語言不通，故需筆談。

梁啟超致函林獻堂「兩接光宇，敬慕逾深，雖重譯通辭，有懷不吐，然深知足下品節高尚，懷抱悱惻，竊自欣得一歲寒良友也。」（一九一〇年十月八日）所謂「兩接光宇」宜指一九〇七、一九一〇年兩次的會面，「重譯通辭，有懷不吐」即是因二人語言不通，無法盡抒情懷，唯靠筆談以溝通。甘得中（一八八三～一九六四）先生之回憶之一：

> 當夜之談，余為翻譯，國語既不太高明，而先生廣東腔之國語，亦實難懂。間雜以筆談，先生筆鋒銳利，議論雄偉，見識卓越，固非尋常者所能企及。……先生初落筆則曰：『本是同根，今成異國，滄桑之感，諒有同情……，今夜之遇，誠非偶然……』其傷時懷世之

> 情感，早已動人，幾使我們為之淚下。翁臨別，特請任公將當日筆談之稿底攜回，以便轉示族侄林幼春一閱，任公點首稱善。[23]

葉榮鐘在〈林獻堂與梁啟超〉一文說：「先是由甘氏用不甚純熟的北京官話翻譯，但因不能夠暢所欲言，乃改用筆談。……以上是甘氏生前對筆者所談的，因為甘氏平素極端傾倒於任公的道德文章，所以那一天的情形印象深刻，所談的和事實可能無多大出入。」[24]梁啟超致林獻堂函七（一九一一年三月晦，新曆四月廿三日）云：「此詞頗自得意，字字皆為臺灣人寫以事也。詞之為道專取詩人比興之旨，故意內而言外，美人芳草皆所寄託也。公試細讀之，當能察其用意所存。癡仙好此道，請出示之，並索其屬和也。……吾輩言語既不甚能相通，音信正達意之具也。」梁思順致林夫人函云：「今春得侍家　君子漫遊臺灣，始克一瞻故國風俗，加以府上各位殷勤招待，至今思之，猶覺神往，惜言語不通，未得暢談為憾。」（一九一一年八月廿三日）綜合以上觀之，悉言言語不能相通，黃開基之說實待商榷。

## 第二，梁、林二人初識時間

關於林獻堂第一次見到梁啟超的日期，記載不一。日人編的《台灣總督府警察沿革志》記載：「適於明治四十二年渠到日本內地觀光之際，在奈良市與中國亡命政客梁啟超邂逅」，明治四十二年即西元一九〇九年。葉榮鐘執筆《台灣民族運動史》引述該文時，附註「其實是明治四十年」。他為林獻堂所編的年譜記載為一九〇七年。是林獻堂第一次赴日，意義重大。葉氏在〈臺灣民族詩人——林幼春〉說：「任公與灌公接觸開始於光緒三十三年（一九〇七年）暮春。」特別點出是「暮春」。林獻堂早期秘書甘得中在《林獻堂先生紀念集》記載為「民前二年翁偕含侄盛昌及余赴日京某日訪任公先生於橫濱新民叢報館，迄無要領。」民前二年即一九一〇年。陳昭瑛《臺灣詩選注》：「一九一〇年，林獻堂曾會任公於日本。」[25]《臺灣文學辭典》所錄詞條「梁啟超」謂：「古典文人。字卓如，號任公，別號飲冰室主人，廣東新會人。光緒十五年（一八八九）舉人，晚清與其師康有為鼓吹維新變法，一八九八年戊戌政變失敗後，流亡日本。一九一〇年與林獻堂相識於日本橫濱，建議臺人效法愛爾蘭放棄武力抗爭，改採成立議會的方式爭取島民權益。一九一一年四月應林獻堂之邀訪臺兩週，受到臺灣文化界熱情接待。」[26]即使梁任公本人說法，都因記憶模糊而錯記，他在〈林太恭人壽序〉中說：「歲丙午，余始獲交臺灣林子獻堂。時余逋居日本既九年，而臺之改版且十二年矣。」丙午年為光緒三十二年（一九〇六），明治三十九年，較丁未年早一年。關於林、梁二人初識時間之敘述，可謂眾說紛紜，因此試著就書信梳理一番，希能見真章。

林幼春致梁啟超函文云：「家叔東遊歸，亟云於途次曾拜 几席，並有渡臺之約，不禁距躍三日」，復謂「年廿八」、「割臺後之第十三年」，可知此信函時間為丁未一九〇七年。幼春於信末署「六月十五日」，由此可推知梁林二人初次相見時間約在六月初，非一般所謂「丁未秋」。林獻堂致梁啟超函：「嘗竊自惟，向者未嘗奉 教之先，如聞麟鳳之名，以為當斯世終莫之見也，何圖天假之緣，丁未東遊，造次遂謁 先生於旅次。爾時之快，直乃雲霧覩青天，何區區之足瑞哉！」此二則信札可證時間是丁未年，一九〇七年六月二人初次相識。

## 第三，梁啟超來臺時間

臺灣文學辭典〈梁任公遊台考〉詞條：「學術研究。黃得時著。係著者接受行政院國家科學委員會補助計畫之研究成果，完成於一九六五年六月十日。作者自述父親黃純青引起他少年時對梁任公的興趣，進了中學，又陸續讀其文章，隨後又在連橫主編的台灣詩薈讀到〈海桑吟〉，知道梁任公曾在一九一二年訪台，因而決定於未來調查梁任公遊台行踪。」（江寶釵撰寫）然則任公來臺時間是一九一二年嗎？根據林幼春信札可知二人初識，林獻堂即邀請梁啟超來臺，所以幼春信上說「並有渡臺之約」，而甘得中之回憶亦說「繼請先生來臺一遊，梁先生曰：我早有此想」，但一九〇七年時並未具體成行，直到一九一〇年春，林獻堂率長子攀龍（十歲）、次子猶龍（九歲）往日本東京遊學[27]，又再次邀請訪臺。林獻堂致梁啟超函：「此番遊日之計畫曰攜兒遊學，亦由切於親炙　几席，戴盆之人見星而喜，矧望雲霓耶！……爾時適接先生初八日所發詩函，讀者作色，累歎重欷。既又知大駕將來，則復歡喜無量。」（一九一〇年十月，新曆十一月）但一九一〇年仍未能啟行，梁啟超致林獻堂函：「今迫歲暮，亦稍有人事，擬至春初始乃首塗，尚欲挈小女同游，俾一增故國之思，行期既定，當先馳書奉聞，斯約終必踐耳」（一九一〇年十一月廿二日，新曆十二月廿三日）及至一九一一年一月十五日，新曆二月十三日函：「不佞遊臺之約屢負息壤，至用惶仄，今茲本已束裝待發，……是用復稍濡滯，大約行期當在春半耳。」後據梁啟超遊臺書牘及來臺詩詞可知其來臺出發時間是一九一一年陰曆二月二十四日（陽曆三月二十四日）。

## 第四，梁向林獻堂商議過籌款辦報否？何時告貸千金？

黃得時〈梁任公遊臺考〉：「任公既然抱那麼殷切的期望來臺募款，為什麼不能滿載而歸，變成一無所獲呢？其原因和經過，至少在我現在所蒐集的資料範圍而言，任公沒有片言隻語提及。所以現在只好由我們來推測其原因外，沒有更好的辦法。因為林獻堂先生和林幼春先生業已逝世，不能請他們兩位出來作證。我們的推測可分兩點：一、任公在基隆登陸之前，已受到日本警察盤詰，幾為所窘。這使任公得到了很壞的印象。加上任公登陸後，始終有警察暗中跟蹤，監視行動。在這種情形之下，任公對於募款事情、不敢輕易開口，怕捐款的本地同胞會受政府的干擾與壓迫。二、任公的遊臺，是在辛亥年，也就是臺灣割讓日本僅歷十七年而已，一切經濟力量，在殖民政策之下，都握在日本人手中。本省同胞，除了祖先傳下來的一些業產（田地）之外，別無其他事業可作。任公看到這種情形，認為遺老們的經濟力量，負擔不起捐款，遂放棄原意。以上僅是推測而已。」[28]葉榮鐘編「林獻堂先生紀念集」卷一年譜（三一歲）下附註：「梁任公來臺目的，對於籌款辦報，有極殷切之期望。然此事在臺灣方面，未能獲得任何資料。對於籌款問題，梁、湯兩先生來臺時，是否曾對灌園先生或幼春先生提起，而不能如願，或見在臺灣所接觸諸遺老經濟實力，微不足道，乃取銷籌款原念，未曾啟齒，誠難懸揣。蓋灌園、幼春兩先生生前，皆未提及此事也。唯幼春先生曾對筆者謂：『任公遊臺後，於是年九月間為應袁世凱之電邀，將就任財政總長，因旅費無著，曾由橫濱致電灌老先生告貸千金。灌老先生已如數匯奉。』當時林幼春先生並曾致函任公，極力反對其就任財政總長，並力勸其與國民黨合作。」[29]

今據梁啟超致林獻堂函：「前在臺時，曾商議辦日報於北京、上海，茲事所需資本太多，籌措較難，祇得暫從緩議」（一九一一年四月十八日，新曆五月十二日）可知梁啟超來臺時確實曾與林獻堂商議辦報之事[30]，而該函希獻堂為國民常識學會勸募五千元內外，其詞云「知公近年擴充事業，所費頗鉅，流動資金當亦無多。然勉竭大力，佐以勸募，冀尚克舉耳。」此數言正透露出啟超來臺後必然提起辦報籌款之事，獻堂曾如實告知其事業資金流動狀況。然筆者迄今不詳黃得時存藏不少梁林二人往返書信，此信亦其一，何以需另揣測？是撰文時尚未得見，或一時疏忽了？以致無中懸揣。至於後來林獻堂先生寄給梁任公信件，內有「阻力橫生，蜚言漸布」以及「所恨、有力者不如人意、同心者不必有力」等語，宜是對於勸募國民常識學會之事，備受種種阻礙，以致無法成事。至於葉氏文章後半云「任公遊臺後，於是年九月間為應袁世凱之電邀，將就任財政總長，因旅費無著，曾由橫濱致電灌老先生告貸千金。灌老先生已如數匯奉。」亦啟人疑竇。葉氏又於〈臺灣民族詩人——林幼春〉一文中說：「民國元年任公應國內各方面之敦促，擬由日本歸國，因旅費無著曾電幼春先生代向灌公告貸千金，幼春先生除遵辦外，又專函勸告任公不可受袁氏之籠絡，切須與國民黨合作，可見他們之間並非泛泛之交可比。」[31]葉氏這兩段文字彼此有出入，一是時間究竟是一九一一年還是一九一二年？是梁啟超直接電告林獻堂還是託林幼春代向獻堂告貸？

據黃得時〈梁任公遊臺考〉：「今查任公年譜，任公任財政總長，乃張勳復辟失敗後段祺瑞組閣時之事，而任公聯袁，乃辛亥翌年事，幼春先生致任公之信，當在其時方合情理。然當民二任公回國，係經全國軍政顯要社會名流之敦請，袁大總統親電敦駕，始見成行者，區區旅費應無問題，何至遙電乞援，幼春先生之言恐係記憶之誤。若然，灌園先生匯款之事，當在辛亥，而幼春先生致書當在翌年乎。蓋辛亥年間，為任公經濟最拮据之時，且曾於九月十九日潛回大連，欲倚吳祿貞而謀大舉。因事不諧而遽返日本也。」[32]其推論部份可信[33]。如再據林獻堂致梁啟超函則所謂「灌園先生匯款之事，當在辛亥」更無可置疑，林獻堂書函草稿云：「今輒於○日由郵奉餉○○，聊備從者之費，數既不巨，情無可嫌，即有猜嫌，亦非所計矣。有不如意時相報聞，區區之誠，惟力是視。」（一九一一年九月十八日，新曆十一月八日），此信主要是函覆梁啟超舊曆九月八日函之所求：「冒恥求假千數百金暫以相濟，局勢稍定，不敢忘報。」梁氏此信寄達臺灣時間是新曆十一月三日，林獻堂收信即照辦。待林氏由郵奉餉至須磨時，梁氏已返中國，由女兒梁思順先回函致謝，信見「梁思順致林獻堂函（一九一一年十一月十五日）」，內云「奉西十一月八日手示及千金，一切敬悉。」然則梁思順早在九月十七日去函「君子于昨日起程北上，冀組織政黨，世亂方殷，行色匆匆，竟不及專函辭行，不勝遺憾，命令嫻代達此意，俟到京少暇，當自作函，尚乞先生諒之。……前日家　君曾函請先生籌款，今已有所得，請即作罷。」可知梁氏去函向林氏貸金不久，即另獲他處之籌款，便火速於九月十六日啟程返國，倉促之間，無暇去函說明，轉請女兒思順代為致意。思順十七日之函尚未寄達獻堂，而獻堂於十八日由郵奉餉千金寄上。

梁啟超於一九一一年九月由日本歸國，十九日天草丸號駛抵大連，適湯覺頓來，謂梁氏擬運動的吳祿貞已於數日前被袁世凱暗殺，北京形勢對梁不利，促梁即返日本。二十日為旅順之游，夜乘汽車往奉天，住日租界內。原擬入經掌握政局之願落空，且聞革命黨人藍天蔚欲對其不利，乃於廿三日折返大連，乘原船回日本。此時作者有〈歸舟見月〉、〈舟抵大連望旅順〉、〈由大連夜乘汽車至奉天〉、〈由奉天卻至大連道中作〉等詩。再根據〈與上海某某等報館主筆書〉所云：「公等又屢稱吾嘗以無擔保品而借金於日本之正金銀行，以是為吾受日人賄賂之確據。夫借金則誠有其事也，然此事之由來，人多知之，吾十餘年播越於外，負債山積，債主以數十計，前年欲清理之，乃托神戶一有力之商人，為介紹於正金銀行買辦之同鄉人葉某者，求借數千金以清宿通，約按月以賣文之資分還，其初則與葉某交涉，非與正金交涉也。乃無端而葉某破產失職，於是吾乃驟變為正金之債務者，正金日夜責償，吾無以應，其極則處分吾家產耳，而敝書數麓，處分之曾不抵債務之十一，乃再四與婉商，覓得我公使館員之一友人為擔保，而負彼四千金，限六個月償還，其後尚得三四良友之助，居然銷卻此債務矣。公等所謂無擔保品而得借金者，其即比耶？我所受莫大知會落於日本人者，其即此耶。」可知一九一一年確實是梁啟超頗為拮据窘困的一年。

從以上書信觀之，梁啟超於舊曆九月八日致函林獻堂，告貸千金。獻堂收信後於九月十八日即寄上，可見是收信後立即照辦，猜測極有可能是先電告幼春轉知獻堂，後又致書長文訴其心衷。至於葉氏謂幼春「專函勸告任公不可受袁氏之籠絡，切須與國民黨合作」云云，觀之梁啟超一九一一年九月底（新曆十一月二十日）時致函林獻堂書信：「弟欲著一長文，付印將成，成當奉寄袁氏，彌縫殘局，欲攬人望，乃以弟承乏閣僚一席，在彼固不得已，在我則安可以不自重，已電辭之。」可能即是對幼春之答覆，梁啟超返日後不久，袁世凱組閣，即邀任副法部大臣[34]，梁啟超當時發表〈新中國建設問題〉，主虛君共和論，辭不就，故書札云「已電辭之」。綜言之，葉氏之說有其部份事實，只是其一說成是一九一二年，導致黃得時推論的時間也產生問題，黃文「任公聯袁，乃辛亥翌年事，幼春先生致任公之信，當在其時方合情理。」今就林獻堂致梁啟超信札，宜指一九一一年十月十日前後之信，信札多半是幼春代獻堂草擬，因此葉氏才說是幼春先生致任公之信，此信云「閱各處報紙，頗謂袁氏組織新內閣，一方面收羅才傑之士，一方面漸確立憲政基礎，然此不過謬為求悅於民，以潛消革命風雲之氣，中外知機之士，皆知此舉非滿廷真意，使一旦兵革既靖，彼袁內閣且不自保、能保其咄嗟之憲法乎？今議者紛紛，復謂實權不在袁氏，即皇室親貴亦四分五裂、各豎旗幟，此直伏機未發耳，苟吳楚之間旦夕無事，則宮庭咫尺方有蕭墻之憂，所可慮者，漢水既颺，義師再挫；黨人內訌、失其中堅，而張勳、馮國璋之徒復出死力以捍衛垂傾之廈，此其影響甚大，非早圖補救，將有灰心短氣者矣。大抵隨聲附和、真志士少而偽志士多，形見勢絀，彼不難於幡然改計。頃者廈門之舉，起事諸人半屬市井無賴，此誠僕之隱憂，亦志士之所固恥也，且號稱舉義而急難無赴敵之師、唇齒無轉輸之濟；私其所有、觀望一方；事成則可以圖功，事敗欲急於避禍者，比比皆是，若十旬以內率此不變，統一之機關不立，指臂之號令不伸，則當公私交困、鷸蚌兩傷之際，必有乘其後而起者，其險狀曷可思議！」那麼，黃得時推測是一九一二年就值得商榷了。

## 第五，連橫是否在基隆迎接梁啟超？

連橫（一八七八～一九三六）子連震東（一九〇四～一九八六）在〈先父生平事蹟記略〉，稱梁啟超是保皇黨，連橫是同盟會員，二人政治立場不同，所以與梁啟超有距離[35]。此後學界有云連氏當時未曾迎接梁啟超之說。而連震東此話或因礙於國民黨員身份立場及與霧峰林家撇清關係。梁啟超來臺由霧峰林獻堂邀請，當時，連橫與櫟社諸君、林獻堂交情深厚，一九〇九年加入櫟社，然因一九三〇年連橫附和總督府撰阿片一文，此文刊登之後，臺灣知識界輿論譁然，交相指責。連橫此舉使臺灣民族運動領袖林獻堂大為憤怒，「櫟社」也以他「三次不出席總會」為名，將他開除社籍。而同時連橫以為其阿片意見書導致其子連震東無法進入民報社工作，為兒子工作之事特來找林獻堂。林獻堂說「父善子未必善，父惡子亦未必惡」，說明他不會因之阻撓了連震東找工作之事，並對萬俥說「震東頗可造就，切不可因其父而棄之。」[36]可見林獻堂相當明理，但終因人和因素，連震東無法進入民報社工作。連橫在眾怒之下，幾乎無法立足臺北文壇。隔年春天返回台南，借居友人寓宅，「不復與北人士相聞問」，並籌謀讓獨子連震東往中國尋求出路，四月，連震東即帶著連橫的八行書，前往大陸投靠民初參議院議長張繼。兩年後，連橫覺得臺灣「不可一日居」，獨子連震東又已在大陸落腳，因此移居上海。

如據連橫《大陸遊記・卷二》所論[37]，連氏在梁啟超未反對袁世凱之前，認為他「雅負時望」，但這些無法說明二人不相往還。依據甘得中先生回憶，他在追思林獻堂文內，提到當日任公船抵基隆時，他偕林獻堂、連橫三人去碼頭迎接，因船大不能靠岸，另乘小艇進艙會任公，適有總督府外事課警察在盤問，並問任公寓何旅社，任公視甘，甘乃答稱已訂定日之丸館，警始離去。可知梁啟超搭船抵基隆，連橫是迎接的一員。隔天，連橫向梁啟超央贈兩首近作之詩。

鄭喜夫《民國連先生橫年譜》綜合可見之史料，云：「林獻堂邀先生及甘得中盈餘基隆埠頭。啟超一行登岸後，由獻堂及先生等陪同乘火車往臺北。二十九日，啟超應先生請，書二幅贈之。其一寫其近作懷潘大京詩：『不見故人積歲月，蒼然懷抱與誰同？歸歟我記烏頭白，行矣君宜馬首東。杯酒或關天下計，園花待吐去年紅。莫令憔悴憂傷意，損爾飛揚跋扈雄。』落款為『雅堂大兄方家屬寫近作，辛亥二月梁啟超』另一寫其海桑吟舟中雜興之一『明知此是傷心地，亦到維舟首重回。十七年中多少事，春驅樓下晚濤哀。』落款為『辛亥春遊臺過馬關之作，寫似劍花，當同茲懷抱』。」[38]目前此二幅墨蹟可見《臺灣文學百年顯影》[39]一書。

林文月（一九三三～）《青山青史——連橫傳》，亦說外祖父連橫曾參與過接待梁啟超，畢竟梁氏訪臺，能躬逢其盛，亦有榮焉。何況當時連橫與霧峰林家之交情匪淺，迎接梁啟超亦是人之常情。但林氏對於「革命」、「保皇」之爭，仍然小心翼翼加以解釋。梁、連二人政治思想既不相同，連橫何以全程陪同呢？林文月謂此非關政治，只是文學上的意見相投：「雅堂與梁啟超，一主革命，一主保皇，他們二人在政治方面的觀點與立場並不相同，但是，在學問文章方面卻是彼此欽慕，而且意見也十分溝通。他們在文學方面，不可否認的，都是屬於比較保守的一派。梁啟超曾對雅堂說：『少時作詩，亦欲革命。後讀唐、宋人集，復得趙堯生指導，乃知詩為國粹，非如制度物采，可以隨時改易，深悔孟浪。』……在這十數日期間，連橫幾乎始終與一群文士追隨陪伴在梁氏左右，他又是一個喜歡賦詩贈友的人，然而，獨不見贈送梁啟超的詩章，這真是一件很奇怪而值得注意的事情；或許竟是因為政治的根本立場不同所致嗎？」[40]在這批書信裡，有幾件與連橫有關，一是梁思順信函云「再者，前曾借連橫君大作，久欲奉璧，以事遺忘，茲別封寄上，請轉交為幸。」（一九一一年九月十七日）梁啟超何以借連橫之作？內容是哪些？史料不足，難以解說，但可知梁、連二人仍保持交遊。二是林獻堂致梁啟超函云：「雅堂之去，初無所聞。不腆贐行六百，少勞從者，幸勿齒冷。」林獻堂致函時特別提及連雅堂離台（赴大陸遠遊），從僅見的兩封與雅堂相關的信件，可知梁啟超遊臺之後，二人仍有往還，連橫遊大陸之際，應該拜訪過梁啟超。至於六百日圓是獻堂託轉還是親自面交梁啟超，則不是很清楚。

## 第六，林幼春在一九〇七年前即獲知於梁啟超嗎？

葉榮鐘〈臺灣民族詩人——林幼春〉：「任公與灌公接觸開始於光緒三十三年（一九〇七年）暮春，是年任公作〈贈臺灣逸民林獻堂兼簡其從子幼春〉長篇」然此詩今可見原稿墨跡，詩末署日期：宣統二年庚戌九月。宣統二年即一九一〇年。當年春天，林獻堂攜二子攀龍、猶龍往日本東京就學並拜訪梁啟超，是年有〈贈臺灣逸民林獻堂兼簡其從子幼春〉之作。廖振富《櫟社三家詩研究——林癡仙、林幼春、林獻堂》，謂：「葉氏又猜測一九〇七年獻堂結識任公之前，幼春與任公已有書信往來，這個猜測並不可信，只要看過今存中央圖書館的幼春致梁氏涵的內容，便可知那是兩人以文字結交之始。……至於他引為旁證的梁啟超長詩〈贈臺灣遺民林獻堂兼簡其從子幼春〉（按、「遺」，葉氏原文作「逸」），他也將寫作年代（一九一〇年），誤以為是一九〇七年，才會錯認幼春在一九〇七年以前已獲知於任公。」（頁七七）其說甚是。但廖氏進一步說「獻堂於一九一〇年回臺時，曾帶回梁氏所作之〈贈臺灣遺民林獻堂兼簡其從子幼春〉長詩一首，癡仙、幼春皆有次韻之作。」[41]謂是「攜回」，恐需再斟酌。梁啟超致林獻堂函（一九一〇年十月八日，新曆十一月九日）：「惟別以來，循繹足下所言，憤結莫可自解，昨輒成一長歌奉贈」，由林獻堂回函可知此詩併同信函奉郵，林氏一九一〇年十月信函云：「爾時適接先生初八日所發詩函」。可知此詩非當時攜回。今觀當時往還書信，皆可一一還原真相。

## 第七，海桑吟是否有定稿（本）？數量多少？

梁氏在臺期間所作詩詞，究竟有多少？據連橫所編之《臺灣詩薈》載五十六首，名曰「海桑吟」，茶陵彭國棟所著《廣臺灣詩乘》卷十云：「梁任公於辛亥二月遊臺。有詩五十六首，名曰『海桑吟』，載《臺灣詩薈》中。林癡仙曾手錄一卷，見許天奎《鐵峰詩話》。聞莊幼岳先生尚存鈔本。中有榮縣趙香宋點竄處。任公於詩，本喜推敲。或於脫稿後，就正於香宋也。飲冰室文集未錄此詩。晚年多學術論著，別無詩集行世。」[42]又據葉榮鐘先生所寫的〈梁任公與臺灣〉一文說：「他的『海桑吟』詩（任公所編其遊臺所作詩三十八首，及梁令嫻五古一首，林癡仙五古二首、七律一首，林獻堂五律一首，林幼春五古二首、七律一首，命名『海桑吟』，並將該集寄給北京趙堯生侍御刪正），傳誦一時。」梁任公遊臺詩，《臺灣詩薈》載五十六首，葉榮鐘先生說任公手編三十八首，數字相去甚遠，而內容也不盡相同。宜是任公本身編定的「海桑吟」未正式以此名出版，後人談其海桑吟之作時，想當然爾以其遊臺諸作視之，而所謂遊臺詩作，其實包括來回舟行時之詩作及來臺返日前後相關臺灣之詩作，各人之認定遂有出入。吾人從《詩報》第六十七號有王清渠編的「遺稿」，輯錄梁啟超二題六首詩，〈辛亥二月二十四日，偕荷庵及女兒令嫻乘「笠戸丸」游臺灣，二十八日抵雞籠山舟中雜興四首〉、〈海桑吟二首〉即可知此一情況。〈海桑吟二首〉是：「滄波一去情何極。白鳥頻來意似闌。卻指海雲紅盡處，招人應是浙東山。」（筆者按、《臺灣詩薈》「闌」作「閒」）「漢家故是負珠崖，覆水東流豈復西。我遇龜年無可訴，聽談天寶祇傷悽。」但此〈海桑吟二首〉，一般是列入〈辛亥二月二十四日，偕荷庵及女兒令嫻乘「笠戸丸」游臺灣，二十八日抵雞籠山舟中雜興〉十首裡，王清渠所標詩題應有所依據，今雖不得而知其依據為何？但正呈顯了當時「海桑吟」確有多種版本，似乎與《臺灣詩薈》文字亦有出入。

梁任公離臺東歸，於讚岐丸舟上所發「遊臺第六信」末段云：「此行乃得詩八十九首，得詞十二首，真可謂玩物喪志，抑亦勞者思歌，人之情歟。擬輯之曰『海桑吟』，有暇或更自寫一通也。」則任公來臺得詩八十九首，得詞十二首，梁啟超自己說「擬輯之曰海桑吟」，「擬」字表示「予定」或「打算」之意。以上是將所作不加篩選所得，後來大概有所選擇才謄鈔請趙堯生修改，數量宜有所減少。梁啟超致林獻堂函十（一九一一年四月十三日，新曆五月十一日）：「游臺詩詞共得七十餘首，可謂翫物喪志，已纛筆半月，不復為此矣。」一九一一年五月廿二日，新曆六月十八日致獻堂信札云：「拙作海桑吟經趙侍御改定，謹以奉呈，中所論義法可助學問也，改本弟極寶之，閱後務乞　擲還為感。」同年閏六月九日，新曆八月三日致獻堂函又云：「日來頗有吟詠，今將原稿寄上數紙，請與　癡仙、幼春共是正之，此係原稿，閱後仍乞與前所寄趙侍御改本一併擲還為盼。」皆可見梁氏極寶愛經趙堯生潤色過的「海桑吟」改本。據今可見之海桑吟鈔本，上署葉榮鐘先生所藏，則葉氏應很清楚其內容，然而葉氏說詞包含任公遊臺詩三十八首，梁令嫻五古一首，林癡仙五古二首、七律一首，林獻堂五律一首，林幼春五古二首、七律一首，並曰梁啟超將該集寄給北京趙堯生侍御刪正。從目前可見書信觀之，任公極力遊說林獻堂等人將詩作寄去給他請趙堯生刪定，寄還獻堂時亦一併奉上海桑吟改本以供參酌，葉氏遂將這些詩作統稱之「海桑吟」。

黃得時〈梁任公遊臺考〉舉任公從臺中丸山旅館所發「遊臺第四信」云：「余旬日來劇心怵目，無淚可揮。擬仿白香山、秦中吟為詩數十章記之，今先寫三首奉記，以當面語。」並謂：「這裡所謂『擬為詩數十章』之中，除『斗六吏』『墾田令』『公學校』三章之外，其餘數十章內容如何，皆不得而知。假使此數十章，是指由在讚岐丸舟中所發第六信之『臺灣雜詩』而言，『臺灣雜詩』一共只有十七首而已，不能說『數十章』。況且此雜詩，係詠臺灣風物掌故，不能以『秦中吟』視之。或者這是由於倣『秦中吟』諸篇，皆是諷刺或批評日本統治下的臺灣殖民政策，有所顧慮，未便公表，亦說不定。因此，我們可以斷定任公在世之中，決沒有正式編成『海桑吟』的定稿。所有的『海桑吟』，皆由後人就其蒐集所得詩什而定名。」[43]所謂「拙作海桑吟」除林家外，外人都無緣得見，亦無定本流傳下來，因此其確實內容、數量迄今仍難以確定，今僅於《飲冰室合集》的詩、詞及「遊臺灣書牘」中見到相關的遊臺作品七十餘首。

除以上諸問題，國家文化資料庫、文物數位典藏亦錯誤極多。如梁思順、梁令嫻，湯明水、荷庵都視為二人。傅錫祺〈櫟社春會席上次韻呈梁任公啟超先生〉：「草木猶留戰血腥，海山非復舊時青。喜公來又增吾感，禁淚相迎出驛亭。」、「烈士何堪長去國，英雄不幸竟工詩。可憐瑣尾流離日，未是風雲際會時。」、「廿年風雨苦相摧，樗櫟幾難保棄材。翹首天涯望憐惜，東君無力不勝哀。」、「豆箕本是同根物，胡越今成異國人。不料無聊文酒會，芝眉也許一回親。」[44]國家文化資料庫詮釋欄「活動註解」謂：「光緒丁未年公元一九〇七年（明治四十年）鶴亭稿。」一九〇七年明顯是錯誤。

十餘天的遊臺，卻在多方面產生多種不同的說法，其重要原因即在於史料不足徵，致使研究者難有可靠之憑藉，相信這一批書信之梓行，對於推動梁啟超或林獻堂的研究得以更進一步深入。

## 四、梁啓超遊臺之影響

梁任公臺灣之行，其「進步的」、「民本的」政治思想和淵博的學問，深深影響林家諸人。林幼春（南強）先生有一首「陪任公先生得面字韻」詩云：「十年讀公書，一旦識公面。初疑古之人，並世無由見。及此慰平生，春風座中扇……。」其影響之說，雖然文獻上有過葉榮鐘、黃得時諸氏的闡釋，但新近材料漸公開，可以再進一步思考研探。唯影響之事既無法具體量化，當事人也多半未有片言隻字直說其淵源傳承或影響層面有哪些，這裡只能就史料予以合理推測，分就政治上的、文化上的、文學上的三方面影響敘述任公此行對臺灣對櫟社的深層意義及影響所及。

## （一）政治上的

明治四十年（一九〇七年）春，獻堂首次旅遊日本，六月與甘得中歸次奈良，戲劇性地巧遇梁啟超，雙方談及台灣人所受之不平等待遇和臺胞如何爭取自由平等，梁啟超告以中國在三十年內絕無能力助臺灣爭取自由，不可輕舉妄動作無謂犧牲，並針對臺灣情勢，告之曰：「最好效愛爾蘭人之抗英。在初期，愛爾蘭人如暴動，小則以員警，大則以軍隊。終被壓殺，無一倖免，後乃變計，勾結英朝野，漸得放鬆壓力，繼而獲得參政權，也就得與英人分庭抗禮了。」意即現階段宜厚結日本中央政界顯要，牽制台灣總督府的政治，使其不致過份壓制臺人。任公又有「本是同根，今成異國，滄桑之感，諒有同情……今夕之遇，誠非偶然」云云，文字委婉動人，不勝唏噓慨歎，林氏頗受感動，幾至淚下，任公一席談話，對林獻堂個人的思想與行動，及日後政治運動所採行的非暴力的民族運動應有影響。因為「以當時日人在臺灣政治力量之強大，與夫臺灣地理之特殊環境而言，臺人之政治運動，必不容有流血革命之出現，即使出現，亦必無成功之可能，然非任公之真知灼見，掬誠相告，則臺人為爭取向由，或不免多所犧牲也。」[45]辛亥（一九一一年）春，梁任公應霧峯林家邀請，偕其女公子（令嫻）及湯覺頓來臺遊歷，林獻堂掃榻以待，迎往霧峯萊園之五桂樓。

當時日人佔據臺灣已十有六年，臺灣與中國之間信息完全隔絕，所謂教育，僅舊式之書房，而日人所施之教育，目的旨在養成便利其統治之工具，除教授日語外，殆無內容可言。雖然也有少數知識分子對近代思想、近代知識，與夫國際情勢有所接觸，但畢竟不普及。而櫟社成立初期，其性質固然主要是文人藉吟詠以寄託牢愁，有著「以棄人治棄學」[46]的無奈心態，但梁啟超來臺之游，除在臺中與櫟社詩人及中部文人舉行詩會外，並在霧峯林家作客數日，討論政治、經濟、文化、教育與民族運動諸問題，並開列東西方書籍約達一二百種[47]，使其眼光更為開闊，殷殷勸勉林獻堂、林幼春：「勿以文人終身，須努力研究政治、經濟、社會思想等問題」，期許臺灣「文人」當積極關懷臺灣的未來，以實際行動爭取臺灣人的權益、改善臺灣人的待遇。此觀念影響櫟社社員頗深，從此，櫟社的屬性產生質變。

其核心成員二〇年代分別在臺灣文化協會、「臺灣議會設置請願運動」中擔任重要角色。即使櫟社的最初發起人林癡仙，臺灣割日後，悲憤填膺，欲哭無淚，原先一直以「遺民」自居，心態消沉。但梁氏訪臺後[48]，他在獻堂、幼春的帶動激勵下，也一改頹唐心態，熱衷文化、政治運動，積極參與臺中中學的設校，對殖民政府教育政策之偏差，提出不平之鳴，親撰〈籌設中學啟〉、〈中學校募集序〉二文。一九一四年板垣退助來臺鼓吹創立同化會時，積極參與，一度上京（東京）亟思有所做為而未果，遂抑鬱而終[49]。

林獻堂受梁任公之啟迪亦深，櫟社因之染有政治社彩，非普通詩社可比。櫟社社員中，不少持有強烈民族意識者，不但寫詩，且意圖改善日政殖民差別，熱心於政治活動的人士，一九一四、一九一五兩年，多數核心成員投入板垣退助的「同化會」與「臺中中學校」設校活動，以振文教，達德成材。[50]林獻堂、蔡惠如即於一九一九年聯合留居東京的臺灣青年組織啟發會。大正九年（一九二〇），林獻堂與蔡培火、楊肇嘉呼籲日本當局撤銷「六三法案」，臺灣總督為之驚駭。二〇年代以後，櫟社的核心成員更進而投入風起雲湧的文化抗日運動，以具體行動參與社會改革。林獻堂後又與其他社員陳懷澄、連横及南投羅萬俥、彰化王敏川、霧峯林攀龍、林資彬、清水蔡培火、臺北林呈祿、臺南吳三連組織新民會，會員一百餘名。由新民會指導青年學生組織青年會，林獻堂被推為會長，並於一九二〇年創刊「臺灣青年」雜誌，一九二二年後改稱「臺灣」，並發展為「臺灣民報」，邁向臺灣新文化，促進民主政治運動的抬頭，是臺灣人民唯一的喉舌報。

創立於一九二二年一月的北京臺灣青年會，是北京臺灣留學生所組成的團體，即是聘請北京大學校長蔡元培、前財政總長梁啟超、北大教務長胡適等為名譽會員。一九二四年三月五日，該會針對「治警事件」發表「華北臺灣人大會宣言」，嚴詞批判臺灣總督府的處置方針。該會曾發行會報，並與臺灣文化協會有密切聯繫。青年會主要人物有：在北京的范本梁、林炳坤、鄭明祿、劉錦堂（王悅之）等青年學生，以及居留在北京的臺灣人蔡惠如、吳子瑜等知名人士。梁啟超來臺此行，日後對臺灣人士在直接、間接方面的啟蒙、影響應是存在的。

## （二）文化上的

臺人對於祖國之孺慕，自割臺以後日益熱切，但在日本殖民者的淫威之下，絕少有宣洩的機會。因任公聲望之崇高，號召力甚強，故臺灣知識分子鬱積已久之民族情感得以抒發，因而感到慰撫與溫存[51]。任公對於新知識、新名詞的引進，也讓臺人開眼界，葉榮鐘曾提起五桂樓的書櫥裡有《天演論》、《民約論》、《社會平權論》等中譯本。甘得中則說「主義、思想、目的、計劃」等新名詞，在任公來臺後才大為流行的。大正十年（一九二一）七月十七日，林獻堂與蔣渭水等組織「臺灣文化協會」籲設臺灣議會，為臺民申民權，爭自由，至一九二四年，十四年間屢遭擱置、彈壓、阻撓，一九二四年，櫟社社員林幼春、蔡惠如等且曾遭禁錮之災。文化協會明白宣言其宗旨為促教育普及、文明進步之文化運動。於一九二三年至一九二六年間，在中南北部舉辦政治演講會達九七八次，併發行會報，開設講習社，舉辦文化演講會、夏季講習會等，積極推動文化。

一九一八年八月，櫟社在蔡惠如的倡議之下決定另創「臺灣文社」[52]，頒行「創立趣意書」，向全島文士呼籲：「本島自改隸而後，凡欲攻漢學者，于文不受制藝所拘，於詩不受試帖所厄，上下千古，縱意所如，此誠文運丕振之秋，詩界革新之會也。邇來二十有餘年，其間中南北部諸君子，同聲相應，同氣相求，結社以切磋，風雅道義者，幾如雨後新筍，櫛比而出，海隅風騷，于斯為盛。然而猶有憾者，以未有文社之設立也……我櫟社諸同人，不揣固陋，恐斯文之將喪，作砥柱于中流，僉謀設立臺灣文社，以求四方同志，更擬刊行文藝叢志，以邀月旦公評。願中南北部諸君子，鑒此微衷，贊襄是舉，庶幾海隅文社之盛，與詩社並駕齊驅，是亦維持漢學之一道也。」是年十月十九日，復假臺中街「臺中座」戲院，正式舉行成立大會。並公推創立者蔡惠如、陳基六、林獻堂、林幼春、陳槐庭、莊太岳、傅錫祺、林載釗、鄭玉田、陳貫、林子瑾、陳瑚等十二人為理事，都是櫟社重要成員。傅錫祺在一九一八年的兩首詩中，提及：「劫後斯文成弱綫，忍將絕續任悠悠」，讚揚蔡惠如的倡議是：「匹夫大任千鈞重，吾道生機一髮危」[53]便是反映這種共同的危機感。此後，櫟社與文社名稱常一併出現[54]，因其成員幾乎重迭之故。

「臺灣文社」在其設立旨趣中，便強調世界各地距離雖遠，但彼此漸能交通往來，世界已成開放之勢，所以處於當下之人，在學習時要不拘古今、不限東西[55]。因此，隔年元月在其社內刊物《臺灣文藝叢誌》[56]出版之後，就常介紹許多外國局勢、西方新文明以及國外文人著作的概況，如第一年第一號有林少英（子瑾）翻譯英國JOHN・FINNEMORE的《德國史略》（連載）、則以譯《夏目漱石傳》；第一年第四號林少英（子瑾）譯英人LUCY．CAZALET之《俄國史略》；第二年第四號有許三郎翻譯德富蘇峰的《生活之意義》等；《臺灣文藝旬報》第十四號載有世英〈太歌爾氏之人生觀與世界觀〉、第十八號河上肇著、楊山木譯《現代經濟組織之缺陷》等。從《臺灣文藝叢誌》上引介島外思潮來看，內容形形色色，層面廣泛，是皆有利拓展臺人知識視野，掌握世界脈動，快速吸收西方文明；所以面對其所扮演的啟蒙大眾的「先鋒」角色，陳炘與楊雲萍都給予了正面而肯定之評價。

足見在舊文人社群中，櫟社是比較具有自覺意識的一個文學社群，不僅其文學素養高，他們對時代的感受，投入的社會文化啟蒙運動也較積極持久，對新文化新文明的接受度也廣泛而開明，在舊傳統中隱然有著現代性思維，是一新舊調和並進的傳統詩社[57]。距梁任公來臺十年，他的文章〈人生目的〉刊於《臺灣文藝叢誌》三年一號（一九二一年一月十五日），演說詞〈為學與做人〉刊於《臺灣文藝叢誌》五年四號（一九二三年四月二十五日），詩刊六卷一號，梁氏文章的被選錄，正可見櫟社對他的崇仰之情未減，據此觀之，梁氏對臺灣文化／文壇的影響力應該還是存在的。楊雲萍認為「臺灣文社」的設立，在臺灣文化史上，是一件相當值得記憶的事情。它不僅對於維持將絕於本島的傳統漢文有所貢獻，就是對日後的臺灣新文化運動，也做過播種的前軍，可惜這事卻被後人所忽略[58]，足見臺灣文社成立的意義及重要性。尤其是該社出版的《臺灣文藝叢誌》，和日治時期其他漢文刊物比較起來，它創刊於一九一九年，當時《臺灣》、《臺灣青年》、《臺灣民報》等代表新文化力量的雜誌報刊尚未發行。臺人接受世界新思潮，尚缺乏有效的管道；儘管當時已有《臺灣日日新報》的發行，但是，那畢竟是官方的發聲器。因此，二〇年代以後臺灣新文化／新文學的發展，《臺灣文藝叢誌》事實上扮演了相當重要的「先行者」的角色，值得重視[59]。

### （三）文學上的

梁啟超來臺，雖是個人遊歷生涯中短短十數天，但文學上的影響卻由其與臺灣文人之交遊而延續下來，從實際的創作啟發到各選集的選錄詩作，到迄今中學國文教材的教學，始終細水長流，綿延未絕。以下謹就此現象論述之。

黃得時在〈梁任公遊臺考〉一文，敘其先父黃純青先生，嗜讀《飲冰室文集》、《墨子學案》、《先秦政治思想史》、《清代學術概論》等專著，並因此寫了〈孔墨並尊論〉，在當時引發軒然大波，當時純青先生所寫的文章，完全是仿任公的作法，含有任公的氣息，頗受任公影響。這種情形在大陸更是普遍，刁抱石〈梁啟超與臺灣及其他〉：「回想民國十八、九年間，在筆者的故鄉（安徽）的小縣城裡，書店賣的書，銷場最好的，數『飲冰室文集』，學生們（連筆者在內）一心一力買它讀，從蔽塞的環境上，始知有那麼精彩的文章，那麼新穎的思想，那麼多方的所學所志所懷抱，這些取得了當時青少年的喜悅心理。」[60]甘得中敘說日治下的臺灣，思想環境蔽塞，「不但無書可讀，且新聞雜誌之言論文張，皆以總督府之言論為言論，文章為文章，實等於無言論亦無文章，遑論政治經濟學術思想等文化耶？」林獻堂只好「求之海外，如滬之萬國公報，戊戌政變後，由橫濱獲讀清議報、新民叢報。」[61]情境相似，而梁啟超文字素有「發聵振聾」[62]之功，無怪乎引發時人的欽慕。

陳衍編輯《近代詩鈔》，梁啟超項下序文載：「任公有遊臺詩一卷，多悽惋語。七言如：尊前相見難啼笑，華表歸來有是非。曹社鬼謀殊未已，楚人天授欲何如。最是夕陽無限好，殘紅蒼莽接中原。君家可有千年鶴，細說堯年積雪時。我本哀時最蕭瑟，更逢庾信一沾巾。五言如：此日足可惜，來日更大難。人生幾清明，明日成古歡。客館傳薪火，家由界晚晴。事去勞精衛，年深失湛慮。薜羅哀楚鬼，禾黍泣殷頑。零落中州集，蒼茫野史亭。一夢風吹海，無言月過停。」是臺灣之遊，詩作甚多，而悽惋為此批詩之特色，迥異一般攬勝尋幽之作，深深打動遺老的情懷，今龍山寺有一首梁啟超的詩：「公卿有黨排宗澤，帷幄無人用岳飛。遺老不應知此恨，今適漢節解沾衣。」正是道盡那種悲愴無奈的心情，有如「披雲見青天，慰我餓腸渴」。甚至未親晤者讀其詩亦有所感發。葉榮鐘即其一也，他在多篇著作屢屢提及梁任公與林獻堂、林幼春，強調任公遊臺的影響。[63]林幼春先生〈次韻敬呈任公先生〉詩，其前段有「我生識字即識公，結末了緣良有以」之句。最後又以「朝聞夕死不敢辭，願執一經侍中壘」兩句，結束全篇。可見其傾倒於任公之程度。及至撰〈櫟社二十年間題名碑記〉，幼春仍云：「辛亥，林君少英入社。是歲三月，集全島詞人大會於瑞軒，再會於萊園。時梁任公、湯明水兩先生亡命海外，適然戾止。觴詠之歡，有逾永和。」將梁任公來臺視為櫟社大事，特書於櫟社題名碑記上，可見幼春對此觴詠之歡卷懷於心。而林獻堂所受影響尤為長遠，一九三九年九月，林獻堂先生旅居東京，因顛躓傷足，親朋戚友，賦詩慰問，而林先生亦於病榻以詩自遣，後來裒為一集，名曰《海上唱和集》。在該集自序，林獻堂回憶請任公潤色其作並進而求學詩之道的往事，謂：

> 辛亥暮春，梁任公、湯覺頓兩先生來臺，訪予霧峰，予汎掃萊園之五桂樓，館之。一夕歡宴，邀癡仙、南強、鶴亭、壺隱、沁園諸君作陪。酒闌分韻賦詩，以主稱會面難，一舉累十觴為韻。予拈得稱字，成五律一首。意不自愜，請任公先生刪潤，並進而求學詩之道，承教多讀、多作、多商量，予甚韙其言。顧以塵雜牽率，兼之蒿目時艱，志紛於自治之請

> 願，文化運動之參與，舊學益荒，吟詠斯廢。己卯九月，旅居東京，偶因顛躓傷足，朋舊詩來慰問，積日成帙，病榻偃臥，百無聊賴中，不得不以詩自遣，開始於酬唱，寢乃購求古人詩集，揣摩吟諷，而東京知好之能詩者，亦時來講論，不意三十年前，任公先生所授，乃於病中償之，雖為時短暫，未必有得，而予之與詩作緣，蓋以是始[64]。

可知梁任公對於林獻堂先生所言「學詩及治學之道」，給與林獻堂印象深刻，三十年後，依舊念念不忘，遂撰成《海上唱和集》。而其《環球遊記》亦有不少地方流露他熟讀任公遊記及參考其作法。他在訪問美國聖佛蘭西斯科時就引用梁啟超的見解說：「昔年梁啟超先生，來遊舊金山之際，著有長篇大章之文，以評論華人優劣之點，頗中肯綮。茲節錄其言中國人性質，不及西人者叢錄數條於下，以作吾人之龜鑑焉。」[65]該書似其語詞格調者累見，可見其崇仰之情及所受之影響。

至於其詩學、治學之道，對林家諸氏亦有所指導[66]，梁啟超致林獻堂函（一九一一年三月廿四日，新曆四月廿二日）：「公嘗問我以學詩及治學之道，僕未有以對也，臥病中輒復念此，今竊欲有言。公質至美，凡百皆可期大成，豈惟詩者，即以詩論。吾見公所作雖少，顧已知其神骨甚清，是即天之所以相厚也，在加以學力而已，古人言多讀、多作、多商量。此雖庸言，然道實盡於是。惟學不可誤其途，大抵必讀專集，毋讀選本；必學大家，毋學近人；先學古體，成就後乃及近體，此其不二法門也。以杜為皈依，始於杜，終於杜，凡古近體悉宗焉。而古體則從昌黎入手，次之以東坡、山谷，然後溯源於陳思、阮、陶、鮑、謝則大成矣。近體則從義山入手，亦次之以坡、谷，而蕩之以放翁、遺山。其五律更溯源於王、孟，則大成矣，此外諸家雖不讀可也。（太白難學、香山禁學）。語此雖似望洋，實則三年苦功足矣，後此不勞而日進，此似博而實約也。今請公最初一年勿為近體，惟取杜、韓兩集古體悉讀之，以成誦為期。初時勿作可也，一月以後，興至則為之，惟當刻意摹韓，若臨帖然；三月以後，韓集略皆上口，杜亦約三之一，則當求多作，月必十首以上，仍專效韓。若無題目，則宜多詠史，借以寄所懷；半年以後，杜集略卒業，則宜蘇、黃並讀，學韓久恐生氣稍窒；學蘇、黃則放矣，如是古體已能自成家數；一年以後，則兼學近體，仍勿廢古，少陵、玉谿並讀；又數月後，乃學黃，又次乃學蘇，學蘇、黃時以陸為埘課足矣。以公之質，若能循此塗轍，三年以後不成名家，吾不信也。雖然，此獨就詩言詩耳，道又有存乎詩之外者，昔賢所謂詞林根柢也，此非積學無以致之，今公每日晷刻，能以用之於問學者，不審幾何，為公之計，宜將此有限之晷刻，用其三之二於他學，學詩則最多毋過三之一。治學宜分專精、涉獵二途，非有所專精，則不能實有之於己；非有所涉獵，則無以博達而旁通也。涉獵固無事指定，專精之書則宜先以四史、通鑑，乃及孟、荀、莊、列、管、韓諸子；謂宜先熟精漢書，次後漢、次三國、次史記、次通鑑，當研朱點之，字字勿放過，此其所需時日已不少矣。」獻堂對此函印象深刻，三十年後仍時憶起（見前引文）。

一九一一年五月十一日（陰曆四月十三日）致獻堂函：「吾實自去年始學為詩，專肆力於古體，覺漸有所入；其近體則駁雜無家法，殊不足觀也。此次所寄，他無可道，惟於律似尚謹嚴，視去秋贈公之作覺略進耳。（去秋作，後半章法凌亂，其詞亦猶稍繁）以公相親愛，故不為客氣譚，輒將用筆之法略注一二於卷端，以為相觀而善之資，而乞有以匡其不逮，幸甚！」作者〈遊台灣書牘・第六信〉（陰曆三月十四日）謂：「此行乃得詩八十九首，得詞十二首，真可謂玩物喪志，抑亦勞者思歌，人之情歟。擬輯之題曰《海桑吟》，有暇或更自寫一通也。」梁氏另函亦有「玩物喪志」之語，二次言之，對經國濟世之志的梁啟超而言，詩文畢竟是小道，然梁氏終無法毅然拋之，斷卻吟詠，因而畢竟詩歌亦可「陶寫吾心」，遂自我解嘲：「抑亦勞者思歌，人之情歟」一九一一年五月二日（陰曆四月四日）。梁啟超回到日本之後，先後有致林獻堂及林癡仙、林幼春論詩函：

> 癡公天分絕高，用筆造語往往有新拔處。其病在出筆太易，每篇中恒有失於剽滑率真者，似宜再從昌黎集下番摹仿工夫，植其峻拔兀奡之氣，或佐以長吉亦無不可，然後取徑山谷，以皈依老杜。東坡非不可學，惟當學其每篇換筆換意處，其剽者切勿效之，此言夫古體也。癡公近體所見甚少，不敢妄評，然總願稍擺脫蘇陸門戶，或專取徑於小李小杜何如？幼公字字歐心，格律深嚴，往往有驚心動魄語，是其所長也。然微嫌疏宕之氣少，前所讀和邱仙根諸律，體貌殆逼盛唐，而神韻未至，若遵此道，恐墮入明七子蹊徑。謂宜專宕之以坡、谷，中原諸賢盛學宋詩，雖云取巧，然亦以宋派易為迴腸盪氣之作，較易有入也。大抵由山谷入杜，確是不二法門，而　癡公宜先之以韓，　幼公宜先之以蘇（或參之陸），韋弦之佩，殊塗同歸，鄙見如此，不審兩公以為何如？杜老句云：愜意關飛動，篇終接混茫。願　兩公皆於飛動、混茫兩境界各下苦功，以求達之。

梁啟超在四月二十二日（陰曆三月二十四日）致函獻堂時，末云：「癡仙、幼春處，尚欲有書論詩，病新起，成此書已憊甚，故俟異日，幸先為道意。」四月四日此函宜是針對二人之問的回覆，可惜癡仙、幼春原函今未得見。梁氏回函則具體呈現了與櫟社諸君的交誼，尤其是與林獻堂、林癡仙、林幼春等人的深厚情義。對癡仙、幼春詩作之優缺點，詳細又委婉的點出，並依個別的差異性，建議學習的對象，如「癡公宜先之以韓，幼公宜先之以蘇（或參之陸）」，而其自謂「今方彷徨於諸大家門外，一無所入」，亦從趙堯生學，此一虛懷若谷的胸襟，亦足啟人無限。實則梁氏以「筆鋒常帶感情」的寫作風格，加上意境精神的革新，即詩入新意的要求，這種所謂的「新文體」、「新的語言」的創作表現，儼然成為梁啟超言論思想的特色之一。臺灣當然也受到影響，尤其在臺灣「以詩代言」所創作的詩詞作品，更是鼓勵臺灣知識分子能表現民族意識，並勇於批評對現實的不滿，櫟社諸君們的創作風格也有很明顯的改變。

梁啟超〈寄趙堯生侍御以詩代書〉即是請四川香松老人趙堯生（熙）指點詩文，其致林獻堂信函多次提及學詩於趙堯生侍御，並希獻堂諸君函寄詩作請趙氏指導。一九一一年五月二日（陰曆四月四日）梁啟超致林癡仙幼春函：「弟之學詩，實始自去年秋冬間耳，今方彷徨於諸大家門外，一無所入，何足以為人嚮導者，特以諸君子之過愛，苟有所見，不敢隱耳。趙堯生侍御者，當代宗匠也。弟今方從之學，每成一篇，輒鈔乞繩墨，此老善誘不倦，每塗乙狼藉，不稍假借也。已為　兩公介紹於其門，雖未得復章，料當不拒，望兩公即鈔所作各十數首，弟當為寄去，乞其以誨我者相加，或致有益也。」作者另在一九一一年五月十一日（陰曆四月十三日）信函謂：「吾實自去年始學為詩，專肆力於古體，覺漸有所入」去年指一九一〇年，梁啟超自謂此年秋冬間方向趙堯生學詩。一九一一年六月十八日（陰曆五月廿二日）函：「拙作海桑吟經趙侍御改定，謹以奉呈，中所論義法可助學問也，改本弟極寶之，閱後務乞　擲還為感。」一九一一年閏六月九日，新曆八月三日函：「日來頗有吟詠，今將原稿寄上數紙，請與　癡仙、幼春共是正之，此係原稿，閱後仍乞與前所寄趙侍御改本一併擲還為盼。」目前可見經趙堯生刪定之作如：林癡仙〈陪同梁任公先生萊園小集以主稱會面難一舉累十觴為韻分得十、觴二字〉：「風信到楝花，春光將九十。安得李龍眠，畫家西園集。大鵬摶扶搖，無風翼猶戢。終勝籠中鳥，振翮長習習。四海原一家，往事嗟何及。不信濁水源，芳草尚足拾。花前說天寶，徒使青衫濕。有酒君莫辭，一口西江吸。」此詩第十四句「徒使青衫濕」，趙堯生改「慘慘青衫濕」。其二：「燭龍棲寒門，委羽蔽太陽。美人隔西方，脈脈徒相望。何意荊棘中，飛來鸞與凰。天教凡群鳥，五色澹文章。披雲睹青天，慰我饑渴腸。可惜望月峰，不共明月光。天際指歸舟，後夜即參商。嘉會難重遇，顧君更飛觴。」本詩末句「顧君更飛觴」趙堯生改「願君還進觴」。以上兩首，均不見載於林癡仙《無悶草堂詩鈔》。茲由梁任公手抄本「海桑吟」補錄。又許天奎《鐵峰詩話》亦有此兩首，刊《臺灣詩薈》十九號，另印有單行本。該詩話云：「先生（林癡仙）與梁任公唱和之作甚多，然均不載於無悶草堂詩鈔。余說劍書室，閱其手錄梁任公海桑吟一卷，附載先生之作數首，其詩之佳，為無悶集中所僅見。」至於林獻堂之作經趙堯生刪定者如〈陪任公荷庵兩先生雅集萊園以主稱會面難一舉累十觴為韻 分得稱字〉：「大任天方降，從遊愧未能。來觀滄海日，如飲玉壺冰。興至忘賓主，悲來感廢興。健康期後會，先借壽觴稱。」此首見於《櫟社第一集》，然梁任公抄本作「置酒宴佳客，高樓最上層。瘴花沾露發，海月帶雲升。興至（趙堯生改為「即事」）忘賓主，悲來感（三字趙改為「傷春老」）廢興。健康期後會（五字趙改為「勞人為世出」），先借壽觴稱。」林家諸氏得因梁啟超關係而獲致趙堯生的指導，相信從改詩中對習詩可有相當的啟發。洪棄生《寄鶴齋詩話》云：「近日詩格，有主奧衍微至者……尚有四川榮縣趙堯生熙，詩格在高華微至之間，昔乎余不多見。」當時臺灣欲讀到趙氏之作誠不易，能獲其指導可謂珍貴。無東晟《洪棄生「寄鶴齋詩話」研究》即指出趙堯生是洪棄生任為近代「奧衍微至」「高華發揚」詩格中，能加以調和的憂秀詩人，因此推崇梁啟超在此時所寫的《海桑吟》諸詩，為「健筆扛鼎，萬夫之敵」、「于吾臺痛楚，如睹目前」之佳作[67]。

從書信可見梁啟超此時填詞興致頗濃，有不少信函皆提及此事：如一九一一年四月廿一日

（陰曆三月廿三日）：「連日頗動填詞之興，課餘輒為之，已得十餘闋，今復寫二闋（按、即〈浣溪沙・臺灣歸舟晚望〉、〈念奴嬌 基隆留別，和玉田客中別友人韻〉）寄上。」一九一一年四月廿三日（陰曆三月晦）：「又為詞數章，先寫呈，此詞頗自得意，字字皆為臺灣人寫以事也。詞之為道專取詩人比興之旨，故意內而言外，美人芳草皆所寄託也。公試細讀之，當能察其用意所存。癡仙好此道，請出示之，並索其屬和也。」從這些詩詞的唱和，可理解當時臺灣文人興奮的心情，而其中有不少佳作不脛而走，幾乎傳遍全台，根據同時代人回憶，凡是對吟詠稍有興趣者，皆能成誦，如「尊前相見難啼笑」、「破碎山河誰料得」等詩，迄今猶膾炙人口。

而從後來梁詩之流傳情況、各雜誌刊物選錄之盛況可以了解其影響所在。《臺灣文藝叢誌》第六年第一號「臺灣名人詩存」錄梁啟超〈辛亥薄遊臺灣遺老百餘輩設歡迎會於臺北薈芳樓賦此奉謝〉四首（頁三九、四十）一九二四年二月十五日發行。蕉窗〈詩話雜錄〉亦云「任公辛亥年遊臺，寓霧峰林氏萊園，賓主分韻賦詩，極一時之盛。其女公子令嫻亦能詩……秀麗之氣，溢於言外，一語尤悲壯。」（頁二六），《詩報》第六十七號有王清渠編的「遺稿」，輯錄梁啟超二題六首詩，〈辛亥二月二十四日，偕荷庵及女兒令嫻乘「笠戶丸」游臺灣，二十八日抵雞籠山舟中雜興四首〉、〈海桑吟二首〉。這期《詩報》發行時間是昭和八年（一九二三）九月十五日，較《臺灣詩薈》刊載海桑吟（十四、十六、十八號）一九二五年早。其後《風月報》復選刊〈臘不盡二日遺懷〉，此詩作於清光緒三十四年臘月二十八日（一九〇九一月十九日），歲暮又屆，羈留日本，一事無成，思鄉懷親湧向心頭。梁氏卒於一九二九年，此詩再刊距其卒年有十年之久，距其詩歌創作則有三十年，在蘆溝橋事變爆發，中、臺關係有意被日本當局隔絕下的情境下，《風月報》何以會再度刊出這些作品？誠令人關注。此外尚有〈元日放晴二日雨三日陰霾〉：「入春三日覺春深，隔日春如判古今[68]。容我夢騰[69]行坐臥，從渠翻覆雨晴陰。擁爐永夕成微醉，袖手看雲得短吟。落盡檐花無一語，百年誰識此時心[70]。」〈奉懷南海先生星加坡兼請東渡〉二首[71]、〈謝掞東惠寄唐人寫維摩經〉二首，計錄六首。其前錄鄭孝胥詩四首，許南英詩新嘉坡竹枝詞六首、〈黃菓〉、〈綠荔〉各一首，計八首[72]。一九三八年《風月報》所選〈庚戌歲暮感懷〉則文字出入較多，因此照錄見七十期，頁十九。

歲云暮矣夜冥冥，自照寒燈問影行？萬種恨埋無量劫[73]，有情天老一周星。催人鬢雪[74]遙遙白，撩夢家山歷歷青。今古茲晨同一概，只應長醉不成醒[75]。

鼎湖雞犬不能仙，一慟[76]龍髯歲再遷。禹域大同勞昨夢，堯臺深恨閟[77]重泉。斧聲燭影由來事[78]，馬腳烏頭不計年？忍望海西長白路，崇陵草勁雪漫天。

夢短[79]雞鳴第一聲，明朝冠蓋盛春明[80]。家家柏葉宜年酒，處處駝蹄七寶羹。聞道天門開詄[81]蕩，盡容卿輩答升平。官家閒事誰能管，萬一黃河意外清[82]。

故園歲暮足風悲，吹入千門萬戶中。是處無衣搜杼軸，幾人鬻子算租庸。近聞誅斂空羅雀，倘肯哀鳴念澤鴻。金穴如山非國富，流民休亦怨天公。[83]

風雨吾廬舊嘯歌，故人天末意如何？急難風義今人少。傷老[84]文章古恨多，力盡當年隨[85]爛石，淚還天上莫為[86]河。由來致力[87]相回薄，山鬼何從覓[88]薜蘿。

入骨酸風盡日吹，那堪念亂更傷離。九洲無地容伸腳，一盞和花且祭詩[89]。運化細推知[90]有味，癡頑未賣漫從時，勞人歌哭為昏曉[91]，明鏡明朝知我誰。

以上選錄在「詩壇」，是謝雪漁選編，同時也選錄了許南英《窺園留草》裡〈感時〉、〈寒夜起坐〉、〈有贈〉三首。這六首作品在文字上與其手稿及《飲冰室文集》都不盡然相同，未知依據何種版本？但從戰爭時期難能可見的中文刊物仍可見到梁氏作品被轉載，足見很多舊文人對他仍未忘懷。在《風月報》我們還可看到蘇友章〈新律聲啟蒙〉：「安對定，險對危。隗相對鍾馗。含冤對負屈。須賈對范雎。梁啟超、康有為。張顯對郭威。豫州騎白馬。項羽跑烏騅。牛皋剪徑逢鵬舉。金斗頒兵會薛葵。商紂散股肱，妲己進讒反五岳。劉璋失巴蜀，嚴顏中計遇雙飛。」[92]以康、梁二人人名教導幼童對句。至於其他詩選集，如黃洪炎編《瀛海詩集》由臺灣詩人名鑑刊行會在一九四〇年出版發行。此集收錄了當時臺灣之重要詩作，第二部分，名為「雪泥鴻爪」，主要收錄來臺文人之作，如梁啟超、館森袖海等。而臺灣詩話亦經常以梁作或相關梁氏之事為例，吳德功〈詩遺〉：「有章炳麟者，因黨禍作而逃臺灣，嘗作六才士文一篇，古色古香，其文品在漢魏之間，又有寄梁啟超五古，綽有古音，其筆得風詩比興之體，句中有眼。一篇牢騷之氣直欲擊碎唾壺。」[93]〈詩錄〉：「清國政變，康有為去國而逃，吟七律一首，……梁啟超去國行云：『嗚呼，濟艱乏才兮，儒冠容容。佞頭不斬兮，俠劍無光（作「功」）。君恩友讎兩未報，死於賊手毋乃非英雄。割慈忍淚出國門。掉頭不顧吾其東。東方古稱君子國，種俗文教咸我同。邇來封狼逐逐磨齒瞰西北，唇齒患難尤相通。大陸山河若破碎，巢覆完卵難為功。我來欲作秦庭七日哭，本邦猶幸非宋聾。卻讀東史說東故，卅年前事將毋同。城狐社鼠積威福，王室惷惷如贅癰。浮雲蔽日不可掃，坐合螻蟻食應龍。可憐志士死社稷，前仆後起形景從。一夫敢射一（作「百」）決拾，水戶薩長之間流血成川紅。爾來明治新政耀大地，駕歐凌米氣蔥蘢。旁人聞歌定聞哭，此乃千百志士頭顱血淚迴蒼穹。吁嗟乎！男兒三十無奇功，誓把區區七尺還天公。不幸則為僧月照，幸則為南洲翁。不然高山、蒲生、象山、松蔭之間占一席，守此松筠涉嚴冬，坐待春回終當有東風。吁嗟乎！古人往矣不可見，山高水深聞古蹤。瀟瀟風雨滿天地，飄然一身如轉蓬，披發長嘯覽太空。前路蓬山一萬重，掉頭不顧吾其東。」[94]許天奎《鐵峰詩話》：「（癡仙）先生與梁任公唱和之作甚多，然均不載於『無悶草堂詩鈔』。余於說劍書室閱其手錄梁任公『海桑吟』一卷，附載先生之作數首。其詩之佳，為「無悶」集中所僅見；因錄之，以入詩話。」

文學上的影響，或許還可延伸到創作的心理層面。日治下的臺灣文人與梁啟超相交，彼此相濡以沫的情感，使得積壓已久的民族感情獲得宣洩的機會，落寞頹唐的心情感受到撫慰，其詩詞之詩題、詩句、詩序中經常出現的「遺民」、「遺黎」、「遺老」等字詞，充滿了對臺灣人民處境的理解和同情，如「萬死一詢諸父老，豈緣漢節始沾衣」讓無數遺老深深感動。因此梁啟超與林家之交遊，對林家諸子而言，其心理層面上的激勵有相當大的影響，林獻堂一九一〇年十月函覆梁啟超之信即言：「幼春自去歲杪居外艱以來，多愁善病，神氣沮喪，是日得書，精神百倍，詩思漸佳，勉索枯腸，敬和大作。」而林氏諸子只要一獲接啟超之作，其歡欣騰躍之情備見，如曾遞其詩與洪棄生，並囑和之，洪氏遂寄〈次韻梁任甫與林家詩〉及信函給梁啟超。而癡仙之和作更多，他不僅自己和作，也三番兩次致函獻堂諸侄「閑中何不撚鬚一詠？詩之工拙都可不論，同心異國隔海唱酬，此日之因緣即他時之佳話也。」（一九一一年二月廿九日函）而其思想感情之變化，確實也產生變化，在政治上之影響既如前述，詩作上也有所轉變，「不再只是訴說對於『故國』的傾心，他看待景物、遊歷的心境，也變得較內斂，感慨古今變遷之外，也還有更多理性的評價。對於中國積弱的批評，對於過去繁華不復見的坦然面對，這樣的清醒不像是過去他常見的憂悶感慨。」[95]

## 五、餘論

連橫說：「二十年前，余曾以臺灣詩界革新論登諸南報，則反對擊鉢吟之非詩也。中報記者陳枕山見而大憤，著論相駁，櫟社諸君子助之。余年少氣盛，與之辯難，筆戰旬日，震動騷壇，林無悶乃出而調和。其明年餘寓台中，無悶邀入櫟社，得與枕山相見。枕山道義文章，余所仰止，而詩界革新，各主一是，然不以此而損我兩人之感情也。」當時連橫反對擊鉢吟，提出詩界革新之主張。而至一九二四年張我軍引發新舊文學論戰，連橫卻被張我軍斥為保守詩人，極力批判舊詩人[96]。同年，連橫曾引一段梁任公對他所說的話：「少時作詩，亦欲革命。後讀唐宋人集，復得趙堯生指道，乃知詩為國粹，非如制度物采可以隨時改易，深悔孟浪。任公為中國文學革命之人，而所言若此，今之所謂新體詩者又如何？」[97]對當時新舊文人的詩界革命大有檢討及反駁之意，而從連氏用詞來看，他對梁啟超所提出的「詩界革命」的口號並不陌生，以當時他與丘逢甲及霧峰林家的關係觀察，梁氏的「詩界革命」對臺灣詩壇理應有些關聯，但目前仍只能做到透過合理揣測，客觀間接的印證，尚待更多史料解決此一問題。

「詩界革命」中大將黃遵憲、丘逢甲與臺灣古典詩界的關係究如何？從現存資料，大抵可獲得一個印象，即二人詩作亦同梁啟超之作，經常為雜誌刊物所轉載，甚至在《臺灣文藝叢誌》上，黃遵憲、丘逢甲的詩作被轉載遠甚梁作，丘詩有三百多題七百多首，黃詩約八十多題一百五六十首，在一九〇八年時。後來施梅樵甚至有《丘黃二先生遺稿合刊》，並謂「余讀其遺篇，心為之醉，朝夕不忍釋手。」[98]然黃遵憲之作何時流布臺灣？臺灣文士固然也能從《清議報》、

《新民叢報》等雜誌中讀到，但梁啟超一九〇八年郵寄敬贈林獻堂《人境廬詩集》[99]事，對黃遵憲詩作的騰播不能不說是很大的契機。而丘逢甲備受梁啟超讚譽，稱許為「詩界革命一鉅子」，而丘逢甲是霧峰林家侄孫婿[100]。一九〇二年，丘逢甲為霧峰林獻堂祖母羅太夫人撰祝壽文〈恭祝誥封恭人林大母羅太恭人八旬開一壽序〉[101]，即自署「侄孫婿」。而丘逢甲三弟丘樹甲亦娶林獻堂堂姐林金盞。丘秀芷提供此文有按語云「逢甲公娶的是林獻堂的堂姐，名為卓英之靈位。……是年萊園築成，萊園之命名為逢甲公所定。」[102]逢甲有詩〈賀林峻堂內弟朝崧新婚〉：「春風吹上七香車，詠絮清才出謝家。嫁得孤山林處士，料應風格似梅花。（自注：新人姓謝）」[103]及〈寄臺灣櫟社諸子兼懷頌丞〉二首，一九〇六年九月，感嘆時世，作〈秋懷〉六疊四十八首，林家諸子及臺灣文士頗有唱和。而一九一〇年十月林獻堂給梁啟超書函即云「茲先令其（按、指幼春）錄和丘滄海〈秋感〉八首，以求郢斤。」都可觀知丘逢甲與霧峰林家關係密切，尤其是與林癡仙時有唱酬（其間又與謝頌臣有關）。而一九一〇年《漢文臺灣日日新報》復云：「編輯之餘。偶閱飲冰室文集。因其中列有臺中邱工部逢甲之詩。許為詩界革新之鉅子。而不及施內翰士沾（筆者案：沽，誤作沾）之詩。間有謂其偏倚者。然選詩者性各有所近。古來大家詩亦未必人人如意也。殊無足怪。」（四月十五日），如此看來，當時臺灣詩壇對梁啟超的詩界革命應有一定的認知，也必然對當時的詩歌發揮一些作用[104]。

從黃遵憲〈山歌〉（又叫褒歌）這一組別具風格的作品來看，其語言活潑、天真，表現上則採取諧音、雙關等傳統的民歌手法，極受臺灣文士喜愛（鄭振鐸《中國俗文學史》亦譽之為「像夏晨荷葉上的露珠似的晶瑩可愛」），這種歌曲可能是源於山區，但是流衍既久，就不再局限在山區，廣大的農村也流行起來，梁啟超來臺時所做的十首〈臺灣竹枝詞〉，其精神與黃遵憲詩作相通，而其所改作的竹枝詞可能就是源於這種內容豐富的山歌。梁氏為廣東新會人，他所聽的「詞」未交待是「譯」自閩南語或是客家語，或是經他人轉譯，但是似乎可以推斷他所聽到的這種男女相從的民歌可能就是極盛一時的採茶「山歌」[105]。其〈臺灣竹枝詞〉〈序言〉：「晚涼步墟落，輒聞男女相從而歌；譯其辭意，惻惻然若不勝『谷風』、『小弁』之怨者。乃掇拾成什，為遺黎寫哀云爾。」直接用民歌原句入詩，對詩體的改革起著積極的作用，給古體詩帶來一種民間清新的風調。

在上世紀三〇年代時，明塘〈民歌（山歌）由來的概論〉一文即將竹枝詞列入山歌討論，臺灣山歌舉四首為例，其一即是梁啟超的「郎家住在三重浦，妾家住在白石湖。相隔路途無幾步，肯試回頭望妾麼?!」[106]歌詞稍有出入（路頭相望無幾步，郎試回頭見妾無），由此可知梁氏的竹枝詞在當時即被目為山歌，討人喜愛，同時也可看出其詩仍傳播於當時臺灣文壇。到了戰後，署名「詩壇小卒」的在〈梁啟超臺北雜詠拾遺〉說：「按任公之竹枝詞，乃由『相褒歌』點竄成章者，二十年前，此種歌辭，風靡全島，尤以茶山為盛。」[107]

不過，梁啟超竹枝詞之作，亦有不視為「民歌」者，在李獻璋的《臺灣民間文學集》，即將之列於「附錄」裡。因為竹枝詞固然有俚俗的一面，但是仍然屬於文人的創作，較之一般所謂的民歌仍然不同。梁啟超竹枝詞有自註「首二句直用原文」，或是「全首皆用原文，點竄數字」，這些部分大都保留了民歌的原樣，可是既經「點竄」或是改作，就有了文人的色彩，比起一般的民歌仍有差別。但這且不論，詩界革命所推崇的黃遵憲〈日本雜事詩〉即是七絕二百首竹枝詞形式，此文類在早期臺灣遊宦詩人極受重視，所累積數量也極多，而其通俗易懂，以俗事俗語入詩的要求也符合詩界革命之理論。

號滄江的梁啟超與號倉海的丘逢甲，在「詩界革命」與霧峰林家的關系上，似乎可以說透過黃遵憲向梁啟超的推薦，丘逢甲的詩作遂在《清議報》發表，而後梁啟超寄贈《人境廬詩集》並於來臺其間下榻霧峰萊園，之後又有如丘、黃竹枝詞等作品流布詩壇，他們在晤談之間提起彼此熟識的丘逢甲似乎機率極高。詩界革新在一九〇七年為連橫提起，可見當時舊詩人間也有不同的意見，尤其是對擊缽吟的取捨態度上，但後經調和，連橫與櫟社諸子交情匪淺，甚至加入櫟社。及至二〇年代中的新舊文學論戰，亦是詩界之革新、革命，梁啟超詩作仍發揮他的影響力。新舊文學論戰之際，陳逢源〈對於台灣舊詩壇投下一巨大炸彈（下）〉論新時代的詩的要點其二是描寫具時代性與社會性，並舉梁啟超〈斗六吏〉詩為例，云「老杜的『石壕吏』不消說是最好的代表作。二十年前梁任公先生臨臺的時，曾做一首『斗六吏』老實是不可多得的臺灣詩吏吧了。」結語並謂：「真正的詩人，當具有最纖細的神經與最敏銳的感情，自然對於一時代一地方的社會事情與民生的痛苦，應有絕好的詩而歌詠出來然而臺灣的詩人，對於臺灣過去的各種事件何常有做出像老杜的石壕吏或任公先生的『斗六吏』這一類不可磨滅的詩吏沒有當然要做時代的先驅者的詩人，於臺灣反形成有組害社會進步的反動陣營，這是我們不可不打倒的最大理由吧了。」108 將梁氏之作與杜甫並舉，譽之為反映時代的先驅詩人，舉梁氏之詩作，說明舊詩亦有其價值，對新舊文學論戰提出客觀的意見。到了七〇年代臺灣鄉土文學論戰，王拓在《仙人掌》雜誌第一卷第二號「鄉土與現實」專輯中（一九七七年四月），發表〈是「現實主義」文學，不是鄉土文學〉，引發激烈論戰。雜誌封面用的即是梁啟超年輕時肖像。或許梁啟超在政治上是保守的，在詩文界確是革命的代表，其「詩界革命」之主張，對霧峰林家或臺灣古典詩的影響如何，值得進一步深入探討。

1 此事或有不同意見，如：康有為雖起草了上皇帝的萬言書，但各省舉人並未在萬言書上簽名，更未至都察院上書，康、梁等蓄意編造了一個完整的「公車上書」事件，完全是為了抬高康有為維新運動領袖的地位。見歐陽躍峰〈「公車上書」康梁編造的歷史神話〉，《歷史教學》二〇〇二年一〇期。

2 林癡仙日記部分影本由廖振富提供，黃美娥《文學現代性的移植與傳播》一文亦應用過此則日記，《重層現代性鏡像——日治時代台灣傳統文人的文化視域與文學想像》，台北，麥田出版社，二〇〇四年一二月，頁二八九。

3 宜是一九〇七年六月梁林論交，林獻堂邀請梁啟超來臺，一九一〇年獻堂攜子遊學東京並拜訪梁啟超，又再度邀請，終於一九一一年春成行，時間前後約五年，故云「遊臺蓄志五年」。在這之前，他演說、撰文亦時時念及臺灣，在〈中國殖民八大偉人傳〉中說：「新史氏曰：我國有不世出之英雄鄭延平，憑藉無置錐之地，而能奪四萬方里之臺灣於當時炙手可熱之荷蘭人之手，傳子孫三世……直至最近數年間，其人物之價值，始漸發見。」字裡行間，充滿對臺灣歷史、民族之情感。

4 〈甘得中先生回憶錄〉亦云：「繼請先生來臺一遊，梁先生曰：我早有此想，因曾聞後藤新平說：臺灣如何進步，極事鋪張，且云非如李鴻章所謂臺灣人強悍難治也。如果後藤所說，將來或可為我國借鑑。」

5 日本統治臺灣十數年，在各方面都有相當的進步。日本亦於當時著名的雜誌《中央公論》中大肆宣揚其偉大成就。梁啟超亦曾在其主辦的《國風報》中刊其譯文，並加譯者識語曰：「此本登載日本中央公論第七號。於治臺先後次第之方，述之曆然。意在紀實，不涉誇大，故撮取其意，譯為斯篇。中間頗附鄙說，以媿贈為臺之主人公者。」並於同年又載譯〈日本勢力之增進〉一文，表述日本對臺灣統治之成績等。梁啟超對日本的大肆宣傳亦半信半疑，但由其載文中可知，梁啟超對於臺灣之重視與關心。李筱峰亦言及日本統治下的臺灣在各方面的進展。

6 丁文江，《梁任公先生年譜長編初稿》，卷六，臺北：世界書局出版，一九六二年，頁二六三。

7 侯延爽（雪舫）向梁啟超說明辦報事宜。關於侯延爽致梁啟超一書全文，可參閱《梁啟超知交手札》，臺北：國立中央圖書館，一九九五年，頁一七四、一七五。

8 葉榮鐘，《林獻堂先生紀念集》，卷一，頁十六。

9 丁文江編，《梁任公先生年譜長編初稿》，臺北：世界書局出版，一九六二年，頁三三三、三三四。

10 然「先生這次遊臺的結果，對於籌款方面，一無所獲。」（梁任公年譜）又同年四月六日「徐佛蘇致荷、任兩學長書」說：「知此行一無所得。二十九日又讀來示，所見略同」。弟此行甚欲籌貸辦報，遊臺既無所得，不知他處尚有可圖者否？」可知任公在臺募款，一無所得，甚覺失望。

11 見丁文江編《梁任公先生年譜長編初稿》，臺北：世界書局出版，一九六二年，頁三二六。

12 信件日期是一九一一年四月十八日，即返日後一個月所寫。關於國民常識學會之緣起與章程，改定後之章程及說略並梁啟超於宣統三年四月十八日致林獻堂的全書內容，可參閱黃得時（一九〇九～一九九九）〈梁任公與國民常識學會——留存在臺灣的一些珍貴資料〉，《東方雜誌》復刊第一卷第三期，一九六七年九月，頁六六～七三。

13 關於梁啟超訪臺之經過與影響，詳參黃得時《梁任公遊臺考》一文，《臺灣文獻》十六卷三期，一九六五年九月。漢文《臺灣日日新報》載：「梁任公滯臺約兩星期。今日（即四月十一日）已首途東歸。潤庵與林獻堂、洪以南、鄭鵬雲諸氏等，送往於基隆。聞任公此次來臺，其赴中南也，各地詩人皆為歡迎會，唱酬甚多，今之歸，奚囊必為盛滿矣。（一九一一年四月十二日）」

14 此詩載《漢文臺灣日日新報》結語原作「稍惜櫻花時節過，一團絳雪望中收」，後經趙堯生刪定。

15 見〈遊臺第二信〉陰曆二月二十九日。〈遊臺第五信〉陰曆三月八日復云：「彼言臺灣總督招我往，豈知我親往東京求介紹書，費爾許周折耶。豈知吾至雞籠，幾於臨河而返耶。」〈與上海某某等報館主筆書〉：「而此次之行，乃不知託幾多人情，忍幾多垢辱，始得登岸。」甘得中回憶錄記載一九〇七年梁、林相見時情景：「翁繼云：『大駕如果光臨，必請日本中央政府顯要為先生介紹。蓋日人深忌我們與祖國人士接觸』。」後得伊藤博文（一八四〇～一九〇九）之介紹，乃順利登岸。

16 許雪姬等編纂解說：《水竹居主人日記》第三冊，頁三六～三七，中央研究院近代史研究所發行。

17 以上詳細情況請參前注，頁三四～三九。

18 見葉榮鐘〈梁任公與臺灣〉，文刊《臺灣文藝》創刊號，一九六九年四月，頁二五～二八。

19 甘得中〈獻堂先生與同代會〉，《林獻堂先生紀念集》，卷三，頁三〇。

20 在梁啟超的遊臺行程中，一件惡意中傷事件，使得日本長期對臺灣人思想的嚴密監管之卑劣手段表露無遺。對於梁啟超的臺灣行，日本《神州報》報導其為受臺灣總督府之邀請，並是為日對臺的治績歌功頌德而來。梁啟超對此造謠之事大為惱火，立即寫了〈與上海某某等報館主筆書〉，刊登於《國風報》上，表其心跡曰：「……謂吾受日本臺灣總督府之招，將往頌其功德，殊不知吾游臺之志，已蓄之數年。凡稍與吾習者，誰不知之。而此次之行，乃不知託幾多人情，忍幾多垢辱，始得登岸。而到彼以後，每日又不知積幾多氣憤。夫閱貴報之人，皆未嘗與吾同游，則任從公者顛倒黑白，亦誰能辨者？然吾之此行，臺灣三百萬人，皆具瞻焉。一舉一動，莫不共見。吾能欺人乎？……無奈此行乃以傷心之現象，充塞吾心目中，若有鯁在喉，非吐之不能即安。……公等日日惟以閉門捏造新聞為事，不轉瞬而所發現之事實，適與相反，其毋乃太心勞日拙矣乎？。」梁氏自登岸始即受盤問，因此在臺公開的聚會活動無不刻意避開敏感的政治問題。

21 梁任公出此題動機及詩會相關經過，如洪棄生對劉銘傳有所批評，因此歡迎宴上並未撰寫《追懷劉壯肅》等緣由，詳細可見廖振富，《日治時期臺灣古典詩中的劉銘傳——以櫟社徵詩（一九一二）作品為主的討論》，《東海大學文學院學報》四五卷，二〇〇四年七月。

22 徵信周刊「臺灣風土」，見林陳琅剪報，一九六六年十二月三十一日。

23 甘得中，〈梁啟超與林獻堂〉，夏曉虹編《追憶梁啟超》，北京：中國廣播電視出版社，一九九六年，頁二一六-二一九。

24 葉榮鐘，《臺灣人物群像》，臺北：時報文化出版，一九九五年四月，頁一八三。

25 臺北：正中書局，一九九六年二月初版，頁二一五。

26 廖振富撰寫。其《櫟社三家詩研究：林癡仙、林幼春、林獻堂》所述無誤，或時隔數年另撰寫詞條時，參考甘得中之說而致誤。來臺時間四月亦應改為農曆二月底或陽曆三月。論文為一九九六年國立台灣師範大學國文研究所博士論文。《智慧型全臺詩知識庫》「梁啟超」介紹亦皆沿襲錯誤，云：「宣統二年（一九一〇）與林獻堂相遇於日本橫濱，建議臺人效法愛爾蘭放棄武力抗爭，改採成立議會的方式爭取島民之權益。」實則至橫濱未得見，於奈良旅次方戲劇性相會，時間是一九〇七年。對梁氏「個人簡介」復云「一九一三年返回中國，先後在袁世凱、段祺瑞政府任職。」今從書信可知一九一二年十月歸國，非一九一三年。

27 林癡仙有〈喜遷鶯（獻堂送其二子留學東京，填此闋贈行）〉云：「男兒努力，第一是、須念寸陰尺璧！株守生涯，穴居天地，終古昂頭何日？世上伊涼換譜，萬事拘墟不得；最堪惜，惜磨牛步步，不離陳跡。眉白，吾小陸，濯足滄浪，明日蓬山客。老鳳將雛，小龍抱實，萬里乘風快極。桃李移根上苑，容易成陰結實；目先拭，看雙珠還浦，光能照國。」見筆者《無悶草堂詩餘校釋》，臺北：鼎文書局，二〇〇六年五月初版，頁七八。

28 《臺灣文獻》十六卷三期，一九六五年九月。葉氏在《林獻堂先生紀念集》卷一亦如是表示：「此事在台灣方面，未能獲得任何資料，對於籌款問題，湯、梁兩先生來臺時，是否曾對灌園先生或幼春先生提起，而不能如願，或見在臺灣所接觸諸老經濟實力，微不足道，乃取消籌款原念，未曾啟齒？誠難懸揣，蓋灌園幼春兩先生生前，皆未提及此事也。」頁二〇。

29 收入葉榮鐘著、李南衡、葉芸芸編註，《臺灣人物群像》，臺北：時報文化出版，一九九五年四月，頁八一。另見葉氏在《林獻堂先生紀念集》卷一，頁二〇。梁啟超於一九一七年，段祺瑞組閣，任財政總長。葉氏後半引幼春之說，問題較多，未知是幼春原意或因時間久遠，葉氏誤記。

30 今所見諸論文，對辦報籌款之事，大抵皆沿襲葉榮鐘之說。如鄭淑蓮〈梁啟超之遊與林獻堂（一九〇七～一九一一）〉：「到底是曾對林獻堂、林幼春等人提及，而未能如願；或者是盱衡其經濟力量之不足，乃取消念頭，未曾啟齒？則未得知。」《弘光學報》三十期，一九九七年，頁一七〇。邱白麗〈梁啟超在台灣〉一文引梁氏〈遊臺書牘第六信〉，揭示臺灣經濟狀況不如日本表面宣傳那樣進步富裕，臺灣遺老能提供的金錢援助，許是微不足道吧！恐怕梁啟超亦難以啟齒籌款。《近代中國知識分子在台灣2》，臺北：萬卷樓圖書出版，二〇〇二年十月，頁七四。大抵都是根據葉氏之說而來，這是因為當時無法見到書信的原因造成。

31 同注二九，《臺灣人物群像》，頁二二一～二二二。

32 《臺灣文獻》十六卷三期，一九六五年九月，頁四一。文中云任公民二回國，宜是民國一年十月歸國。

33 不過黃氏推論「任公來臺籌款未能如願，一無所得。其真正原因以及經過情形，無法得知。不過，據林獻堂先生寄給梁任公信件，內有『阻力橫生，蜚言漸布』以及『所恨、有力者不如人意、同心者不必有力』等語，可知當時對於募款辦報之事，確受種種阻礙，以致不能達到目的，是沒有疑問的。」則將國民常識學會勸募一事與募款辦報混淆。而「而任公聯袁，乃辛亥翌年事，幼春先生致任公之信，當在其時方合情理。」則時間點上有問題，下文將再敘。

34 一九一一年一一月一九日《漢文臺灣日日新報》載編輯賸錄（十一月十八日）：「梁啟超本年春來臺時。曾與人談清國大局。聞其語氣。似有不忘其故國者。閱十六日之北京電。已任為法部副大臣。不知其能揮其大手腕。以維持危局乎。」同日另有「清新內閣成立」之名單，「總理大臣／袁世凱……副大臣／梁啟超」，當時臺灣方面的消息皆謂梁氏任「法部副大臣」。直到十一月二七日《漢文臺灣日日新報》又載〈梁氏在門司一夜話〉：「袁世凱入京。余以十四日在大連閱新報號外始知。袁此次上京。胸中必有成竹。惟當此時局艱危。不知若何收拾。據北京近報。袁已組織新內閣擬予為法部副大臣。此予所不與知者。假令袁果以予為該大臣。予亦不甘受也。」整個事情才明朗。

35 文云：「宣統三年辛亥任公來臺灣時，先父曾往迎接，並於臺北、臺中兩度歡宴，與臺灣詩人頗多唱酬之作，但先父沒有詩文留下，原因是梁為保皇黨，而先父為同盟會，政治立場不同，彼此便有了距離。不過，任公先生曾應先父之請，書二幅相贈。」國史館館長黃季陸已出面具名指證連橫不可能是革命黨人，但坊間仍溢美是「吾國老民黨」（徐炳昶序）、「加入同盟會」、「參加同盟會」，甚至還有連橫因張繼介紹，加入中華革命黨之說，都是有違史實。

36 見許雪姬、何義麟編《灌園先生日記（三）》一九三〇年新三月二十日，臺北：中央研究院近代史研究所，二〇〇一年十二月，頁九三。

37 文云：「梁啟超又為司法總長者也。啟超雅負時望，以法治國自期許，乃見此破壞約法之命令，欣然從之，則其所自期許者何在？……故為司法總長者，而稍有人心，拒之可也，爭之可也，則不能而去之可也。而啟超乃任其蹂躪，其能免於春秋之責乎？」

38 臺北：臺灣商務印書館，一九八〇年十一月初版，頁七〇、七一。

39 施懿琳、黃英哲等撰，臺北：玉山社出版，二〇〇三年十月一版一刷，頁二二。

40 臺北：近代中國出版社出版，一九八四年四月再版，頁七〇、七一。

41 臺灣師大博士論文，一九九六年五月，頁四七。

42 連橫《臺灣詩薈》第十六號及十八號，於刊時間一九二五年四月、六月十五日。臺北：成文出版社，一九七七年五月出版。《廣臺灣詩乘》，臺灣省文獻委員會發行，一九五六年四月，頁二三五。

43 《臺灣文獻》十六卷三期，一九六五年九月，頁四二。

44 《鶴亭詩集上》，一九六八年，《臺灣詩薈（下）》第十九號，頁四五五～四五八。

45 引自葉榮鐘《林獻堂先生紀念集》，卷一，頁十五。及至來臺，梁啟超復「引世界的亡國埃及、印度、安南等為例，鼓吹民族主義。獻堂聽後得到相當的感銘云。」見臺灣總督府警務局編《臺灣總督府警察沿革志》第二輯「領臺以後之治安狀況」中卷「臺灣社會運動史」第一章第二節第一「中部本島人之策動」，一九三九年初版。日本：綠蔭書房，一九八六年復刻版。台北：稻香出版社，一九八九年六月。

46 傅錫祺《櫟社第一集序》：「滄海栽桑之後，我輩率為世所共棄之人；棄學非棄人不治，故我輩以棄人治棄學。」見臺灣省文獻會複印本《櫟社沿革志略》之後，一九九三年九月，頁三九。

47 梁啟超一九一一年三月廿四日函云：「吾前所言政治、法律、經濟、及泰西史諸學，又公所必當有事也。」可見下榻萊園時確實開列過一些新思潮方面的著作。

48 癡仙〈陪同梁任公先生萊園小集以「主稱會面難一舉累十觴」為韻分得「十」、「觴」二字〉詩云：「花前說天寶，徒使青衫濕。」（趙堯生改「慘慘青衫濕」），此首不見於《無悶草堂詩存》，由梁任公手抄本《海桑吟》補錄。又許天奎《鐵峰詩話》亦有此首，載連横主編《臺灣詩會》下冊，第十九號，一九二五年七月十五日，台北：成文出版社，一九七七年。又有〈贈任公〉詩曰：「天地無情飄斷梗，江山有恨缺金甌。」

49 見拙著《無悶草堂詩餘校譯》林癡仙之介紹及年表。臺北：鼎文書局，二〇〇六年五月。

50 對「同化會」投入極深的櫟社成員，包括林獻堂、林癡仙、林仲衡、蔡惠如。其中林癡仙、蔡惠如兩人還曾為同化會生變共赴日本打聽消息。臺中中學設校活動，則是由霧峰林家發起，全臺士紳參與捐款者二百餘人，其中櫟社社員為數不少。詳參葉榮鐘《臺灣民族運動史》第一章第二、三節，臺北：自立報系出版部出版。

51 同前注，頁二〇。

52 大正七年（一九一八年），惠如宣導將其鄉友陳錫金（基六）所創「鰲西詩社」與「櫟社」社友合併名開聯吟會——「櫟鰲聯吟會」，遂於九月二十日（陰曆八月十六日）集會蔡家之伯仲樓。當天到場參加者有櫟社社友陳基六、王學潛、傅錫祺、林幼春、陳槐庭、莊太岳、林載釗、陳瑚、陳貫、鄭玉田及主人蔡惠如等十一人；鰲西社友則有鄭邦吉、蔡詒祥、蔡念新、李玉斯、楊肇嘉、周步墀、楊煥章、楊丕若等人；來賓有臺中陳若時、黃爾竹及新竹鄭養齋、鄭虛一、林榮初、張息六、張鏡屯、曾寬裕諸氏，濟濟一堂，堪稱盛會。席間蔡惠如認為要挽救漢文於垂危，「於詩而外」應提倡「作文」，櫟社、鰲西吟社諸君子深有同感；於是一九一八年十月，蔡惠如、林幼春、林獻堂等發起另立「臺灣文社」。施懿琳認為「雖然一九一八年以降，世界思潮激蕩澎湃，第一個政黨內閣原敬首相，逐漸將日本帶入現代化的民主時期。但是，面臨被日本同化命運的臺灣人，卻強烈地感受到漢文即將消逝的危機，這或許是彰化崇文社與臺灣文社為什麼會在一九一八、一九一九年先後成立之故。設立這個組織，創刊這個雜誌的主要目的就是要延續漢文。」參《臺灣文社初探——以一九一九～一九二三的《臺灣文藝叢志》為對象》一文，「社成立一百周年紀念專題研討會」論文，台中縣文化局，二〇〇一年十二月八日，第一～二四頁。

53 《伯仲樓雅集席上賦贈蔡君惠如》、《戊午年八月十六夜伯仲樓雅集》二詩分別見《鶴亭詩集》頁八九、九〇，台北：龍文出版社，一九九二年。

54 見張麗俊《水竹居主人日記》，一九二一年九月七日。

55 參見《臺灣文社設立之旨趣》，文載《臺灣文藝叢誌》第1號，大正八年（一九一九年）一月一日。

56 原先是每月出刊一次的「月刊」，一九二二年改版為《臺灣文藝旬報》，每十日出刊一次，頁數由五十頁左右減少為十頁左右，後又改回為《臺灣文藝叢誌》月刊。關於臺灣文社及《臺灣文藝叢誌》成立、發刊的大致情形，可參見施懿琳，《臺灣文社初探——以一九一九～一九二三的「臺灣文藝叢誌」為對象》，櫟社成立一百周年學術研討會會議論文，二〇〇一年十二月八日。《臺灣文藝旬報》可見臺中佛教會館藏期刊數位電子檔案。

57 廖振富論及櫟社詩作擺脫保守陳腐的舊傳統包袱，曾舉櫟社擊缽吟詩為例，以時事為題有《孫文》、《袁世凱》、《獄》、《迅雷》，以新文明為題者有《眼鏡》、《電燈》等。如果就其個別詩人的詩集綜觀，其維新、不抱殘守缺的精神在詩集內容上也是觸目可見的。「新題詩」（以來自西方的新事物為歌詠物件的詩作）不少，晚清中國也有為數不少的此類作品，可參夏曉虹《晚清社會與文化》，武漢：湖北教育出版社，二〇〇一年，頁一五一。

58 參考楊雲萍〈「櫟社沿革志略」及其它〉，《南明研究與臺灣文化》，臺北：臺灣風物，一九九三年十月，頁七〇九。

59 施懿琳，《臺灣文社初探——以一九一九～一九二三的「臺灣文藝叢誌」為對象》，櫟社成立一百周年學術研討會會議論文，二〇〇一年十二月八日。

60 《暢流》六二卷六期，一九八〇年十一月，頁七。

61 甘得中〈獻堂先生與同化會〉，《林獻堂先生紀念集》卷三，臺中：林獻堂先生紀念集編纂委員會，一九六〇年，頁二四。類似話語見葉榮鐘〈林獻堂先生年譜〉按語：「（日人）除教授日語外，殆無內容可言……，當時知識分子，對於近代思想、近代知識，與夫國際情勢，鮮有所知，因任公來臺，影響所及，如發蒙振聾，此為我臺人受任公影響最大者。」《臺灣人物群像》，頁八〇。

62 其〈三十自述〉：「縱筆所至不檢束，學者競效之，號新文體。老輩則痛恨詆為野狐。然其文條理明晰，筆鋒常帶感情，對於讀者常有一種魔力焉。」嚴復稱他「任公妙才，下筆不能自休。其自甲午以後，於報端文字，成績為多，一時風行，海內為之一聳。其筆又有魔力，足以動人。」

63 每次憶起林獻堂演講後，面對群眾的熱情，民族運動的場面，便連想到梁任公先生那句「艱難兄弟自相親」的詩句。見〈杖履追隨四十年〉，《臺灣人物群像》，頁三三。

64 見《林獻堂先生紀念集》卷二遺著《海上唱和集・自序》，一九六〇年，頁一、二。一九四〇年九月寫。

65 同前注，卷二遺著《環球遊記》，一九六〇年，頁九一。

66 林癡仙一九一〇年九日（月不詳）記載：「行事豫記：自本月起，經定讀詩經；古文定讀曾文正經史百家簡編；詩定讀蘇文忠集；詞定鈔讀周姜吳周王張六家；史定閱前漢書；故事定閱子史精華；新學定閱法意及清國行政法；字定學歐右，無論何種，每日必從事焉。」亦對自我有所期許，自訂日課。啟超此函談論得更細膩，對林癡仙亦宜有助益。

67 吳東晟著作，台南成大台文所碩論，二〇〇四年六月，頁二〇九、二一〇。另見洪棄生著，林文龍編《寄鶴齋古文集》，臺灣省文獻委員會一九九三年版，頁三六一　在此之前，洪棄生對梁氏維新詩人之評價是不佳的：「無如又有維新輩之夾雜其間，而詩壇魔語又除之不能盡矣。」《寄鶴齋詩話》頁一二九。

68 梁啟超手稿、《飲冰室文集》（臺灣中華書局，一九六〇年五月）作「春抱漫漫自滿襟」。

69 梁啟超手稿、《飲冰室文集》（臺灣中華書局，一九六〇年五月）作「懵騰」。

70 梁啟超手稿作「此意費推尋」。

71 選編者謝雪漁於詩末謂「先生以己亥二月去日本，有詩云：櫻花開罷我來遲，我正去時花滿枝。半歲看花住三島，盈盈春色最相思。」

72 《風月報》六九期，一九三八年八月一日，頁十九。七一、七二、七五期後仍錄鄭孝胥、許南英詩。七三、七四期許南英詩。六九期之前幾期亦是錄鄭孝胥、許南英詩。

73 「劫」，《風月報》作「數」。梁啟超手稿作「何限恨埋千億劫」。

74 「催人鬢雪」，梁啟超手稿作「侵顛霜雪」。

75 梁啟超手稿作「未應詞客獨飄零」。

76 「慟抱」，《飲冰室文集》（臺灣中華書局，一九六〇年五月）作「一慟」。

77 梁啟超手稿作「閒」。

78 梁啟超手稿作「杯弓蛇影從何說」，《飲冰室文集》（臺灣中華書局，一九六〇年五月）作「杯弓蛇影今何世」。

79 梁啟超手稿作「紫陌」。

80 梁啟超手稿作「城」。

81 梁啟超手稿作「淡」。

82 梁啟超手稿作「行看煙花正滿城」。

83 梁啟超手稿作「欲寫流民圖獻事，狺狺虎豹守天宮」。

84 梁啟超手稿作「驚世」，《飲冰室文集》（臺灣中華書局，一九六〇年五月）作「傷世」。

85 梁啟超手稿作「從」。

86 梁啟超手稿作「成」。

87 梁啟超手稿、《飲冰室文集》（臺灣中華書局，一九六〇年五月）作「力命」。

88 梁啟超手稿作「伓向空山照」。

89 梁啟超手稿作「摩挲塊壘還勝酒，料理香花為祭詩」。「九洲」《飲冰室文集》（臺灣中華書局，一九六〇年五月）作「九州」。

90 梁啟超手稿作「初」。

91 梁啟超手稿作「勞勞歌哭連昏曉」。

92 《風月報》一〇九期，一九四〇年六月一日，頁三二。

93 《吳德功先生全集·瑞桃齋詩話三卷》，臺灣省文獻委員會，一九九二年五月，頁一〇九～一五八。

94 《吳德功先生全集·瑞桃齋詩話六卷》，臺灣省文獻委員會，一九九二年五月，頁二四九～二七五。

95 藍偵瑜〈梁啟超訪台對傳統文人的影響之考察——以林癡仙為分析對象〉，《島語：臺灣文化評論》，高雄：春暉出版社，二〇〇三年，頁六三。

96 在連橫雖為張我軍所批判，但如從民間文學的保存，及其一些專著來看，連橫反比張我軍更積極的推廣所謂的「我手寫我口」，只是他們所採用的口語是更貼近臺灣社會的閩南口語。

97 連橫，〈餘墨〉，見連橫主編，《臺灣詩薈》創刊號（台北：成文出版社），頁一〇〇。創刊號時間一九二四年二月。

98 見自序，台中州：東亞書局，一九四二年十一月出版。

99 信函云：「人境廬詩集奉贈。初殺青，尚未布於世也。」唯筆者所困惑的是，何以《臺灣文藝叢誌》轉載梁氏作品遠不及丘、黃二氏，其中緣由尚待進一步討論。

100 丘秀芷說：冥婚問題此事係記載於族譜中，一八七七年時曾祖父在大坑開墾，霧峰林家來說親，以年幼未得功名，辭，霧峰林卓英（林獻堂的堂姐）不久後過世。一八八五年與霧峰林文欽（林獻堂的父親）同赴福州參加相試，二人均未考取，林文欽欲逢甲公娶林卓英靈位，在回臺途中遇大風浪，從船上似乎看見女子形象，怪逢甲公未考取係因未娶其靈牌位，於是次年（一八八六）往霧峰迎林氏靈位。《丘逢甲與臺灣歷史文化學術研討會論文集補編》，逢甲大學人文社會研教中心主辦，一九九七年二月，頁九〇。

101 廣東丘逢甲研究會編，《丘逢甲集》，岳麓書社出版，二〇〇一年十二月，頁八三〇～八三三。

102 同前注，頁八三三、八三四。

103 同前注，頁一三五。

104 王惠鈴博論曾分析丘逢甲發表於《清議報》的十七題四十五首詩作，得知其價值位於「詩界革命」初期以詩為劍、宣揚維新的功能與意義上。並比較丘逢甲與黃遵憲在「詩史」、「諷刺詩」、「新題詩」寫作特色上的不同，進而觀察日治時期台灣詩界革新與論戰的過程，和《嶺雲海日樓詩鈔》在當時台灣詩界被重視的情況。見《丘逢甲、「詩界革命」及其與日治時期台灣傳統詩界的關係》，東海大學二〇〇六年博士論文。

105 林小眉的〈東寧雜詠〉作於民國初年，距離宣統三年梁啟超創作〈臺灣竹枝詞〉的時間很接近，他指出當時這些採茶歌稱為「褒歌」，一時之間曾風靡全島。以上所述，參見翁聖峰《清代台灣竹枝詞之研究》，台北：文津出版社，一九九六年版，頁一三一、一三三。

106 歌詞稍有出入（原文為「路頭相望無幾步，郎試回頭見妾無」），見《南音》第一卷第二號，一九三二年一月，頁十一。可另參黃純青〈談竹枝〉，《台灣文藝叢誌》第三年第八號，大正十年（一九二一）八月。

107 《臺北文物》四卷四期，一九五六年二月一日。

108 《南音》第一卷第三號，一九三二年二月一日，頁二、三。

# 後記

《梁啟超與林獻堂往來書札》一書終於進入出版程序，我個人因之感慨特深，想對此書出版歷程做一交代。二〇〇六年九月初全書編注工作底定，遂交由天津古籍出版社評估出版的可能性，大約託轉關係有些延誤，今年一月該社社長劉文君女士很快來函確認，並交由專業編輯負責此書出版事宜。劉社長認為信札甚為珍貴，也以出版有傳承意義的精品為重點，她對出版方案很認真，甚至請該社老編審郭嘉詳先生通讀，對若干錯誤提出校正。然而從出版角度的綜合考量，與我理念不免有些許出入。如編輯認為信札除梁、林二人以外還有他人的，有些關係緊密的可作附錄，關係不大的可刪去，或者有些注釋內容過多等等。我不了解出版細節，但考量這部書稿主要是透過梁、林及其知交，建構梁啟超來台始末及與霧峰林家往來經過，以真蹟書函印證其事。每封信的時間經過考證才安排就緒，相關人士的書函也是據事件前因後果呈現，少了其中一封信，可能彼此關聯就缺少理解的脈絡。所以如果書稿需變更或需部分割捨，則已經破壞整本書的結構，失去原先研究的意義。因此去函致歉，中止了出版一事。

我原以為書札既為珍品，回臺出版應不致太困難，甚至認為這書冥冥中仍回到屬於它的故鄉所在，輾轉半年再收到書稿時，心情激動不已。後來詢問過南天書局、麥田出版社、遠流出版社，都因各種考量無法給予出版協助，我當然知道台灣出版業經營的困難，也能理解其難處，但經歷數月的流轉，對於當初天津古籍出版社慨然應允出版之盛情，備加感到溫馨及虧欠。這時已經是七月了，我想到九月即將赴荷蘭萊頓大學一年，而此書已閒置一年，等明年回臺，又將閒置二年矣，因此鼓起勇氣請萬卷樓梁經理幫忙，梁經理二話不說即答應趕在我出國前出版，個人在此謹致我最深的謝意。因出版有諸多考量，我原先希望文字隸定能隨書札相互對照的想法也退讓了，我想能盡早提供學界研究使用才是最重要的。

對於學術我用生命真誠以對，對現實無所求，也不與任何人為敵，不使人作難，孜孜矻矻努力，無非想多保存一點學術尊嚴，但年初受到的深重傷害讓我痛不欲生，在寂天寞地之中，內心時有莫可無狀之淒寒。即使到現在，我仍然會像此時，夜深人靜之際淚流不已。末了，希望透過學術工作的專注與堅持，能漸漸治癒創傷。對於我生病期間幫忙代課的向陽、胡衍南、徐國能教授，我深深感激，而在本書編注、出版過程中，陳思和教授給予莫大協助，及業師陳萬益教授、施懿琳、亓婷婷教授的理解及鼓勵，外子崔成宗先生代為解決數個難以辨識的字，并此致謝，以表達我對他們的尊敬和感念。

許俊雅　二〇〇七年八月五日

國家圖書館出版品預行編目資料

梁啓超與林獻堂往來書札／許俊雅編注. -- 初版.
-- 臺北市：萬卷樓, 2007.09
面；　　公分
ISBN 978－957－739－609－9 (平裝)

856.17　　　　　　　　96016651

梁啟超與林獻堂往來書札

著　　者：許俊雅 編注
發 行 人：陳滿銘
出 版 者：萬卷樓圖書股份有限公司
臺北市羅斯福路二段 41 號 6 樓之 3
電話(02)23216565 · 23952992
傳真(02)23944113
劃撥帳號 15624015
出版登記證：新聞局局版臺業字第 5655 號
網　　址：http://www.wanjuan.com.tw
E－mail：wanjuan@tpts5.seed.net.tw
承印廠商：中茂分色製版印刷事業股份有限公司
定　　價：600 元
出版日期：2007 年 9 月初版


ISBN 978－957－739－609－9